V&R

Helmwart Hierdeis (Hg.)

Psychoanalytische Skepsis – Skeptische Psychoanalyse

Vandenhoeck & Ruprecht

Bibliografische Information der Deutschen Nationalbibliothek

Die Deutsche Nationalbibliothek verzeichnet diese Publikation in der Deutschen Nationalbibliografie; detaillierte bibliografische Daten sind im Internet über http://dnb.d-nb.de abrufbar.

ISBN 978-3-525-46257-7
ISBN 978-3-647-46257-8 (E-Book)

Umschlagabbildung: © Irmgard Hierdeis

Satz: SchwabScantechnik, Göttingen
Druck und Bindung: ⊕ Hubert & Co., Göttingen

Inhalt

Helmwart Hierdeis
Einleitung 7

Hans Jörg Walter und Paul Kennedy
Freuds Skeptizismus 31

Günther Bittner
Der Psychoanalytiker – (k)ein Skeptiker? 55

Wolfgang Wiedemann
Empathie und Skepsis im psychoanalytischen Prozess 85

Peter Schneider
Die Verunsicherung und die Sicherung des
(psychoanalytischen) Wissens 105

Andreas Hamburger
»Arbeit in der Tiefe«. Vorüberlegungen zu einer
skeptischen Kulturanalyse 123

Johann August Schülein
Wut und Skepsis. Über Problemlagen psychoanalytischer
Gesellschaftskritik 185

Helmwart Hierdeis
Sinneswelt und Wunschwelt. Überlegungen zu
Sigmund Freuds Religionskritik 207

Micha Brumlik
Sigmund Freud – ein skeptischer Pädagoge? 239

Die Autoren 254

Helmwart Hierdeis

Einleitung

Chiasmus

Die Psychoanalyse tritt als therapeutisches Verfahren, als Komplex von Theorien und als Organisation in Erscheinung. *Psychoanalytische Skepsis* meint eine durch Psychoanalyse begründete und beeinflusste Haltung, die sie von anderen skeptischen Einstellungen (z. B. in Alltag und Philosophie) unterscheidet. Sie aktualisiert sich in der therapeutischen Beziehung, in der Wahrnehmung und theoretischen Verarbeitung der »Welt« und in der Selbstwahrnehmung der Psychoanalyse. Wenn das geschieht, kann von einer »Skeptischen Psychoanalyse« gesprochen werden. Die Überkreuzstellung der Begriffe (Chiasmus) im Titel des Buches soll den gegenseitigen Verweisungszusammenhang betonen: Die praktische Deutungsarbeit im Einzelfall ist auf Wissen aus einer skeptischen Analyse der »Welt« angewiesen; die Analyse der »Welt« hat keinen Selbstzweck, sondern findet um der Subjekte willen statt, denen die Analyse dazu verhelfen soll, »die für die Ich-Funktionen günstigsten psychologischen Bedingungen her[zu]stellen« (Freud, 1937c, S. 96).

Anthropologische Aspekte

Der Zweifel ist eine eher unauffällige Mitgift der kulturellen Evolution. Dabei war er es, der es dem Menschen in seiner Phylogenese erleichtert hat, nicht seiner unzureichenden Angepasstheit zum Opfer zu fallen. Eher ins Auge springt die menschliche Fähigkeit, zwischen verschiedenen Denk- und Handlungsalternativen abwägen zu können und nicht einfach auf den stärksten Reiz reagieren zu müssen (vgl. Jüttemann, 2008, S. 13). Aber das »Erwägen« setzt die Erfahrung voraus, dass die Dinge nicht immer so sind, wie sie scheinen, und dass es daher riskant sein kann, auf den zweiten und dritten Blick zu verzichten.

Der Zweifel an dem, was »ist«, ermöglicht – unter Einschluss der bisherigen Erfahrung – Verrechnungsvorgänge im Hinblick auf das, was sein könnte. Er begleitet die Prüfungs- und Entscheidungsprozesse bis hin zum Handeln und reicht noch darüber hinaus. Denn was heute angemessen war, muss es morgen nicht sein, schon gar nicht, wenn, wie im Verlauf der Menschheitsgeschichte, die Welt komplexer und unübersichtlicher wird.

Es ist eine Besonderheit der menschlichen Entwicklung, dass der kognitive »Apparat« im Laufe der Zeit nicht mehr restlos vom Handlungsdruck absorbiert wurde, sondern damit beginnen konnte, Wahrnehmungen zu verarbeiten und Kenntnisse zu speichern, die mit einem *allgemeinen Wissen* über die Welt, über den Menschen und über die eigene Person zu tun haben. Er entfaltete darüber hinaus ein Eigenleben, indem er »Interpretationen, Meinungen, Bewertungen und Urteile« produzierte (Jüttemann, 2008, S. 13). Die sinnliche Welt wurde ergänzt und überformt durch eine Welt der Konstruktionen und Deutungen. Damit tat sich für den Zweifel ein unüberschaubares Betätigungsfeld auf, in dem nach und nach die Frage nach seiner eigenen Funktion an eine prominente Stelle rückte: An die Seite des Zweifels trat sein Alter Ego, die Skepsis.

»Skepsis« in Alltag und Philosophie

Der Begriff »Skepsis« taucht in alltagssprachlichen wie in philosophischen Zusammenhängen auf. Für das Alltagsverständnis von
»Skepsis« und »skeptisch« finden sich im »Großen Duden« die
Übersetzungen Zweifel, Zurückhaltung, Ungläubigkeit, Zweifel-
sucht; zum Zweifel neigend, zweiflerisch, misstrauisch, ungläu-
big; kühl und streng prüfend (1960, S. 596). Was die Herkunft von
»Skepsis« angeht, so verweist die »Liste der griechischen Wortstämme in deutschen Fremdworten« bei »Wikipedia« auf den
Wortstamm »skep« und damit auf ein Wortfeld, das im Deutschen mit »sehen« zu tun hat: umherschauen, umherblicken, in
den Blick oder in Augenschein nehmen. Das »Historische Wörterbuch der Philosophie« (Ritter u. Gründer, 1995) übersetzt »Skepsis« im Sinne der ersten Schule des Skeptizismus in Griechenland
(Pyrrhon von Elis im 4.–3. Jh. v. Chr.) mit »eingehende Untersuchung« (Long, 1995, Sp. 938; vgl. Witte, 2011, S. 73 ff.) und engt
den Begriff damit in Richtung eines methodischen Vorgehens ein.
In diesem Sinne bleibt er der Philosophie bis heute erhalten – als
anspruchsvolle Denkhaltung (Löwith, 1956, S. 220), als Bezeichnung für philosophische Schulen, als Synonym für philosophi-
sches Denken allgemein, als Form eines speziellen Verhältnisses
zur Welt und zu sich selbst (Long, 1995, Sp. 938 ff.) und als Kritik an der Behauptung von »letzten Wahrheiten«, wie sie Michel
de Montaigne (1533–1593) lange vor Immanuel Kant formuliert
hat (vgl. Rath, 2008, S. 46 ff.). Passend dazu formuliert Odo Marquard, die Skepsis sei der »Abschied vom Prinzipiellen« (Marquard, 1981, S. 17). Damit bewahre sie vor Dogmatismen ebenso
wie vor dem »Alleinregiment einer einzigen totalitären Diesseits-
zustimmung« und ermögliche »gerade dadurch individuelle Freiheit« (Marquard, 1992/1995, S. 11).

   In welcher Zeit auch immer: So weit geht die Skepsis nicht, dass
der Skeptiker sein Weiterleben in Frage stellen würde. Stets prak-
tiziert er, im Alltag wie in der Wissenschaft, einen partikulären,
das heißt nur auf bestimmte »Gegenstände« gerichteten Zweifel
oder er gesteht sich ein, dass die skeptischen Klärungsimpulse nur

von begrenzter Reichweite sind. Er rechtfertigt diese Haltung mit
der »Einsicht, dass wir – aller Erfahrung nach – nicht zu definiti-
vem Wissen über die ›wichtigsten Dinge‹, über das Gute, über das
richtige Leben […] vordringen können – zu einem Wissen, das
frei wäre von ›Begründungslücken‹, von der Inanspruchnahme
›hochproblematischer‹ Prämissen –, dass wir aber anscheinend
unumgänglich so leben, *als wären wir wissend,* wenn wir jene
Dinge nicht durch immer erneute skeptische Problematisierung
›im Denken lebendig erhalten‹« (Schönherr, 2003, S. 173).

»Skepsis« und »Zweifel« bei Sigmund Freud

Welche Spuren von der Geschichte skeptischen Denkens zu Sigmund Freud verlaufen, zeichnen in den nachfolgenden Beiträgen insbesondere Hans Jörg Walter/Paul Kennedy, Peter Schneider und Andreas Hamburger nach. Wer die Sedimente bei Freud
jedoch ausschließlich unter dem einschlägigen Stichwort aufsucht,
muss angesichts der wenigen Belege rasch zu dem Schluss kommen, dass Skepsis kein zentraler Begriff für ihn war. Das gilt auch
für den »Zweifel«, den Freud alternierend verwendet. Indirekt
bestätigen das die Wörterbücher von J. Laplanche und J.-B. Pontalis (1973), Wolfgang Mertens und Bruno Waldvogel (2002) sowie
Elisabeth Roudinesco und Michel Plon (1997), in denen beide
Begriffe nicht vorkommen.

Dennoch führen die wenigen Stellen, an denen Freud ausdrücklich von Skepsis und Zweifel spricht, zu wichtigen Theorie-
arealen.

– Skepsis ist in der *Wissenschaft* unerlässlich, weil sie Täuschun-
gen vermeiden hilft. Daher soll sie nichts annehmen, bevor sie
es nicht streng geprüft hat. Aber übertriebene Skepsis kann
auch in die Verteufelung des Neuen ausarten, wie Freud selbst
an der Wiener Universität leidvoll erfahren musste, als er dort
begann, Psychoanalyse zu lehren. Der Skeptizismus seiner Gegner, kritisiert er, wettere fanatisch gegen Unbekanntes, »wäh-

rend er das bereits Bekannte und Geglaubte respektvoll ver-
schont« (Freud, 1925e, S. 100 f.).

— Aus seinen Beobachtungen an *Kranken* weiß Freud, dass Skepsis als Symptom für Beziehungs- und Weltängste sich bis zur
Neurose steigern kann (Freud, 1913c, S. 458). Die Skepsis von
Patienten dem Arzt gegenüber am Anfang der »Kur« hält er für
normal. Er vertraut darauf, dass sie sich im Laufe der Behandlung auflösen wird (S. 458). Skeptikern hinsichtlich Langzeit-
wirkungen der Analyse gibt er recht: *Heilung*, also die Wiederherstellung einer gesundheitlichen »Normalität«, ist eine
»Idealfiktion« (Freud, 1937c, S. 80; Freud, 1924d, S. 399; vgl.
Hierdeis, 2011, S. 22 ff.). »Gesundheit« lässt sich nur »meta-
psychologisch beschreiben, bezogen auf die Kräfteverhältnisse
zwischen den von uns erkannten […] Instanzen des seelischen
Apparats« (Freud, 1937c, S. 70). Schon deswegen kann die ein-
malige »Kur« keine Prophylaxe für das unvorhersehbare künf-
tige Leben sein (Freud, 1937c, S. 57 ff.).

— Die Skepsis des Analytikers ist für Freud das Movens seiner
Selbstanalyse; sie schließt seine skeptische Einstellung ein. Der
Analytiker muss sich selbst gegenüber wachsam sein, damit er
die analytischen Techniken nicht dazu nützt, »Folgerungen und
Forderungen der Analyse von der eigenen Person abzulenken«
(Freud, 1937c, S. 95).

— Als Freud feststellen muss, dass er bestimmte Phänomene wie
die Gedankenübertragung noch nicht überzeugend in seiner
Theorie verankern kann, formuliert er das Bonmot: »Wenn
man sich für einen Skeptiker hält, tut man gut daran, gelegentlich auch an seiner Skepsis zu zweifeln« (Freud, 1933a, S. 57).

— Der *Zweifel* kann von der normalen Sorge zur »Gewissens-
angst« (Freud, 1895b, S. 318) anschwellen und als »Grübelsucht«
(Freud, 1985c, S. 349) oder als »Misstrauen des Individuums in
die eigene Leistung« (Freud, 1892–1893a, S. 10) auftreten. In diesem Sinne ist er die logische Konsequenz aus Zwanghaftigkei-
ten (Freud, 1895c, S. 349). Im Fall der Zwangsneurose dehnt
er sich auf die gesamte Realität außerhalb aus (Freud, 1909d,
S. 449), auf die eigene Person, sogar auf die eigene Liebe, von

der Freud sagt, dass sie doch »das subjektiv Sicherste sein sollte
[…]. Wer an seiner Liebe zweifelt, darf, muß doch auch an
allem anderen, geringeren, zweifeln« (Freud, 1909d, S. 457).
– Der Zweifel spielt eine wichtige Rolle in der Ontogenese. Wenn
  das Kind beginnt, sich über seine Herkunft Gedanken zu
  machen und sich aus seiner genitalen Ausstattung und dem,
  was es bei anderen sieht oder von ihnen hört, seine »infantilen
  Sexualtheorien« zusammenreimt, ohne zu einem schlüssigen
  Ergebnis zu kommen, dann treibt sein Zweifel das Denken an,
  er wird »vorbildlich für alle spätere Denkarbeit an Problemen«
  (Freud, 1908c, S. 181).
– In den »primären Traumgedanken« hat der Zweifel keinen
  Platz, wohl aber kann er sich bei der Erinnerung an den mani-
  festen Traum und bei seiner Wiedergabe einschleichen und
  sich als »Widerstand« bemerkbar machen (Freud, 1900a, S. 521).
– Das Unbewusste besteht aus in sich ungebrochenen »Trieb-
  repräsentanzen« bzw. »Wunschregungen«. »Es gibt in diesem System keine Negation, keinen Zweifel, keine Grade von
  Sicherheit« (1915e, S. 285).
– Der Zweifel ist beim Einzelnen angesiedelt, nicht in der
  »Masse«. Ihre »Gefühle […] sind stets sehr einfach und sehr
  überschwenglich«, sie kennt also weder Zweifel noch Unge-
  wissheit (Freud, 1921c, S. 83) – ganz ähnlich der »Affektivität
  der Kinder« und der Radikalisierung von Gefühlen im Traum
  (Freud, 1921c, S. 83, Anm. 2).

Die Übersicht zeigt: 1. Freud hat kein Interesse an einer Phäno-
menologie von Skepsis und Zweifel; seine Aufmerksamkeit gilt
ausschließlich ihren Funktionen. Er begnügt sich daher auch mit
einer konventionellen Verwendung der Begriffe. 2. Skepsis und
Zweifel sind ambivalente Erscheinungen. Einerseits stehen sie im
Dienste einer angemessenen Lebensbewältigung und Weltorien-
tierung bis hin zur wissenschaftlichen Erkenntnis; andererseits
laufen sie stets Gefahr, ins Zerstörerische und Krankhafte umzu-
kippen. 3. Als Schutz vor ihren negativen Wirkungen empfiehlt
Freud, gelegentlich auch die eigene Skepsis skeptisch zu sehen

(Freud, 1933a, S. 54) und sie in ein gewisses »Wohlwollen« ein-
zubetten. Eine solche »Einstellung« ist ihm auch bei den Patienten die »erwünschteste« (Freud, 1916–1917a, S. 250; vgl. Hierdeis,
2011, S. 11 ff.; vgl. dazu den Beitrag von Wiedemann in diesem
Band).

Psychoanalytische Skepsis: Hermeneutik

Auch wenn sich über die Begriffe bestimmte Theorieteile der
Freud'schen Psychoanalyse erschließen lassen (Ätiologie der
Neurosen, Theorie des Unbewussten, Traumtheorie, Entwicklungstheorie etc.), so vermittelt die Revue von Belegstellen doch
weder einen tieferen Eindruck von Freuds *skeptischer Einstellung*
noch erhält das *skeptische Potenzial seiner Theorie* Konturen.

Was die Ausprägung seiner *skeptischen Sichtweise* angeht, so
bietet der stockende, von zahlreichen Revisionen markierte Verlauf seiner Theoriebildung ein eindrucksvolles Anschauungsma-
terial (vgl. dazu auch den Beitrag von Brumlik in diesem Band).
Das Resultat entspricht den Denkbewegungen eines Menschen,
der sich nicht auf *ein* wissenschaftliches Paradigma festlegen
kann, sondern neugierig, wachsam und korrekturbereit seinen
eigenen Erkenntnisweg geht und gleichzeitig nach Anschlüssen in
den Theorien anderer sucht – Denken als »probeweises Handeln«
(Freud, 1933a, S. 96; siehe den Hinweis bei Mertens, 2008, S. 189).
Peter Schneider entdeckt in diesem Prozess Freuds »implizites«
Bestreben, »die Psychoanalyse als ein Wissen in der Balance zu
etablieren: als ein Wissen, das sich durch ein Verhältnis der *Ähnlichkeit* zu Rhetorik, Literatur, Kunst, religiöser Tradition, Ethnologie, Sprachwissenschaft und so fort auszeichnet respektive durch
eine Beziehung der *Anlehnung* an anderes Wissen und andere
Erkenntnisformen gekennzeichnet ist« (Schneider, 2001, S. 16;
siehe auch seinen Beitrag in diesem Band). Das hindert Freud
nicht, »seine« Psychoanalyse gelegentlich unduldsam zu verteidigen (vgl. den Beitrag von Bittner in diesem Band).

Dass Skepsis nicht voraussetzungslos ist, gehört spätestens seit
Kant zum philosophischen Allgemeingut. Die skeptische Einstellung gegenüber der »Welt« ist durchwirkt von Zweifeln hinsichtlich ihrer subjektiven Determinanten. Sie bestehen für Freud nicht
in erster Linie in den Unzulänglichkeiten des Denkvermögens,
sondern – damit grenzt er sich von Descartes und seinen Nachfolgern ab – in der Abhängigkeit des Denkens vom Unbewussten
(Freud, v. a. 1923b). In der »Traumdeutung« heißt es dazu: »Das
Unbewusste ist das eigentlich reale Psychische, uns nach seiner
inneren Natur so unbekannt wie das Reale der Außenwelt und
uns durch die Daten des Bewußtseins ebenso unvollständig gegeben wie die Außenwelt durch die Angabe unserer Sinnesorgane«
(Freud, 1900a, S. 617 f.). Weit über die Psychoanalyse hinaus
bekannt ist seine metaphorische Umschreibung des Verhältnisses
von Bewusstem und Unbewusstem, wonach das Ich »nicht einmal Herr ist im eigenen Hause, sondern auf kärgliche Nachrichten
angewiesen bleibt von dem, was unbewusst in seinem Seelenleben
vorgeht« (Freud, 1916–1917a, S. 295).

Was da im einzelnen an Dynamiken zu vermuten ist – ob vor
allem verdrängte Bewusstseinsinhalte und Wunschregungen,
wie Freud annahm, oder, wie das die heutige Forschung allgemeiner sieht, die Verarbeitung subliminaler Wahrnehmungen in
einem System angeborener affektiver Zustände und Verhaltens-
weisen (vgl. Roth, 2003, S. 260, 265; Mertens, 2008, S. 193 ff.; Bittner, 2011) – das ist unter dem Blickwinkel von Skepsis nur insofern von Bedeutung, als das Ich sich hinsichtlich der Bewusstheit
seiner Entscheidungen und der Stimmigkeit seiner Identität in
einer Scheinsicherheit wiegt. Es weiß nicht nur kaum etwas über
das »Schattenreich« des Unbewussten (und klammert sich daher
an seine bewussten Wahrnehmungen), sondern muss auch zur
Kenntnis nehmen, dass es einem heimlichen »Diktat« unterliegt
(Bronfen, 2009, S. 155). Einiges wird ihm vorenthalten, anderes
als scheinbar bedeutsam in den Vordergrund geschoben, wieder
anderes verzerrt präsentiert. Da ist Vorsicht geboten.

Das gilt erst recht, wenn das Wissen mit anderen ausgetauscht
werden soll. Stanley Cavell hat in seinem Essay »Must we mean

what we say« (1957) unter Berufung auf Ludwig Wittgenstein darüber räsoniert, dass wir »mit jeder sprachlichen Äußerung etwas
meinen, ohne notwendigerweise Herr über die daran geknüpften
Implikationen zu sein« (Bronfen, 2009, S. 76; vgl. Cavells kundige
Freud-Kritik 2002). Das ist im Alltag so, aber da stört es in der
Regel nicht, weil die Klärung entweder nicht für wichtig gehalten
wird oder mit Nachfragen ungefähr erreicht werden kann. Wohl
aber ist die Differenz dort von Bedeutung, wo es darum geht, die
»Implikationen« selbst in Augenschein zu nehmen und danach
zu fragen, inwieweit Gesagtes und Intendiertes auseinanderfal-
len und was eine angemessene Übersetzung des Gemeinten ins
Gesprochene stört oder verhindert. Dieser – der Psychoanalyse
eigene – Suchprozess ist von der Beziehung her dialogisch (Loch,
1986, S. 181 ff.), von der Methode her tiefenhermeneutisch (Lorenzer, 1974), und er endet (vorläufig) bei einer »Wahrheit«, die »niemals ein solipsistisches, monadologisches Ereignis ist, sondern
notwendigerweise nur auf Grund gegenseitiger Übereinstimmung
zustande kommen kann« (Loch, 1986, S. 194).

Von Odo Marquard stammt das Wortspiel, wonach »der Kern
der Hermeneutik die Skepsis und die aktuelle Form der Skepsis die Hermeneutik« sei (Marquard, 1981, S. 20; vgl. Marquard,
1992/1995, S. 9 ff.). Übertragen auf den analytischen Prozess heißt
das: Die *psychoanalytische Skepsis* hat einerseits ein Interesse
daran, sich selbst auszulegen, andererseits sorgt sie dafür, dass die
deutende Suche nach den Verzerrungen und Auslassungen und
nach deren Sinn im jeweiligen »Text« niemals ganz abgeschlossen
ist, sondern immer wieder angestoßen wird.

Skeptische Psychoanalyse: Kulturkritik

Weil das Leiden, das viele zum »Seelenarzt« führt, auf Zwänge
bei der Weitergabe und Sicherung der Kultur zurückzuführen
ist, gerät auch diese in den Fokus skeptischer Aufmerksamkeit.
Unter Kultur versteht Freud in einem ganz unspezifischen, lexi-

kalischen Sinn »alles das, worin sich das menschliche Leben über
seine animalischen Bedingungen erhoben hat und worin es sich
vom Leben der Tiere unterscheidet« (Freud, 1927c, S. 323). Dazu
gehören für ihn auch die »Einrichtungen, die notwendig sind,
um die Beziehungen der Menschen zueinander [...] zu regeln«
(Freud, 1927c, S. 327). Kultur hat zwei Seiten: Einerseits ermöglicht sie durch ihre Regeln das Zusammenleben, trägt durch die
Entwicklung von Wissenschaft und Technik zur Verbesserung der
Lebensverhältnisse bei und kann, wenn sie den Menschen Frei-
heitsräume sichert und der Kreativität Raum gibt, das Leben in
einer beglückenden Weise bereichern. Andererseits ist sie jedoch
dafür verantwortlich, dass, wie Rousseau schon im 18. Jahrhundert schreibt, »alles entartet« (Rousseau, 1762/1963). Wie sehr sie
im klinischen Sinne »nervös« machen kann, beobachten zahlreiche medizinische Zeitgenossen Freuds. Er schließt sich ihrer Diagnose an (Freud, 1908d, S. 145 ff.), findet aber, dass ihre Ätiologie
die tatsächlichen Zusammenhänge übersieht. Denn weder die von
ihnen aufgeführten gestiegenen Ansprüche an die Leistungsfähig-
keit der Menschen noch ihre Überforderung durch die Beschleunigung kultureller Prozesse, weder die Reizüberflutung und die
Verschärfung des Konkurrenzkampfes in der Gesellschaft noch
der Verlust von stabilisierenden Werten seien an sich ausschlagge-
bend. Die Hauptursache für die nervösen Erkrankungen liege viel
tiefer, nämlich in der »schädliche[n] Unterdrückung des Sexualle-
bens der Kulturvölker (oder Schichten) durch die bei ihnen herrschende ›kulturelle‹ Sexualmoral« (Freud, 1908d, S. 148). Auf diesen Zusammenhang und seine Folgen für die Ich-Entwicklung
stößt er jedenfalls schon früh bei der Behandlung von »Hysterike-
rinnen« und »Neurotikerinnen«.
    Die Idee von der Ambivalenz der Kultur ist seit Rousseaus
»Gesellschaftsvertrag« (Rousseau, 1762/2005; vgl. Freud, 1939a,
S. 189) bekannt. Freud gibt ihm aber anstelle einer soziohistori-
schen eine psychohistorisch-psychoanalytische Begründung:
»Unsere Kultur ist ganz allgemein auf der Unterdrückung von
Trieben aufgebaut. Jeder einzelne hat ein Stück seines Besit-
zes, seiner Machtvollkommenheit, der aggressiven [...] Neigun-

gen seiner Persönlichkeit abgetreten; aus diesen Beiträgen ist der gemeinsame Kulturbesitz an materiellen und ideellen Gütern entstanden. Außer der Lebensnot sind es wohl die aus der Erotik abgeleiteten Familiengefühle, welche die einzelnen Individuen zu diesem Verzicht bewogen haben. Der Verzicht ist ein im Laufe der Kulturentwicklung progressiver gewesen; die einzelnen Fortschritte desselben wurden von der Religion sanktioniert; das Stück Triebbefriedigung, auf das man verzichtet hatte, wurde der Gottheit zum Opfer gebracht; das so erworbene Gemeingut für ›heilig‹ erklärt. Wer kraft seiner unbeugsamen Konstitution diese Triebunterdrückung nicht mitmachen kann, steht der Gesellschaft als ›Verbrecher‹, als ›outlaw‹ gegenüber, insofern nicht seine soziale Position und seine hervorragenden Fähigkeiten ihm gestatten, sich in ihr als großer Mann, als ›Held‹ durchzusetzen« (Freud, 1908d, S. 149 f.).

Damit deutet Freud – unter Rückgriff auf seine vorangegangenen Arbeiten zur Hysterie und zur Sexualtheorie – einige der Themen an, die ihn von da an bis zu seinem Lebensende beschäftigen werden: der krankmachende Druck auf den Einzelnen durch die kulturellen Normen und die Feindschaft des Menschen gegenüber der Kultur, weil sie ihn daran hindert, dem Lustprinzip zu folgen (Freud, 1920g; 1930a, S. 441) und ihn stattdessen zum Triebverzicht zwingt (Freud, 1927c, S. 327); die Notwendigkeit und Mühseligkeit von Kompromissbildungen (Freud, 1927c, S. 328); der Zusammenhang zwischen Sublimierung und Kulturentwicklung (Freud, 1905d); die Rolle der Religion bei der Erzeugung von Schuldbewusstsein und Erlösungsbedürfnissen (Freud, 1912–13a; 1927c; 1930a; 1939a; vgl. den Beitrag von Hierdeis in diesem Band); das Verhältnis des Einzelnen zur »Masse«; die Übertragung von Ich-Idealen auf »Führer« und die Bedeutung von Triebimpulsen für die Entstehung und den Zusammenhalt von Institutionen und Organisationen (Freud, 1921c). Darüber hinaus nimmt Freud seine zeitgeschichtlichen Erfahrungen wie die massenhafte Fanatisierung und den allgemeinen Humanitätsverlust im Ersten Weltkrieg (Freud, 1915b), die militärische Aufrüstung in Europa danach, die Neudefinition der Menschheitsgeschichte als Klassenkampf durch

den Kommunismus und die Bedrohung des Judentums durch den
aufkommenden Nationalsozialismus zum Anlass, seine Kulturtheorie neu zu formulieren (Freud, 1930a). Nicht mehr der Konflikt zwischen Triebwünschen und gesellschaftlich auferlegten
Zwängen steht im Vordergrund, sondern der seit den Tagen der
»Urhorde« nur schwach überdeckte Kampf zwischen dem »Eros«
und dem »Aggressionstrieb« als »Abkömmling und Hauptver-
treter des Todestriebes« um die »Weltherrschaft« (Freud, 1930a,
S. 481): »Dieser Kampf ist der wesentliche Inhalt des Lebens überhaupt und darum ist die Kulturentwicklung kurzweg zu bezeichnen als der Lebenskampf des Menschen« (S. 481).

Das Pathos verrät den Wandel Freuds vom distanziert argumentierenden, revisionsbereiten Wissenschaftler zu einem durch
die Geschichte unmittelbar Betroffenen, der, wie sein langjäh-
riger Arzt und Freund Max Schur schreibt, einen »pessimistischen Grundton« (Schur, 1973, S. 492; vgl. Hierdeis, 2009, S. 226)
nicht mehr verleugnen kann: Es geht für ihn und die Psychoanalyse nicht mehr nur darum, aufzudecken, auf welche Weise die
Kultur einzelne Menschen durch ihre Überforderungen neuroti-
siert. (Das im Einzelfall zu diagnostizieren und sich zu bemühen,
das Leiden der Betroffenen zu verringern, bleibt unbestritten das
Geschäft der analytischen Profession.) Sondern nun muss Freud
zur Kenntnis nehmen, wie schmal selbst bei »Kulturvölkern« der
Grat zwischen Sittlichkeit und Barbarei sein kann und dass es
gerade kulturelle Errungenschaften wie Wissenschaft und Technik sind, die der Menschheit zur Bedrohung werden. Die von ihm
so hoch gehaltene »wissenschaftliche Weltanschauung« (Freud,
1933a, S. 51, 171; vgl. den Beitrag von Schülein in diesem Band) hat
ihren Glanz verloren. Ob da die Kraft des »ewigen Eros« ausrei-
chen wird, sich zu behaupten (Freud, 1930a, S. 506)?

Freud wollte übrigens den Vorwurf, er schwimme auf einer
Welle des Kulturpessimismus mit, nicht auf sich sitzen lassen.
Seinem Freund, dem Schweizer Theologen Oskar Pfister, schrieb
er am 7.2.1930: »Wenn ich an der Bestimmung der Menschheit
zweifle, auf dem Wege der Kultur zu einer größeren Vollkom-
menheit aufzurücken, wenn ich in ihrem Leben einen fortwäh-

renden Kampf zwischen Eros und dem Todestrieb erblicke, dessen Ausgang mir unbestimmbar erscheint, so glaube ich damit keiner meiner eigenen konstitutionellen Anlagen oder erworbenen Gefühlskonstitutionen Ausdruck gegeben zu haben. Ich bin weder ein Selbstquäler noch ein Bosnickel, möchte gern mir wie anderen etwas Gutes gönnen und fände es auch weit schöner und tröstlicher, wenn wir auf eine so glänzende Zukunft rechnen dürften. Aber es scheint wiederum ein Fall des Widerstreites zwischen Illusion (Wunscherfüllung) und Erkenntnis. Es handelt sich gar nicht darum, was anzunehmen erfreulicher oder fürs Leben bequemer und vorteilhafter ist, sondern was jener rätselhaften Wirklichkeit, die es doch außer uns gibt, näher kommen mag. Der Todestrieb ist mir kein Herzensbedürfnis, er erscheint nur als unvermeidliche Annahme aus biologischen wie aus psychologischen Gründen. Davon leitet sich dann das Übrige ab. Mein Pessimismus erscheint mir also als ein Resultat, der Optimismus meiner Gegner als eine Voraussetzung. Ich könnte auch sagen, ich habe mit meinen düsteren Theorien eine Vernunftehe geschlossen, die anderen leben mit den ihren in einer Neigungsehe. Hoffentlich werden sie dabei glücklicher als ich« (zit. nach Schur, 1973, S. 493 f.).

Skepsis in der Psychoanalyse nach Freud

Freuds theoretische Arbeiten gehen in zwei Richtungen: Er will immer besser verstehen, was sich im »Seelenleben« abspielt, und er will immer genauer sehen, welche unbewussten Dynamiken Kultur und Gesellschaft bewegen und woher sie rühren. Die *skeptische und zugleich wohlwollende Wachsamkeit gegenüber dem Subjekt* findet ihr Gegenstück in einer *skeptischen, aber zunehmend misstrauisch-pessimistischen Wachsamkeit gegenüber der Kultur.* Was die »Kur« angeht, so weiß er sich auf dem richtigen Weg: herausfinden, welche unbewussten Intentionen das Verhalten determinieren und was die Aufdeckung von Selbsttäuschungen verhindern will (vgl. Mertens, 1997/2004, S. 44 ff.). Was dagegen

seinen Einfluss auf die Gesellschaft betrifft, befallen ihn, je älter
er wird und je dramatischer die politischen Entwicklungen werden, immer mehr Bedenken, was die Wirksamkeit der Aufklärung
angeht. Allen negativen Erfahrungen zum Trotz bleibt er jedoch
bei seiner Maxime: »[…] die Stimme des Intellekts ist leise, aber
sie ruht nicht, ehe sie sich Gehör verschafft hat« (Freud, 1927c,
S. 377).

Seine Schüler richten den bei ihm erworbenen skeptischen
Blick schon früh nach außen: auf Familie und Schule als die entscheidenden Orte der Über-Ich-Bildung und auf die Gesellschaft, die in Familie und Schule die idealen Einrichtungen für
die Reproduktion von Untertanen sieht und daher an beiden nach
Möglichkeit nichts ändern möchte. Es ist nur zu verständlich, dass
Freud gerade unter den Anhängern des gemäßigten (revisionisti-
schen) Sozialismus großen Anklang findet. Die Dissemination der
Psychoanalyse (längst nicht mehr nur der Psychoanalyse Freuds
allein) verstärkt sich, je mehr Anhänger sie in zahlreichen Human-
und Sozialwissenschaften findet und sich dabei aufnahme- und
wandlungsfähig zeigt. Auf diesem Wege kommt sie auch mit Pro-
blemfeldern in Berührung, die dort bearbeitet werden: Familien-
forschung, Bildungstheorie, Interkulturalität, Krieg und Frieden,
Macht und Gewalt, Geschlechterrollen, Kommunikation, Medien,
politischer Extremismus, Kunst und Literatur, Psychosomatik, um
nur einige zu nennen. Der Prozess hat inzwischen ausführliche
Darstellungen gefunden (Dührssen, 1994; Zaretzky, 2006; vgl. von
Gisteren, 2002, S. 405 ff.). Eine Demonstration der Breite heutiger
»Anschlüsse« gewähren die drei Bände »Macht und Dynamik des
Unbewussten« von M. Buchholz und G. Gödde (2005).

Das sieht aufs Erste beeindruckend aus, aber die Breite der Themen entspricht nicht der Dichte ihrer Bearbeitung. »Unter Psychoanalytikern ist das philologische Organ, das Organ des Miß-
trauens, unterentwickelt«, schreibt Henning Ritter (2010, S. 75)
angesichts der überschaubaren Präsenz der Psychoanalyse in den
die Gesellschaft bewegenden Diskursen (u. a. Parin, 1969, S. 81 ff.;
1975, S. 97 ff.; 1978, S. 385 ff.; Bauriedl, 1984, S. 489 ff.; Bickel, 2008,
S. 56 ff.; Gfäller, 2012; siehe dazu auch den Beitrag von Schülein in

diesem Band). Auch auf sich selbst blickt die Institution Psycho-analyse nicht gern mit der nötigen Skepsis. Gemeint sind nicht ihre deutende Kompetenz und ihre Beziehungsarbeit in der Therapie. Aber der Vorwurf, den Johannes Cremerius 1987 erhoben hat, dass nämlich die Ausbildung zum Psychoanalytiker vielerorts nicht analytisch, sondern im Sinne von Autorität und Gehorsam organisiert werde und »Imitationsanalytiker« bzw. »Normopathen« hervorbringe (Cremerius, 1987, S. 1056), ist ebenso wenig ausgeräumt wie die Kritik an einer allzu willfährigen Unterwerfung der Psychoanalyse als Therapieverfahren unter das Diktat einer sich ausschließlich quantitativ verstehenden Empirie, die mit Narrationen und Deutungen wenig anzufangen weiß (vgl. dazu den Beitrag von Bittner in diesem Band). Es sieht so aus, als wäre die Psychoanalyse gelegentlich von einer »Unfähigkeit zu zweifeln« (Gmür, 2006) befallen. Oder gehen ihr die »Entschließung« und der »Mut« ab, ohne die, wie Kant wusste, »Aufklärung« nicht wirksam wird? (Kant, 1784, S. 481).

Zu den Beiträgen in diesem Band

Die nachfolgenden Beiträge bilden zwei Gruppen. In der ersten geht es um den historischen Zusammenhang von Psychoanalyse und Skepsis, um das Selbstverständnis des Psychoanalytikers als Skeptiker und um die analytische Beziehung unter dem Blickpunkt von Skepsis. Die zweite will exemplarisch an den Themen Wissen/Wissenschaft, Kultur, Gesellschaft/Politik, Religion und Erziehung die Fruchtbarkeit des »skeptischen Blicks« aufzeigen. Die Texte im Einzelnen:

Hans Jörg Walter und *Paul Kennedy* greifen, nach einigen Belegen für die Selbstsicht Freuds als Skeptiker, auf die antike Schule des Skeptizismus (Pyrrhon von Elis) zurück, in der die Zurückhaltung im Urteil als Voraussetzung für den Seelenfrieden galt. Spuren eines solchen Denkens decken sie bei den »Therapeuten« im hellenistischen Judentum wie auch in frühen christlichen Mönchs-

gemeinschaften auf, denen die Rolle zukam, als Gesprächspartner zu dienen und gegebenenfalls durch das Gespräch zu heilen.
Insbesondere in der Gemeinschaft des Antonius von Antiochien
finden sich Hinweise darauf, dass es darum ging, eine besondere
Wachsamkeit der eigenen Person und der Welt gegenüber zu prak-
tizieren. Die Autoren erkennen darin eine Analogie zur klinischen
und gesellschaftskritischen Funktion der Psychoanalyse und zeigen auf, dass Freud über die Lektüre von Montaigne und Flaubert
mit den antiken und frühchristlichen Vorstellungen in Berührung
kam. Bei Freud findet der Skeptizismus vor allem im Zweifel an
der Möglichkeit von Glück und in der nüchternen Erkenntnis von
der Unvollkommenheit und Widersprüchlichkeit des Wissens seinen Niederschlag. Elemente der Skepsis lassen sich somit für Walter und Kennedy in der von Freud entwickelten psychoanalytischen Haltung wie auch in dem Prinzip der Selbstsorge finden.

Für *Günther Bittner* wurzelt »Skepsis« in einem prärationa-
len, aber gleichwohl vernunftoffenen Lebensgefühl, das sowohl
gegenüber »Sachen« als auch gegenüber Regungen der eigenen
Person zur Vorsicht mahnt. Bei Sigmund Freud entdeckt er auf
der einen Seite ein Misstrauen gegen letzte Wahrheiten, wie es in
seinen Äußerungen über die Möglichkeiten menschlichen Glücks
oder über Erwartungen an die Heilkraft der Psychoanalyse zum
Ausdruck kommt, auf der anderen Seite einen damit unverein-
baren Dogmatismus hinsichtlich der »richtigen« Auffassung von
Psychoanalyse und ihrer öffentlichen Vertretung. Seine persönliche Skepsis sieht der Autor als Selbstschutz eines Außenseiters an,
notwendig vor allem angesichts einer Psychoanalyse, die um ihrer
gesellschaftlichen Anerkennung willen und insbesondere im Rahmen der von ihr betriebenen Professionalisierung das Nicht-Wissen als Wissen und Begriffe als Realitäten ausgibt. Mit ihrer Jagd
nach Wirksamkeitsbelegen und ihrer affirmativen Ethik verrät sie
nicht nur die Skepsis ihres Gründers, sondern unterläuft ihr eigenes kritisches Potenzial. Um diese die Psychoanalyse zerstörende
Entwicklung offenzulegen, reicht für Bittner eine skeptische Haltung allein nicht aus; sie ist vielmehr entschieden zu verneinen
und zu bekämpfen.

Wolfgang Wiedemann empfiehlt mit Wilfred R. Bion eine »binokulare Sichtweise«, weil sich nur mit ihrer Hilfe der psychoanalytische Prozess verstehen und angemessen durchführen lässt. Ihr liegt eine Haltung zugrunde, die Empathie und Skepsis komplementär verbindet. Wiedemann demonstriert sie an einem klinischen Beispiel. Für ihn ist die Methode des »binokularen« Sehens heilsam, weil sie der Grundstruktur der Psyche als potenziell triangulärer Paarstruktur entspricht. Das lässt sich anhand von klinischem Material zeigen und in verschiedenen theoretischen Entwürfen (Freud, Bion, Kohut, Galatzer-Levy, Ferro, Winnicott) nachweisen. Wiedemanns klinischen Erfahrungen zufolge versuchen Patienten unbewusst, kreative Paarkonstellationen zu kreieren und destruktive Konstellationen zu wiederholen. Die »binokulare« Methode von Empathie und Skepsis kann auch außerhalb des therapeutischen Settings, zum Beispiel bei Prozessen der Entscheidungsfindung, erfolgreich eingesetzt werden.

Peter Schneider sieht einerseits den methodischen Zweifel seit Descartes im Selbstverständnis der Wissenschaft fest verankert, andererseits leistete die Aufklärung einem quasitheologischen Anspruch an die Wissenschaft Vorschub. Fußend auf schon vorher bestehenden Annahmen von einer wirksamen Ebene unterhalb des Bewusstseins (z. B. die »unmerklichen Vorstellungen« bei Leibniz), hat die Psychoanalyse mit der Einführung des Unbewussten in den wissenschaftlichen Diskurs die epistemische Skepsis verschärft. Zudem, so Schneider, habe ihre Religionskritik auch die implizite Funktion der Wissenschaft als Ersatz für theologische Wahrheit unterminiert. Unter Verweis auf Beispiele aus der Geschichte der Naturwissenschaften (Boyle; Pasteur) demonstriert er die Person- und Ortsgebundenheit wissenschaftlichen Wissens und kommt zu dem Schluss, dass es das Unbewusste ist, das dem Wissen seine Gestalt verleiht. Wenn sich im Wissen der Wunsch nach Erkenntnis erfüllt, dann findet in der Skepsis jener Rest des Wunsches seine Anerkennung, der sich der vollständigen Erfüllung, der Wahrheit, entzieht. Das hat auch Konsequenzen für die Wissensproduktion und Wissenssicherung der Psychoanalyse selbst.

Andreas Hamburger benützt den Begriff der Skepsis als Schlüssel zur spezifischen Methodik der psychoanalytischen Haltung in der Kulturanalyse. Anhand der drei Dimensionen Unbewusstes, Entwicklung und Übertragung diskutiert er die Geschichte der Psychoanalyse von Freud bis zur intersubjektiven Wende und geht dann auf die Genese des Skepsisbegriffs von Pyrrhon bis zu den Neoskeptikern ein. In der Zusammenführung der beiden Linien bestimmt er die Psychoanalyse als Balanceakt. Als skeptisch kann sie vor allem verstanden werden, weil sie unbestechlich auf einem »rustikalen«, naiven und immer wieder auferstehenden Misstrauen gegenüber dem Common Sense beharrt. Psychoanalytische Skepsis ist für den Autor immer dann am Platz, wenn das Besondere der subjektiven Erfahrung einem Allgemeinen »eingemeindet« werden soll. Dieser Befund hat weitreichende Konsequenzen, wenn man die Psychoanalyse als Leittheorie für die Konstitution des modernen Subjekts ansieht. Auf seine Frage, ob die Psychoanalyse zur Wertgewinnung oder als Weltanschauung taugt, antwortet Hamburger selbst: Bei aller Emphase ihrer Zentralbegriffe und bei aller Religionshaltigkeit ihrer Religionskritik peilt sie keine größeren Entwürfe an als die beharrliche Kleinarbeit an der Analyse des Einzelnen. Auf dieser Grundlage entwirft der Autor seine Methodik der Kulturanalyse: Er präsentiert Psychopathographie, übertragungshermeneutische Kulturanalyse (Lorenzer), kulturwissenschaftlich inspirierte Verfahren (Reiche) und postmoderne Lektüren (Abraham, Torok, Žižek, Schauder) und untersucht sie daraufhin, ob sie den von ihm erarbeiteten Skepsiskriterien standhalten. Gerade hinsichtlich der »Postmoderne« fällt Hamburgers Urteil durchaus kritisch aus. Sein Schluss: Skeptisch bleiben ist gar nicht so einfach.

Nach *Johann August Schülein* hatte Sigmund Freud, indem er Wissenschaft als Fortsetzung der Aufklärung mit besseren Mitteln verstand, nicht nur wissenschaftliche, sondern auch im weitesten Sinne politische Ambitionen. Wissenschaft und gesellschaftspolitisches Engagement bildeten jedoch einen Widerspruch. Außerdem: Die mit Aufklärung verbundene Hoffnung auf die Möglichkeit einer Verbesserung der Welt kollidierte nicht nur mit

biographischen Erfahrungen, sondern auch mit dem vertieften
Verständnis der Abgründe der Psyche, die ihm seine Forschung
ermöglichte. Er behalf sich mit dem Konzept der »wissenschaftlichen Weltanschauung«, in dem er versuchte, wissenschaftliche
Neutralität mit Engagement für den Fortschritt und Optimismus
mit Skepsis zu verbinden. Seine Nachfolger lösten die Problematik
größtenteils dadurch, dass sie die politischen Interessen von Freud
aufgaben und sich auf ihre klinischen Leistungen konzentrierten.
Dadurch ergaben sich keine Fragen in Bezug auf politische Relevanz und politische Effekte mehr. Diejenigen, die an Freuds gesell-
schaftspolitischen Ambitionen festhielten, standen vor ähnlichen
Problemen, ohne Freuds idiosynkratische Lösung nützen zu können. Schülein diskutiert einige der Versuche, am Optimismus der
Aufklärung auf der Basis skeptisch stimmender Erkenntnisse festzuhalten, und versucht zum Schluss, das mehrdeutige Verhältnis
von Affekten, Kritik und Reflexion näher zu bestimmen.

Im Beitrag von *Helmwart Hierdeis* geht es – unter Einbeziehung
von Fallvignetten und nach der Einbettung des Freud'schen Religionsverständnisses in den Zusammenhang der Wissenschaftsgeschichte – um die phylogenetischen und ontogenetischen Zugänge
Sigmund Freuds zu den Fragen, wie in der Menschheitsgeschichte
Religion entstanden ist und wie religiöse Bedürfnisse im einzelnen
Menschen entstehen. Im ersten Fall greift er auf die Evolutionstheorie von Charles Darwin (»Urhorde«) zurück und erweitert sie
hinsichtlich der Geschichte des Totemopfers, im zweiten bezieht
er sich auf seine eigene Theorie von der Erhaltung der frühkindlichen Hilflosigkeit in der Entwicklung des Einzelnen. Sie bietet
für ihn die Voraussetzung für die (neurotische) Suche nach Schutz
(durch einen »Vater«) in der Religion. Wie sehr Freud an dieser
Vorstellung bis zu seinem Lebensende festhält, wird an seinem
Unverständnis für die Auffassung Romain Rollands von einem
»ozeanischen Gefühl« als Quelle der Religion sichtbar. Hierdeis
führt eine Reihe von kritischen Stimmen zu Freuds Religionskritik an und verweist darauf, dass die aktuelle Psychoanalyse der
Religion auch positive Funktionen – zum Beispiel bei der Befriedigung von wichtigen narzisstischen Bedürfnissen – zuschreibt.

Micha Brumlik weist in seinem Beitrag nach, dass Sigmund Freud tatsächlich jeder Pädagogik gegenüber skeptisch, aber gleichwohl kein »skeptischer« Pädagoge war. Den wichtigsten Grund dafür sieht der Autor darin, dass Freud aufgrund einer zwar stets revisionsfähigen und -bedürftigen, aber dennoch objektivistisch angelegten Wissenschaft vom Menschen, genauer: einer pessimistischen Anthropologie, die Möglichkeit einer effektiv auf Ethik und Moral beruhenden Erziehung bestritt. Freud, der sich weder als Milieu- noch als Reifungstheoretiker bezeichnen lässt, wähnte in vielfachen Fallstudien, vor allem beim Fall des »Kleinen Hans«, zeigen zu können, dass eine normativ gerichtete Erziehung an dem komplexen Zusammenspiel von autonomer kindlicher Sexualität und ebenfalls triebbestimmten elterlichen Erwartungen scheitern muss. Indem Freud auf die faktische Nähe von Verführung und Erziehung hinwies, öffnete er den Weg zu einer Sozialisationstheorie, die an die Stelle erzieherischer Normen die geduldige Beobachtung des Sozialisationsprozesses setzt.

Der Herausgeber dankt den Autoren herzlich für ihre Mitwirkung.

Literatur

Bauriedl, T. (1984). Geht das revolutionäre Potential der Psychoanalyse verloren? Zur politischen Bedeutung der Psychoanalyse und zum politischen Engagement der Psychoanalytiker. Psyche – Z. Psychoanal., 38 (6), 489–515.

Bickel, H. (2008). Eine Gesellschaft sollte sich psychoanalytische Hunde halten. In H. Bickel, H. Hierdeis (Hrsg.), Das Unbehagen in der Kultur. Variationen zu Sigmund Freuds Kulturkritik (S. 59–141). Wien/Berlin: LIT.

Bittner, G. (2011). Das Leben bildet. Biographie, Individualität und die Bildung des Proto-Subjekts. Göttingen: Vandenhoeck & Ruprecht.

Bronfen, E. (2009). Stanley Cavell zur Einführung. Hamburg: Junius-Verlag.

Buchholz, M., Gödde, G. (Hrsg.) (2005). Macht und Dynamik des Unbewussten. Auseinandersetzungen in Philosophie, Medizin und Psychoanalyse (Bd. I) – Das Unbewusste in aktuellen Diskursen. Anschlüsse (Bd. II) –

Das Unbewusste in der Praxis. Erfahrungen verschiedener Professionen (Bd. III). Gießen: Psychosozial.

Cavell, S. (1957/1969). Must we mean what we say? A book of essays. New York: Scribner.

Cavell, S. (2002). Die Unheimlichkeit des Gewöhnlichen. Und andere philosophische Essays. Frankfurt a. M.: Fischer.

Cremerius, J. (1987). »Wenn wir als Psychoanalytiker die psychoanalytische Ausbildung organisieren, müssen wir sie psychoanalytisch organisieren.« Psyche – Z. Psychoanal., 41 (12), 1067–1096.

Der große Duden. Fremdwörterbuch. (1960). Mannheim: Dudenverlag.

Dührssen, A. (1994). Ein Jahrhundert Psychoanalytische Bewegung in Deutschland. Göttingen: Vandenhoeck & Ruprecht.

Freud, S. (1892–1893a). Ein Fall von hypnotischer Heilung nebst Bemerkungen über die Entstehung hysterischer Symptome durch den »Gegenwillen«. G. W. Bd. I (S. 3–17). Frankfurt a. M.: Fischer.

Freud, S. (1895b). Über die Berechtigung, von der Neurasthenie einen bestimmten Symptomenkomplex als »Angst-Neurose« abzutrennen. G. W. Bd. I (S. 315–342). Frankfurt a. M.: Fischer.

Freud, S. (1895c). Obsessions et phobies. G. W. Bd. I (S. 343–353). Frankfurt a. M.: Fischer.

Freud, S. (1892–1893a). Ein Fall von hypnotischer Heilung. G. W. Bd. I (S. 1–17). Frankfurt a. M.: Fischer.

Freud, S. (1900a). Die Traumdeutung. G. W. Bd. II/III. Frankfurt a. M.: Fischer.

Freud, S. (1905d). Drei Abhandlungen zur Sexualtheorie. G. W. Bd. V (S. 33–145). Frankfurt a. M.: Fischer.

Freud, S. (1908c). Über infantile Sexualtheorien. G. W. Bd. VII (S. 171–188). Frankfurt a. M.: Fischer.

Freud, S. (1908d). Die »kulturelle« Sexualmoral und die moderne Nervosität. G. W. Bd. VII (S. 143–167). Frankfurt a. M.: Fischer.

Freud, S. (1909d). Bemerkungen über einen Fall von Zwangsneurose. G. W. Bd. VII (S. 379–463). Frankfurt a. M.: Fischer.

Freud, S. (1912–13a). Totem und Tabu. G. W. Bd. IX. Frankfurt a. M.: Fischer.

Freud, S. (1913c). Zur Einleitung der Behandlung. G. W. Bd. VIII (S. 454–478). Frankfurt a. M.: Fischer.

Freud, S. (1915b). Zeitgemäßes über Leben und Tod. G. W. Bd. X (S. 324–355). Frankfurt a. M.: Fischer.

Freud, S. (1915e). Das Unbewußte. G. W. Bd. X (S. 264–303). Frankfurt a. M.: Fischer.

Freud, S. (1916–17a). Vorlesungen zur Einführung in die Psychoanalyse. G. W. Bd. XI. Frankfurt a. M.: Fischer.

Freud, S. (1920g). Jenseits des Lustprinzips. G. W. Bd. XIII (S. 1–69). Frankfurt a. M.: Fischer.

Freud, S. (1921c). Massenpsychologie und Ich-Analyse. G. W. Bd. XIII (S. 71–161). Frankfurt a. M.: Fischer.

Freud, S. (1923b). Das Ich und das Es. G. W. Bd. XIII (S. 237–289). Frankfurt a. M.: Fischer.

Freud, S. (1924d). Der Untergang des Ödipuskomplexes. G. W. Bd. XIII (S. 395–402). Frankfurt a. M.: Fischer.

Freud, S. (1925e). Die Widerstände gegen die Psychoanalyse. G. W. Bd. XIV (S. 99–110). Frankfurt a. M.: Fischer.

Freud, S. (1927c). Die Zukunft einer Illusion. G. W. Bd. XIV (S. 325–380). Frankfurt a. M.: Fischer.

Freud, S. (1930a). Das Unbehagen in der Kultur. G. W. Bd. XIV (S. 419–506). Frankfurt a. M.: Fischer.

Freud, S. (1933a). Neue Folge der Vorlesungen zur Einführung in die Psychoanalyse. G. W. Bd. XV. Frankfurt a. M.: Fischer.

Freud, S. (1937c). Die endliche und die unendliche Analyse. G. W. Bd. XVI (S. 59–99). Frankfurt a. M.: Fischer.

Freud, S. (1939a). Der Mann Moses und die monotheistische Religion. G. W. Bd. XVI (S. 103–246). Frankfurt a. M.: Fischer.

Gfäller, G. R. (2012). Politische Verantwortung der Psychoanalyse – eine Selbstverständlichkeit, oder träume ich? In A. Springer, B. Janta, K. Münch (Hrsg.), Nutzt Psychoanalyse!? Gießen: Psychosozial.

Gisteren, L. von (2002). Kultur(theorie, -kritik). In W. Mertens, B. Waldvogel (Hrsg.), Handbuch psychoanalytischer Grundbegriffe (S. 405–410) (2. Aufl.). Stuttgart: Kohlhammer.

Gmür, M. (2006). Die Unfähigkeit zu zweifeln. Welche Überzeugungen wir haben und wann sie pathologisch werden. Stuttgart: Klett-Cotta.

Hierdeis, H. (2009). »… die Absicht, daß der Mensch ›glücklich‹ sei, ist im Plan der ›Schöpfung‹ nicht enthalten.« Notizen zu Sigmund Freuds Kulturpessimismus. In H. Heller (Hrsg.), Über das Entstehen und die Endlichkeit physischer Prozesse, biologischer Arten und menschlicher Kulturen (S. 211–229). Wien/Berlin: LIT.

Hierdeis, H. (2011). Der skeptische Blick der Psychoanalyse. In M. Erhardt, F. Hörner, I. K. Uphoff, E. Witte (Hrsg.), Der skeptische Blick. Unzeitgemäße Sichtweisen auf Schule und Bildung (S. 11–24). Wiesbaden: VS-Verlag für Sozialwissenschaften.

Jones, E. (2007). Das Leben und Werk von Sigmund Freud. Bd. 3 (5. Aufl.). Eschborn: Klotz.

Jüttemann, G. (2008). Vorbemerkungen des Herausgebers. In G. Jüttemann (Hrsg.), Suchprozesse der Seele. Die Psychologie des Erwägens (S. 9–16). Göttingen: Vandenhoeck & Ruprecht.

Kant, I. (1784). Beantwortung der Frage: Was ist Aufklärung? Berlinische Monatsschrift. (Hrsg. v. J. E. Biester u. F. Gedike). Dezember-Heft, 481–494.

Laplanche, J., Pontalis, J.-B. (1973). Das Vokabular der Psychoanalyse. Frankfurt a. M.: Suhrkamp.

Loch, W. (1986). Psychoanalyse und Wahrheit. In W. Loch, Perspektiven der Psychoanalyse (S. 181–211). Stuttgart: Hirzel-Verlag.

Long, A. A. (1995). Skepsis; Skeptizismus, I. Antike. In J. Ritter, K. Gründer (Hrsg.), Historisches Wörterbuch der Philosophie Bd. 9 (Sp. 938–950). Basel: Schwabe & Co.

Lorenzer, A. (1974). Die Wahrheit der psychoanalytischen Erkenntnis. Frankfurt a. M.: Suhrkamp.

Löwith, K. (1956/1985). Sämtliche Schriften. Bd. 3. Wissen, Glaube und Skepsis. Stuttgart: Metzler.

Marquard, O. (1981/2010): Abschied vom Prinzipiellen. Auch eine autobiographische Einleitung. In O. Marquard, Abschied vom Prinzipiellen (S. 4–22). Stuttgart: Reclam.

Marquard, O. (1992/1995). Skepsis und Zustimmung. Dankrede für den Erwin-Stein-Preis. In O. Marquard, Skepsis und Zustimmung. Philosophische Studien (S. 9–14). Stuttgart: Reclam.

Mertens, W. (1997/2004). Psychoanalyse. Geschichte und Methoden. München: C. H. Beck.

Mertens, W. (2008). Die leise Stimme des Intellekts – Psychoanalyse und Erwägen. In G. Jüttemann (Hrsg.), Suchprozesse der Seele. Die Psychologie des Erwägens (S. 189–199). Göttingen: Vandenhoeck & Ruprecht.

Mertens, W., Waldvogel, B. (Hrsg.) (2002). Handbuch psychoanalytischer Grundbegriffe (2. Aufl.). Stuttgart: Kohlhammer.

Parin, P. (1969). Freiheit und Unabhängigkeit: Zur Psychoanalyse des politischen Engagements. Psyche – Z. Psychoanal., 23, 81–94.

Parin, P. (1975). Gesellschaftskritik im Deutungsprozess. Psyche – Z. Psychoanal., 29, 97–117.

Parin, P. (1978). Warum die Psychoanalytiker so ungern zu brennenden Zeitproblemen Stellung nehmen. Eine ethnologische Betrachtung. Psyche – Z. Psychoanal., 32, 385–399.

Rath, N. (2008). Skeptisches Erwägen bei Montaigne. In G. Jüttemann (Hrsg.), Suchprozesse der Seele. Die Psychologie des Erwägens. Göttingen: Vandenhoeck & Ruprecht.

Ritter, H. (2010). Notizhefte. Berlin: Berlin Verlag.

Roth, G. (2003). Fühlen, Denken, Handeln. Wie das Gehirn unser Verhalten steuert. Frankfurt a. M.: Suhrkamp.

Roudinesco, E., Plon, M. (Hrsg.) (1997/2004). Wörterbuch der Psychoanalyse. Namen, Länder, Werke, Begriffe. Wien, New York: Springer.

Rousseau, J. J. (1762/1963). Emile oder Über die Erziehung. Stuttgart: Reclam.

Rousseau, J. J. (1762/2005). Vom Gesellschaftsvertrag oder Grundsätze des Staatsrechts. Frankfurt a. M.: Fischer.

Schneider, P. (2001). Erhinken und Erfliegen. Psychoanalytische Zweifel an der Vernunft. Göttingen: Vandenhoeck & Ruprecht.

Schönherr, C. (2003). Skepsis als Bildung. Skeptisch-transzendentalkritische Pädagogik und die Frage nach ihrer »Konstruktivität«. Würzburg: Königshausen & Neumann.

Schur, M. (1973). Sigmund Freuds Leben und Sterben. Frankfurt a. M.: Suhrkamp.

Wikipedia. Liste der griechischen Wortstämme in deutschen Fremdwörtern (Zugriff am 15.6.2012).

Witte, E. (2011). Skepsis und Urdoxa. Anmerkungen zur transzendentalskeptischen Pädagogik. In M. Erhardt, F. Hörner, I. K. Uphoff, E. Witte (Hrsg.), Der skeptische Blick. Unzeitgemäße Sichtweisen auf Schule und Bildung (S. 73–98). Wiesbaden: VS-Verlag für Sozialwissenschaften.

Zaretzky, E. (2006). Freuds Jahrhundert. Die Geschichte der Psychoanalyse. Wien: Zsolnay.

Die Quellenangaben zu Sigmund Freud erfolgen in sämtlichen Beiträgen nach der »Freud-Bibliographie mit Werkkonkordanz«, bearbeitet von Ingeborg Meyer-Palmedo und Gerhard Fichtner. Frankfurt a. M.: Fischer, 1975/1999.

Hans Jörg Walter und Paul Kennedy

Freuds Skeptizismus

> Und das Genaue hat nun freilich kein Mensch gesehen,
> und es wird auch niemanden geben,
> der es weiß über die Götter und alles, was ich sage.
> Denn wenn es ihm auch im höchsten Grade gelingen
> sollte,
> Wirkliches auszusprechen, selbst weiß er es gleichwohl
> nicht.
> Für alles gibt es aber Vermutung.
>
> *Xenophanes aus Kolophon, etwa 580–490 v. Chr. (1983, S. 76)*

Anders, als du denkst …

Zwei Psychoanalytiker begegnen sich auf der Straße. Mit einem »Guten Morgen!« begrüßt jeder den anderen höflich, geht weiter – und überlegt sich: »Wie hat er das bloß gemeint?«

In dieser Karikatur wird eine analytische Grundhaltung sichtbar: Es muss nicht alles so sein, wie es zunächst aussieht; hinter jedem Satz, jedem Bild, jedem Traum kann eine andere Bedeutung liegen, verborgen durch die Verschleierungen der Verdrängung. Nichts ist, wie es scheint. Somit ist eine bestimmte Skepsis Grundlage der psychoanalytischen Einstellung.

Freud hat sich nicht explizit als Skeptiker bezeichnet. Man wäre freilich nicht überrascht, wenn man bei ihm auf ein Bekenntnis zur skeptischen Philosophie stoßen würde. Ein Hinweis auf seine skeptische Orientierung kann der oft zitierten Aussage in

der 30. Vorlesung der »Neuen Folge der Vorlesungen zur Einführung in die Psychoanalyse« entnommen werden, die den Titel
»Traum und Okkultismus« trägt: »Wenn man sich für einen Skeptiker hält, tut man gut daran, gelegentlich auch an seiner Skepsis
zu zweifeln« (Freud, 1933a, S. 57). Freud trifft diese Feststellung
im Zusammenhang mit der Vermutung: »Vielleicht gibt es auch
bei mir die geheime Neigung zum Wunderbaren, die der Schaffung okkulter Tatbestände so entgegenkommt« (S. 57). Ein weite-
rer ausdrücklicher Hinweis ist in »Psychoanalyse und Telepathie«
(Freud, 1941d, S. 25 ff.) enthalten, wo Freud zu einem Phänomen
in seiner psychoanalytischen Praxis, das wie Telepathie wirkt,
anmerkt: »Wir wollen uns gern mit dem Skeptiker identifizieren,
der eine solche Mitteilung nur würdigen will, wenn sie unmittelbar nach dem Erlebnis erfolgt ist« (S. 40).

Um den Bezug Freuds und der Psychoanalyse zur skeptischen
Philosophie zu untersuchen, braucht es mehr als solche Andeutungen einer Selbstbeschreibung. Es ist notwendig zu rekonstruieren, welche Entsprechungen zur skeptischen Philosophie sich in
der Freud'schen Psychoanalyse auffinden lassen, sozusagen deren
skeptische Dimension herauszuarbeiten.

Die alten Skeptiker

Die skeptische Philosophie der Antike – die ihren Namen von
der Haltung »nachzufragen« oder »nachdenklich« zu sein herlei-
tet – hat einen ihrer Begründer in Pyrrhon von Elis (ca. 365/360 –
ca. 275/270 v. Chr.). Das motivierende Prinzip der Skepsis ist die
Hoffnung auf Seelenruhe, mit der die Zurückhaltung des Urteils
in Verbindung steht. Entscheidend für den Skeptiker ist, keine
bestimmten Überzeugungen zu hegen und nichts mit Eifer zu verfolgen. Vermieden werden sollen die Fehler der Dogmatiker, die
ihre Hoffnung auf sicheres Wissen setzen (Schupp, 2003). In der
Nachfolge teilte sich die skeptische Philosophie in zwei Schulen:
die »Epistemologen«, die sicheres Wissen in Frage stellten, und

die »Therapeuten«, die eine Lebensführung oder »Ethik« suchten, die zu einem glücklichen Leben führen könnte (Thompson, 2000, S. 461). Die notwendige Haltung gründete in der Fähigkeit, sich der Entfaltung der Erfahrung zu widmen und mit einem »leeren« Geist offen zu bleiben (Thompson, 2000, S. 462). Keats hat diesen Zustand »negative capability« genannt, ein Begriff, der später von Bion aufgenommen wird (Keats, 1970, S. 43; vgl. z. B. Bion, 1984, S. 124 f.; Bion, 1991, S. 207).

Obwohl ein direkter Zusammenhang zwischen Freud und der skeptischen Philosophie noch nicht dokumentiert worden ist, kann als ein Zwischenglied in einer solchen Überlieferung Michel de Montaigne angenommen werden (Thompson, 2000). Freud hat vermutlich Montaigne selbst gelesen. Jedenfalls enthält der Katalog von Freuds Bibliothek mit der Nummer 2508: Montaigne, Michel de: Œuvres choisies. Disposées d'après l'ordre chronologique, Paris 1914 (Freuds Library/Freuds Bibliothek, 2006).

Montaigne zog sich nach dem Tod eines Freundes auf sein Schloss zurück und las in seinem Bemühen, Heilung zu finden, die Skeptiker und die Stoiker. Er entwickelte die Form der Essays, Betrachtungen, die von Selbstreflexion zeugen.

Um die Bezüge der Freud'schen Psychoanalyse zur skeptischen Philosophie zu rekonstruieren, ist es förderlich, weiter auszuholen und auch die Wirkungen der griechischen in der jüdischen und der frühchristlichen Philosophie in Betracht zu ziehen. Wichtig ist es, sich dabei zu vergegenwärtigen, dass die antike Philosophie sowohl als theoretische wie auch als praktische Philosophie verwirklicht worden ist.

Die skeptische Haltung verbreitete sich unter anderem unter den hellenistischen Juden. Das Predigerbuch Kohelet, das ähnlich wie die Skeptiker keinerlei Grundsätze vertreten will, ist dafür ein guter Zeuge. Kohelet bricht mit allen dogmatischen Anschauungen des Judentums, so wie Pyrrhon mit denen der Griechen: »Alles ist Wind und Haschen nach Luft« (Schupp, 2003, S. 384).

Bemerkenswert ist der Hinweis des jüdisch-hellenischen Philosophen und Theologen Philo(n) von Alexandrien (20 v. Chr.– 40 n. Chr.) auf eine Gruppe von Einsiedlern, die vermutlich zwi-

schen dem 1. Jahrhundert v. Chr. und dem 2. n. Chr. in der Nähe
Alexandriens lebte. Der Bischof und Kirchenvater Eusebius von
Caesarea (260–349) schreibt in seinem Buch »Kirchengeschichte«
über Philo und die Therapeuten: »Er [Philo] berichtet sodann,
daß man jene Männer Therapeuten und die gemeinsam mit
ihnen lebenden Frauen Therapeutriden nenne. Diese Bezeichnung begründet er entweder damit, daß diese Leute gleich Ärzten
die Seelen derer, die zu ihnen kommen, von der Sünde der Leidenschaften befreien, um sie zu heilen und gesunden zu lassen, oder
damit, daß sie Gott in reinem, lauterem Dienste verehren. […]
Ihre ganze Zeit zwischen Morgen und Abend gehört der Askese.
Sie treiben Philosophie nach Art ihrer Väter, indem sie die heiligen Schriften lesen und allegorisch erklären. Sie halten nämlich
die Worte für Sinnbilder einer verborgenen Wahrheit, die sich in
Allegorien offenbare« (Eusebius, 1967, S. 132–134).

Eine herausragende Gestalt in den Anfängen des Mönchtums
war Antonius von Antiochien. Er war einer jener Menschen der
damaligen Zeit, die daran zweifelten, ob in ihrer Gesellschaft eine
menschliche und christliche Identität lebbar wäre, einer Zeit,
die von einer eschatologischen Spannung dahingehend geprägt
war, dass die gegenwärtige Wirklichkeit noch unvollkommen ist.
Er hörte in der Kirche, dass er alles verkaufen und den Armen
schenken sollte. Das tat er. Er lebte in Armut und zog sich um 285
n. Chr. mit anderen Mönchen in die Wüste zurück, um der illusorischen Identität der weltlichen Gesellschaft zu entgehen. Aber
sie mussten erfahren, dass die Wurzel der Illusion in ihnen selbst
lag, nämlich in ihrem Bemühen, das Leben nach eigenen Vorstellungen zu kontrollieren. Die »Wüstenväter« betonten die radikale Ehrlichkeit, um das Verbleiben in den eigenen Bildern von
sich selbst, von Gott und von der Welt zu unterbinden. So war
für sie die Offenbarung ihrer Gedanken einem anderen Menschen
gegenüber notwendig, um die Selbstgefälligkeit und die Bequem-
lichkeit in der eigenen Persönlichkeit aufzubrechen.

Freud und die Wüstenväter

Die von Antonius und seinen Brüdern praktizierte doppelte Skepsis – gegen die Gesellschaft und gegen sich selbst – wirkt wie eine
Vorwegnahme der gesellschaftskritischen und klinischen Dimensionen der Psychoanalyse.

Sigmund Freud kam mit dem Leben des Antonius über Gus-
tave Flauberts »Die Versuchung des heiligen Antonius« (Flaubert, 1874; vgl. Reik, 1912) in Berührung, ein Buch, das ihn zutiefst
beeindruckte. Bei Jones finden wir den Hinweis, Freud habe 1883
die »Tentation« während eines Urlaubs zusammen mit Breuer
gelesen. Er zitiert Freud: »»[…] ich war ohnehin schon erregt
durch den herrlichen Anblick, nun kam ein Buch hinzu, was in
gedrängtester Weise, in unübertrefflicher Plastik einen den ganzen Weltenplunder geradezu an den Kopf wirft, u. zwar nicht nur
die großen Probleme der Erkenntnis, sondern die echten Rätsel
des Lebens, allen Widerstreit der Gefühle u. Neigungen wach-
ruft u. das Bewußtsein der eigenen Ratlosigkeit in der allgemeinen Rätselhaftigkeit über alles herrschend etabliert. Diese großen Fragen bestehen ja eigentlich immer u. man sollte immer
an sie denken, man setzt sich aber in jeder Stunde u. an jedem
Tag immer ein recht enges Ziel u. gewöhnt sich an den Gedanken, die Beschäftigung mit diesen Rätseln sei die Aufgabe einer
besonderen Stunde und dann wol diese Rätsel existirten nur in
solchen besonderen Stunden. Nun überfallen sie einen plötzlich
am Morgen u. rauben Fassung u. Stimmung«« (Jones, 1984, Bd. 1,
S. 211). Dann folgt eine ausführliche und lebendige Beschreibung
des Inhalts, den er mit einer Walpurgisnacht vergleicht, und zum
Schluss die Bemerkung: »»[…] doch was vor allem Eindruck
macht, ist die Plastik der Halluzinationen, die Art wie die Sin-
neseindrücke abschwellen, sich verwandeln, plötzlich verschwin-
den«« (S. 211). Und dann, als Antiklimax: »»Man versteht es besser,
wenn man weiß, daß Flaubert Epileptiker war und selber hallu-
zinirte«« (S. 211).

Freud kam somit auf diesem Weg mit der Welt des frühen
Mönchstums in Berührung, und es ist erstaunlich, wie viel von

ihrer Lehre nicht nur die Theorie der Psychoanalyse, sondern auch ihre Praxis vorwegnimmt (vgl. Vitz, 1988, S. 105).

Die Grundeinstellung ist eine Skepsis gegen die Vorstellung der eigenen Identität. So schreibt zum Beispiel Isidor der Priester: »Von allen geistlichen Einstellungen ist besonders die gefährlich: seinem Herzen zu folgen« (Apophthegmata, S. 130, Nr. 365). In seinem Kommentar weist Rowan Williams (2003, S. 49) darauf hin, dass dies den Gegensatz zu der modernen Einstellung »Folge deinem Herzen« darstellt. Die Wüstenväter lehren, wir sollen unseren eigenen Gefühlen und Wünschen gegenüber skeptisch sein, sonst können wir uns allzu leicht täuschen und an eine Phantasie der eigenen Identität glauben. Die Methode der Mönche zur Überwindung der Täuschung bestand in der Offenbarung der Gedanken. Der Mönch ging zu einem vertrauenswürdigen, meistens älteren Mönch und sprach alles aus, was in ihm war. Das musste nicht eine Sünde sein, sondern alles, was ihn beschäftigte. Die Wirksamkeit dieser einfachen, aber zugleich schwierigen Praxis lag im Vertrauen zu Gott, dass nicht alles zuerst selbst aufgeräumt werden müsste, weil dies ein falsches Bild von sich selbst bedeuten würde (Stewart, 1990).

Die Einsicht, die in dieser Praxis erhalten ist, wird im »Leben des Heiligen Antonius« beschrieben: Die Herrschaft der Dämonen in der menschlichen Seele hat illusorischen Charakter – sie werden machtlos, wenn das Licht der Wahrheit sie berührt, wenn es keine Geheimnisse und Grenzen mehr gibt. Ich komme nur darauf, wer ich wirklich bin, wenn ich all meine Gedanken, Gefühle und Sehnsüchte an die Öffentlichkeit bringe, ohne Angst und Täuschung (Stewart 1990, S. 50). »Gedanken offenbaren« einem älteren Mönch gegenüber hat nur manchmal mit dem Lösen von Problemen oder dem Einholen von Ratschlägen zu tun; der ältere Mönch steht vielmehr für eine Wahrheit, die viel größer ist als eine menschliche. Der Jüngere schüttet seine Gedanken und Phantasien aus und bekommt wenig an Antwort oder gar Beratung; es ist jedoch wirksam, weil der Jüngere einübt, nicht seinem Herzen zu folgen, indem er die oberflächlichen Erscheinungen seiner Seele als selbstverständlich annimmt, sondern indem er die Komplexität und leidvolle Sehnsucht zur Sprache bringt. Johannes der Zwerg: »Über keinen freut sich der Teufel so sehr wie über jene, die ihre Gedanken nicht offenbaren« (Apophthegmata, S. 231, Nr. 675).

Selbstoffenbarung und psychoanalytische Praxis

Diese skeptische Selbstpraxis, die fundamental in der Selbstoffenbarung einem anderen gegenüber besteht, verweist ganz deutlich auf die psychoanalytische Praxis. Diese Entsprechung lässt eine Korrespondenz erahnen, für die Freuds Flaubert-Lektüre ein Indikator ist. Wir werden auf diese Bezüge noch einmal zurückkommen. Zunächst aber folgen wir Spuren einer skeptischen Orientierung in Freuds Werken.

Es ist der Brief an Fließ vom 21. September 1897, in dem schon früh ein skeptischer Zug im Charakter der Psychoanalyse erscheint. Freud war zunächst zuversichtlich gewesen, durch die lebensgeschichtlichen Nachforschungen in der Psychoanalyse bis zu den ursprünglichen traumatischen Erfahrungen seiner Patientinnen vorzudringen, welche die neurotische Entwicklung verursacht haben. Aber nun: »Ich glaube an meine Neurotica nicht mehr«, schreibt er und vertraut Fließ das große Geheimnis an, das ihm in den letzten Monaten langsam gedämmert ist: Er könne sich bei den lebensgeschichtlichen Erinnerungen seiner Patientinnen nicht darauf verlassen, dass sich diese auf Ereignisse bezögen; vielmehr könne er nicht mehr ausschließen, dass es sich um narrative Übersetzungen von lebensgeschichtlichen Erfahrungen handle, zu denen durchaus auch Phantasien gehörten (Freud, 1986, S. 283).

Im gleichen Brief spricht Freud von der Festigkeit, die der Traum und die Traumdeutung für ihn besitzen. Aber auch der Traumtext ist im Grunde eine Übersetzung. Denn erstens wird der latente Trauminhalt durch die Traumarbeit überarbeitet und zweitens ist der latente Trauminhalt immer nur in der Weise des Abbildes ohne das Original verfügbar (vgl. Walter, 1996).

Skepsis zeigt sich also hinsichtlich der Wirklichkeit, aus der die psychoanalytischen Erfahrungen gewonnen werden. Der »psychischen Wirklichkeit«, die aus der bewussten und unbewussten Verarbeitung und Überarbeitung lebensgeschichtlicher Erfahrungen resultiert, gilt nun die Aufmerksamkeit des Psychoanalytikers, im Wissen, dass die Erinnerungen an Erlebtes und Gedachtes erst nachträglich die Bedeutung erlangen können, in denen sie sich zeigen, und dass die psychische Wirklichkeit immer wieder Übersetzungen erfährt. Eine wohlwollende skeptische Haltung der lebensgeschichtlichen Erinnerung des Analysanden gegenüber wird nun zu einem Bestandteil der Psychoanalyse.

Skepsis hat auch mit den Erfahrungen und der wachsenden Einsicht in den Prozess des psychoanalytischen Gesprächs zu tun. Dass das kommunikative Handeln in diesem Rahmen weitgehend auch ein unbewusstes ist, war für Freud eine methodologische Herausforderung. In seinem Bestreben, die Psychoanalyse als Erfahrungswissenschaft analog zu den Naturwissenschaften zu begründen, war es für ihn wichtig, die Beobachtung psychischer Tatsachen und ihre Transformation in Hypothesen nicht durch unbewusste Wirkungen im Beobachtungsfeld kontaminiert zu sehen. Wir lesen bei ihm, wie sehr er die Entdeckung der unbewussten Kommunikation methodisch zu »zähmen« versucht. Mit dem Konzept der »Übertragung« wurde zunächst der unbewusste Anteil in der Kommunikation des Analysanden zu fassen versucht. Wie sehr hier Verstrickungen eine Rolle spielen, davon zeugen die technischen Schriften Freuds (vgl. Walter, 1994). In ihnen kommt das starke Bemühen zum Ausdruck, in der unbewussten kommunikativen Bewegung Halt zu gewinnen. Die Gegenübertragung erscheint bei Freud noch als zu kontrollierende Regung auf Seiten des Analytikers, noch nicht, wie dies viel später in der Theorie des psychoanalytischen Verstehens erfolgt, als spezifische psychoanalytische Verstehensmöglichkeit (vgl. Walter, 2006).

Auch wenn Freud bis zum Schluss an der Charakterisierung der Psychoanalyse als Naturwissenschaft festgehalten und sich dementsprechend auch methodologisch eingeordnet hat, so

drängte sich ihm durch die Erfahrungen im psychoanalytischen
Gespräch doch eine skeptische Distanz zur beobachtungswissen-
schaftlichen Position auf. Er setzte sie aber nicht methodologisch
um. Jürgen Habermas fand dafür in »Erkenntnis und Interesse«
die Formulierung vom »szientistischen Selbstmißverständnis« in
der Freud'schen Psychoanalyse (Habermas, 1968, S. 263).

Aber die skeptische Haltung geht noch tiefer. Denn mit der
Ausarbeitung der Psychoanalyse als Theorie des Unbewussten
und mit der Formulierung eines Subjektmodells, in dem die Quellen von Denken, Erleben und Handeln ganz wesentlich als unbewusst beschrieben werden, erwachsen der Selbstreflexion, der
Selbstkontrolle und Selbststeuerung unüberwindbare Grenzen.
Jean Laplanche bestätigt Freud in dessen Auffassung von einer der
kopernikanischen vergleichbaren psychoanalytischen Revolution.
Aber sie sei bei Freud insofern noch unvollendet geblieben, als er
den Primat des Anderen in der Subjektwerdung nicht mitbedacht
habe (vgl. Laplanche, 1988).

Die »Dezentrierung« des Subjekts ist also weitreichend. Und
von Anfang an, wie bereits der Briefwechsel zwischen Sigmund
Freud und Wilhelm Fließ zeigt (Freud, 1986), ist in die psychoanalytische Praxis die Selbstoffenbarung gegenüber dem Anderen
und die Skepsis gegenüber der individuellen Selbsterkenntnis eingelassen.

Zur Entstehung der Selbstsorge

Einen wichtigen Anstoß zu dieser Erkundung der Bezüge der
Freud'schen Psychoanalyse verdanken wir der Lektüre der Schriften Foucaults aus der Zeit seiner intensiven Beschäftigung mit
der antiken und spätantiken praktischen Philosophie und deren
Rezeption und Transformation im frühen Christentum (Foucault,
1983a, 1983b 1986, 1989, 1993, 2004, 2007, 2009, 2010; Walter, 2010).
Foucault zeigt in diesen Schriften, welche Bedeutung die »Selbstsorge« im Vergleich zur »Selbsterkenntnis« in der griechisch-

römischen Philosophie hatte und in welcher »Selbsttechnik« diese Selbstsorge realisiert wurde.

In »Sexualität und Wahrheit 1« (1983a) hatte Foucault die Psychoanalyse in die allgemeine Matrix des Geständnisses gesperrt. Er versuchte darzustellen, wie in der abendländischen Kultur Geständnisprozeduren entwickelt wurden – im Bereich der Kirche, in der Politik und in den Wissenschaften –, die auch heute noch dazu da sind, dem Individuum sein Geheimnis zu entlocken. Ihm zufolge leben wir in einer Kultur, in der Geständnisprozeduren eine enorme Bedeutung haben, die eine Selbstverständlichkeit erlangt haben und das Selbstverständnis der Menschen prägen.

Sicher hat Foucault vor allem die Beichte vor Augen. Aber er denkt auch an andere Inszenierungen, in denen das Thema des Geheimnisses, insbesondere des sexuellen Geheimnisses, eine Rolle spielt. Dementsprechend ordnet er die Psychoanalyse in diese Matrix der Geständnisprozeduren ein, denn in ihr geht es darum, sich im Rahmen des psychoanalytischen Prozesses die Geheimnisse seines Begehrens einzugestehen, geleitet und dirigiert von einem anderen, einem Meister. Ironisch nennt Foucault die Psychoanalyse ein »profitables Bettgeflüster«. Oder er meint: Wir leben in einer Kultur, in der es schon Spezialisten gibt, die ihre Ohren vermieten. Die Kennzeichnung der Psychoanalyse als Geständnisprozedur erfährt jedoch mit der intensiven Untersuchung der antiken praktischen Philosophie und ihrer Rezeption und Transformation im frühen Christentum eine Korrektur. »In seinen letzten Lebensjahren wandte sich Foucault der Frage der Beichte zu. Dabei kehrte er seine frühere, im ersten Band von ›Sexualität und Wahrheit‹ formulierte Kritik der Beichte um, der Beichte als erzwungener Entlockung sexueller Wahrheit, als Praxis im Dienste einer Ordnungsmacht, die das Subjekt als jemanden erzeugt, der verpflichtet ist, die Wahrheit über sein Begehren zu sagen. In seiner Untersuchung der Beichtpraxis, wie er sie in den frühen achtziger Jahren durchführt, schreibt er seine frühere Position um« (Butler, 2007, S. 149 f.).

Die »Sorge um sich« und die entsprechenden »Selbsttechniken« können wie ein Kommentar zur psychoanalytischen Pra-

xis gelesen werden. In die »Hermeneutik des Subjekts« (die
Vorlesung ist die erweiterte Fassung des kleinen Kapitels »Selbst-
kultur« aus »Die Sorge um sich«) untersucht Foucault die Praktiken, die in der griechisch-römischen Philosophie im Zusammenhang mit der Sorge um sich (epimeleia heautou, cura sui)
entwickelt wurden. Foucault macht deutlich, dass der Grundsatz,
man habe sich um sich selbst zu sorgen, grundlegender war als
das Gebot der Selbsterkenntnis (gnothi seauton). Die Selbstsorge,
die in den verschiedenen Selbsttechniken verwirklicht wird, gilt
der »Subjektivierung« und der Möglichkeit eines wahren Subjekts.

Vor diesem Hintergrund erscheint auch die Psychoanalyse als
Theorie und Praxis der Selbstsorge. Subjektivierung im Sinne der
Selbstgestaltung erscheint als eine Möglichkeit, sie zu beschrei-
ben. Nicht in die Geständnisprozeduren würde die Psychoanalyse
damit eingeordnet, sondern in die Selbsttechniken, die von der
Art eines Handwerks sind oder von der Art einer künstlerischen
Praktik, um dem Selbst und der Lebenspraxis zu einer guten und
wahrhaftigen Gestalt zu verhelfen.

In einem Interview »Zur Genealogie der Moral« spricht Foucault von der »Ästhetik der Existenz«, die in der griechisch-römischen Philosophie ein großes Thema war, und er wägt deren
Bedeutung für die Gegenwart ab: »Was mich erstaunt, ist, dass
in unserer Gesellschaft die Kunst nur noch eine Beziehung mit
den Objekten und nicht mit den Individuen oder mit dem Leben
hat, und auch, dass die Kunst ein spezialisierter Bereich ist, der
Bereich von Experten, nämlich den Künstlern. Aber könnte nicht
das Leben eines jeden Individuums ein Kunstwerk sein? Warum
sind ein Gemälde oder ein Haus Kunstobjekte, aber nicht unser
Leben?« (Foucault, 2007, S. 200).

Aber bei dieser Selbstsorge und den entsprechenden Selbsttechniken ist zu beachten, dass es sich hier um Praktiken handelt,
die auf Gemeinschaft bezogen sind. Mit Skepsis wird die einsame
Selbstpraxis betrachtet. Sich dem Anderen vertrauensvoll und risi-
kobereit zuzuwenden, ist bei der Realisierung der Selbstsorge entscheidend.

Foucault war in seinen letzten Jahren vor allem von der »Parrhesia« fasziniert. In den letzten drei Vorlesungen am Collège de
France (»Hermeneutik des Subjekts«, »Die Regierung des Selbst
und der anderen«, »Der Mut zur Wahrheit«) sowie in den Berkeley-Vorlesungen von 1983 untersuchte er das Thema der wahren
Rede (Veridiktion) in seiner geschichtlichen Entwicklung. Was
die Parrhesia grundlegend kennzeichnet, ist der Mut, die wahre
Rede gegenüber anderen zu riskieren. Ob nun die Situation von
einer großen Machtdifferenz gekennzeichnet und der Parrhesiast
der Schwächere ist, ob es eine wahre Rede in der Öffentlichkeit ist
oder eine wahre Rede unter Freunden – immer ist das Moment
des Risikos wirksam, das die wahre Rede mit sich bringt. Die Parrhesia ist ohne Zweifel eine der Brücken, die man mit Hilfe von
Foucault von der griechisch-römischen Philosophie zur Psychoanalyse schlagen kann.

Mit Foucault könnte man die Erkundung auch noch weiter in
das frühe Christentum hinein fortsetzen. Der vierte Band von
»Sexualität und Wahrheit«, nämlich »Die Geständnisse des Flei-
sches«, wird aber nicht mehr veröffentlicht werden. Wohin die
Fortsetzung gehen könnte und welche Berührung dadurch zu den
oben dargestellten Anfängen der Mönchstradition sich ergeben
könnten, darauf geben die Vorlesungen am Dartmouth College
(1993) Hinweise. Dort erörtert Foucault die beiden frühchristlichen Bußformen der »exomologesis« und der »exagoreusis« als
Realisierungsformen einer Praxis der Selbstoffenbarung anderen
gegenüber. Auf diese Vorlesungen bezieht sich, wie oben zitiert,
Judith Butler (2007) bei ihrer Einschätzung der Veränderung, welche die Beurteilung der Beichtpraxis durch Foucault erfahren hat.

Thompson (2000) verbindet die Psychoanalyse mit der antiken Skepsis auch hinsichtlich einer Philosophie der Lebenskunst.
Wie in der antiken Skepsis Vorstellungen von einer gelingenden
Lebensführung entwickelt worden seien, so vermittle dies auch
die Psychoanalyse. Freud hat seine Distanz zur Philosophie betont
und dabei deren dogmatische Ausrichtung hervor gekehrt. Dabei
gilt seine Aufmerksamkeit der theoretischen Philosophie. Der
Bezug zur praktischen Philosophie wird von ihm nicht diskutiert,

er kann nur in Andeutungen gefunden werden. Freud behandelt
also nicht explizit die Frage, welche Ethik, welche Anschauungen
vom guten Leben, welche Entwicklungsziele und Entwicklungs-
aufgaben in der Psychoanalyse enthalten sind. Er verwendet das
Wort »Lebenskunst« nur einmal in »Das Unbehagen in der Kultur« (1930a). Bei der Erörterung der Methoden, mit Hilfe derer die
Menschen versuchen, das Glück zu gewinnen und das Leiden von
sich fernzuhalten, erwähnt er auch die Liebesbeziehungen: »Wie
wäre es auch möglich, gerade an diese Technik der Lebenskunst zu
vergessen!« (Freud, 1930a, S. 440).

Ob es möglich ist, die Psychoanalyse so direkt als Lebenskunst
zu bezeichnen, wie dies der französische Psychoanalytiker Phi-
lippe Grimbert (o. J.) getan hat, sei dahin gestellt (vgl. Buchholz,
2003; Gödde, 2007). Dass aber Freud solche Gedanken nicht fern
liegen, bezeugt er, wenn er am Ende des Briefes an Oskar Pfister
vom 25.11.1928 schreibt: »Ich weiß nicht, ob Sie das geheime Band
zwischen der ›Laienanalyse‹ und der ›Illusion‹ erraten haben. In
der ersten will ich die Analyse vor den Ärzten, in der anderen vor
den Priestern schützen. Ich möchte sie einem Stand übergeben,
der noch nicht existiert, einem Stand von weltlichen Seelsorgern,
die Ärzte nicht zu sein brauchen und Priester nicht sein dürfen«
(Freud u. Pfister, 1963, S. 136).

Auch in »Die Frage der Laienanalyse« kommt Freud auf diese
»weltliche Seelsorge« sprechen: »Mit der Formel ›Weltliche Seelsorge‹ könnte man überhaupt die Funktion beschreiben, die der
Analytiker, sei er nun Arzt oder Laie, dem Publikum gegenüber zu
erfüllen hat. [...] Wir Analytiker setzen uns eine möglichst voll-
ständige und tiefreichende Analyse des Patienten zum Ziel, wir
wollen ihn [...] aus seinem eigenen Inneren bereichern, indem
wir seinem Ich die Energien zuführen, die durch Verdrängung
unzugänglich in seinem Unbewußten gebunden sind, und jene
anderen, die das Ich in unfruchtbarer Weise zur Aufrechterhaltung der Verdrängungen verschwenden muß. Was wir so treiben,
ist Seelsorge im besten Sinn. [...] In der Psychoanalyse bestand
von Anfang an ein Junktim zwischen Heilen und Forschen, die
Erkenntnis brachte den Erfolg, man konnte nicht behandeln, ohne

etwas Neues zu erfahren, man gewann keine Aufklärung, ohne ihre wohltätige Wirkung zu erleben. Unser analytisches Verfahren ist das einzige, bei dem dies kostbare Zusammentreffen gewahrt bleibt. Nur wenn wir analytische Seelsorge treiben, vertiefen wir unsere eben aufdämmernde Einsicht in das menschliche Seelenleben« (Freud, 1927a, S. 293).

Skepsis und Glück

Der Skeptizismus bei Freud zeigt sich auch in seiner Einschätzung der menschlichen Möglichkeiten, Glück zu erfahren. Freud hat sich bis auf wenige Ausnahmen – zum Beispiel in den »Vorlesungen zur Einführung in die Psychoanalyse« (1916–1917a) und in »Die Zukunft einer Illusion« (1927c) – nur in »Das Unbehagen in der Kultur« (1930a) mit dem Thema »Glück« auseinandergesetzt. Im Anschluss an seine Religionskritik in der zweiten Schrift erweitert er hier den Beitrag der Psychoanalyse zu gesellschaftlichen und kulturellen Fragestellungen.

Die Bedeutung dieses Textes spielt er in einem Brief an Lou Andreas-Salomé herunter: »Liebste Lou, Sie werden mit gewohntem Scharfsinn erraten haben, warum ich Ihnen so lange nicht geantwortet. Anna hat Ihnen bereits mitgeteilt, daß ich etwas schreibe, und heute habe ich den letzten Satz niedergeschrieben, der die Arbeit, soweit es hier – ohne Bibliothek – möglich ist, beendigt. Sie handelt von Kultur, Schuldgefühl, Glück und ähnlichen hohen Dingen und kommt mir, gewiß mit Recht, sehr überflüssig vor, zum Unterschied von früheren Arbeiten, hinter denen doch immer irgendein Drang steckte. Was sollte ich aber tun? Man kann nicht den ganzen Tag rauchen und Karten spielen, im Gehen bin ich nicht mehr ausdauernd, und das meiste, was man lesen kann, interessiert mich nicht mehr. Ich schrieb, und die Zeit verging mir dabei ganz angenehm. Ich habe die banalsten Wahrheiten während dieser Arbeit neu entdeckt« (Freud u. Andreas-Salomé, 1980, S. 198). Auch äußert er im Text mehr-

fach die Befürchtung, dass er in ungelenker Form nur allgemein
Bekanntes und Selbstverständliches wiedergebe. Und doch handelt es sich um einen die kulturanalytische Psychoanalyse begrün-
denden Text mit weitreichender Resonanz.

Freud setzt sich im ersten Kapitel mit dem »ozeanischen«
Gefühl auseinander, das Romain Rolland in Briefen an ihn als die
eigentliche Quelle der Religiosität bezeichnet hat, das Gefühl von
etwas Unbegrenztem und Schrankenlosem. Freud bestreitet die
Unmittelbarkeit eines solchen Gefühls und leitet es von der Hilflosigkeit her, die am Anfang des individuellen Lebens besonders
fühlbar ist, aber lebenslang ein existenzielles Thema bleibt. Religion tröstet angesichts der vielfältigen Bedrohungen des Selbst,
aber sie erweist sich als Illusion, die die Konfrontation mit der
Realität erspart. Die Vermittlung von Lust- und Realitätsprinzip
erscheint als lebenslange Herausforderung.

Wie steht es um die Möglichkeiten des Menschen, glücklich
zu sein? Freud ist in dieser Hinsicht skeptisch. Denn »dass der
Mensch ›glücklich‹ sein soll, ist im Plan der ›Schöpfung‹ nicht enthalten« (Freud, 1930a, S. 434). Glück als das Erleben starker Lustgefühle ist nur »episodisch«. »Jede Fortdauer einer vom Lustprinzip ersehnten Situation ergibt nur ein Gefühl von lauem Behagen;
wir sind so eingerichtet, dass wir nur den Kontrast intensiv genießen können, den Zustand nur sehr wenig« (S. 434). Aber weniger als mit dem Erleben starker Lustgefühle sind wir mit der Ver-
meidung von Leid und Schmerz befasst. »Von drei Seiten droht
das Leiden, vom eigenen Körper her, der, zu Verfall und Auflösung bestimmt, sogar Schmerz und Angst als Warnungssignal
nicht entbehren kann, von der Außenwelt, die mit übermächti-
gen, unerbittlichen, zerstörenden Kräften gegen uns wüten kann,
und endlich aus den Beziehungen zu anderen Menschen« (S. 434).

Im Zusammenhang mit der Leidabwehr kommt Freud auch auf
die Sublimierung zu sprechen. Sublimierung steigert die Beweglichkeit in der Libidoverschiebung, wodurch die Versagungen der
Umwelt die Person weniger treffen können. Die Sublimierung
dämpft freilich die Intensität der Lustempfindung, auch versagt
diese Glücksmöglichkeit, wenn körperliche Leiden in den Vor-

dergrund treten. Freud spricht hier auch von den Befriedigun-
gen beruflicher Arbeit, die dann besonders gegeben sein können,
wenn sie frei gewählt ist und den eigenen Interessen entspricht.
Sublimierung sei freilich eine Lebensform nur für eine Minderheit (Freud, 1930a, S. 438).

Lieben und Geliebtwerden erscheint als ein Weg zum Glück,
aber, gibt Freud zu bedenken: »Niemals sind wir ungeschützter
gegen das Leiden, als wenn wir lieben, niemals hilfloser unglücklich, als wenn wir das geliebte Objekt oder seine Liebe verloren
haben« (Freud, 1930a, S. 441). Das Erfahren von Schönheit mag
glücklich machen – aber dazu habe die Psychoanalyse noch wenig
zu sagen (S. 441). Auch Rauschmittel und Askese gehören zu den
Methoden, wie Menschen versuchen, das Glück zu gewinnen und
das Leiden von sich fernzuhalten. Am Ende dieses Kapitels fasst
er zusammen: »Das Programm welches uns das Lustprinzip auf-
drängt, glücklich zu werden, ist nicht zu erfüllen, doch darf man –
nein, kann man – die Bemühungen, es irgendwie der Erfüllung
näherzubringen, nicht aufgeben« (Freud, 1986, S. 442).

Bei all den Fortschritten der Naturwissenschaften, die zu einer
Verbesserung der Lebensbedingungen geführt haben, bleibt eine
Unzufriedenheit mit den kulturellen Entwicklungen – um nicht zu
sagen eine Kulturfeindlichkeit – erhalten. Dies betrifft beispiels-
weise die Verlängerung der Lebensdauer: »[…] was soll uns […]
ein langes Leben, wenn es beschwerlich, arm an Freuden und so
leidvoll ist, dass wir den Tod nur als Erlöser bewillkommnen können?« (Freud, 1930a, S. 447). Freud führt diesen Gedanken nicht
weiter aus, aber er denkt vermutlich daran, dass trotz der medizinischen Fortschritte, die das Leben verlängern, die Frage offen
bleibt, was dieses Leben glücklich machen kann.

Um in der Untersuchung weiterzukommen, wendet sich Freud
dem Kulturbegriff zu. Der Schutz des Menschen gegen die Natur
und die Regelung der Beziehungen der Menschen untereinander
sind die ersten Bestimmungen. Er begreift den technischen Fortschritt als Erweiterung der instrumentellen Möglichkeiten: »Der
Mensch ist sozusagen eine Art Prothesengott geworden« (Freud,
1986, S. 450). Er nennt Schönheit, Reinlichkeit und Ordnung als

Merkmale und geht dann auf den Macht- und Freiheitsverlust ein, den der Einzelne als Mitglied einer Gruppe und Gesellschaft auf sich nehmen muss. Kulturfeindlichkeit resultiert aus dem inneren Widerstand gegen diese Verzichtsleistungen. Eine Balance zwischen den individuellen und den gesellschaftlich-kulturellen Ansprüchen zu finden, ist die unvermeidbare Entwicklungsaufgabe, die Trieb- und Affektkontrolle und die Orientierung am Realitätsprinzip mit sich bringt. Hier kommt Freud wieder auf die Sublimierung zu sprechen. »Die Triebsublimierung ist ein besonders hervorstechender Zug der Kulturentwicklung, sie macht es möglich, dass höhere psychische Tätigkeiten, wissenschaftliche, künstlerische, ideologische, eine so bedeutsame Rolle im Kulturleben spielen. Wenn man dem ersten Eindruck nachgibt, ist man versucht zu sagen, die Sublimierung sei überhaupt ein von der Kultur erzwungenes Triebschicksal. Aber man tut besser, sich das noch länger zu überlegen« (Freud, 1930a, S. 457).

Skeptisch ist Freud auch in Bezug auf die Glücksmöglichkeiten der sexuellen Liebe. Das sexuelle Begehren und die kulturellen Beziehungsmuster sind schwer zu vermitteln. Die Triebsublimierung als kulturelle Anforderung entzieht dem sexuellen Begehren Energie, das Sexualleben des Kulturmenschen macht mitunter den Eindruck einer in Rückbildung befindlichen Funktion. Als Quelle von Glücksempfindungen hat es an Bedeutung verloren.

Aber die Kultur verlange noch weitere Opfer an Triebbefriedigung. Die Forderungen, den Nächsten zu lieben wie sich selbst oder seine Feinde zu lieben, zeigen für Freud in ihrer Widersinnigkeit, dass mit einer mächtigen Aggressionsneigung im Menschen zu rechnen ist. »Die Existenz dieser Aggressionsneigung, die wir bei uns selbst verspüren können, beim anderen mit Recht voraussetzen, ist das Moment, das unser Verhältnis zum Nächsten stört und die Kultur zu ihrem Aufwand nötigt. Infolge dieser primären Feindseligkeit der Menschen gegeneinander ist die Kulturgesellschaft beständig vom Zerfall bedroht. [...] Die Kultur muss alles aufbieten, um den Aggressionstrieben des Menschen Schranken zu setzen, ihre Äußerungen durch psychische Reaktionsbildungen niederzuhalten« (Freud, 1930a, S. 471).

Freud erwähnt hier nicht die Sublimierung, er scheint sie nur für das libidinöse Begehren zu verwenden, aber es liegt nahe, diesen Begriff auch hier ins Spiel zu bringen. »Es wird den Menschen offenbar nicht leicht, auf die Befriedigung dieser ihrer Aggressionsneigung zu verzichten; sie fühlen sich nicht wohl dabei« (Freud, 1930a, S. 473).

Es sind also nicht nur Einschränkungen der Sexualität, die es den Menschen schwer machen, sich in der Kultur glücklich zu fühlen, sondern es sind auch die Opfer, die den Aggressionsneigungen auferlegt werden.

Im folgenden Teil stellt dann Freud die Triebtheorie in ihrer aktuellen Fassung dar. Die Annahme eines Zusammen- und Gegeneinanderwirkens von Eros und Todes- oder Destruktionstrieb in allen Phänomenen des Lebens sei im Laufe der Zeit zu einer Denknotwendigkeit für ihn geworden. Um die der Kultur entgegenstehende Aggression zu hemmen, kann sich die Kultur der verinnerlichten Aggression bedienen, nämlich der des Schuldbewusstseins. Die Trieb- und Affektkontrolle ist eine durch Schuld- und Schamgefühle gesteuerte Wendung gegen sich selbst. Es sind Gefühle, die bewusst, aber vor allem auch unbewusst wirken. Sie sind ein wesentlicher Grund für das Unbehagen, das wir in der Kultur fühlen.

Freud schließt mit dem – bekannten – Zusatz von 1931: »Die Schicksalsfrage der Menschenart scheint mir zu sein, ob und in welchem Maße es ihrer Kulturentwicklung gelingen wird, der Störung des Zusammenlebens durch den menschlichen Aggressions- und Selbstvernichtungstrieb Herr zu werden. In diesem Bezug verdient vielleicht gerade die gegenwärtige Zeit ein besonderes Interesse. Die Menschen haben es jetzt in der Beherrschung der Naturkräfte so weit gebracht, dass sie es mit deren Hilfe leicht haben, einander bis auf den letzten Mann auszurotten. Sie wissen das, daher ein gut Stück ihrer gegenwärtigen Unruhe, ihres Unglücks, ihrer Angststimmung. Und nun ist zu erwarten, dass die andere der beiden ›himmlischen Mächte‹, der ewige Eros, eine Anstrengung machen wird, um sich im Kampf mit seinem ebenso unsterblichen Gegner zu behaupten. Aber wer kann den Erfolg und Ausgang voraussehen?« (Freud, 1930a, S. 506).

In der gegenwärtigen Psychoanalyse wird das Unbehagen in der Kultur weniger mit Bezug auf die von Schuld- und Schamgefühlen gesteuerte Trieb- und Affektkontrolle diskutiert. Die Skepsis gegenüber den Glücksmöglichkeiten erscheint nun im Diskurs um die neuen und gesteigerten Anforderungen an Selbstgestaltung und Selbstorganisation, die mit dem beschleunigten Wandel in der Lebens- und Arbeitswelt zusammenhängen. Stichworte wie »Individualisierung«, »Flexibilisierung«, »Beschleunigung«, »Offen für Optionen« markieren diesen Diskurs, der von den neuen konstruktiven, aber auch destruktiven Möglichkeiten handelt. Glück erscheint auch hier als etwas Prekäres, denn zu nahe liegen Überforderung und Erschöpfung (u. a. Ehrenberg, 2004; Flick, 2007; Honneth, 2000, 2002; King, 2011; Sennett, 1998).

Die Vorsicht in der skeptischen Haltung – dass man nie in absoluter Sicherheit von etwas behaupten kann, es zu wissen – ist zugleich die Ablehnung eines jeglichen Dogmatismus, der ja Freud zur Meidung von Philosophie und Theologie geführt hat, und das Eingeständnis, nie die Wahrheit der Wirklichkeit oder eines Menschen völlig erfassen zu können. Dieser Respekt ist in der neueren psychoanalytischen Theoriebildung zum Beispiel bei W. R. Bion zu finden, in seiner Formulierung, dass Wissen (K) nie die volle Wirklichkeit (O) erfassen kann.

»O ist unzugänglich, unwissbar, aber zugleich ist nichts zugänglicher, da O überall und alles ist. Man kann O nicht wissen, aber was kann man sonst wissen? Die Aufgabe, Toleranz für die Wirklichkeit aufzubauen, ist für Bion grundlegend. [...] Die Behauptung, dass die grundlegende Wirklichkeit unbekannt bleibt, schützt vor Täuschung. Wenn wir wirklich wissen, dass [...] die Wirklichkeit nicht erkennbar ist, bleiben wir offen für Erfahrung, Wissen und Lügen [...] Die Konsequenzen sind sehr wirklich ... So viel Zerstörung entsteht aus der Überzeugung, dass man im Recht ist in Bezug auf das, was man weiß. Es ist schwieriger zu schießen in einer Haltung von Neugierde, Zweifel und Staunen« (Eigen, 1998, S. 81 f.; Übersetzung P. K.).

Die Lebbarkeit der Skepsis besteht damit in einer offenen, interessierten und neugierigen Einstellung, die das vermeintlich schon Gewusste immer wieder in Frage stellt, um offen für reichere, differenzierte und manchmal überraschende Dimensionen der Wirklichkeit zu sein – ganz im Sinne des als Motto vorangestellten Gedichts von Xenophanes. Diese Neugierde darf nicht ins Paranoide gleiten, wie bei den in der Eingangsanekdote erwähnten Psychoanalytikern, sondern ist in einer Haltung der fragenden Offenheit zu leben.

Somit ist in der Psychoanalyse die Gesamtheit der skeptischen Philosophie – die epistemologische und die therapeutische – aufgenommen. Um mit Thompson zu reden: »Die alten Skeptiker würden sich sicherlich freuen, wenn sie sehen könnten, wie ihre Philosophie im dritten Jahrtausend noch ganz lebendig ist« (Thompson, 2000, S. 479 f.).

> … von der Forschung ist ja der Zweifel unablösbar,
> und mehr als Bruchstückchen der Wahrheit
> hat man gewiß nicht herausbekommen.
> *Freud an Stefan Zweig, 17. Oktober 1937*
> *(Freud, 1960, S. 431)*

Literatur

Apophthegmata Patrum, auch Gerontikon oder Alphabeticum genannt (2009). Sophia. Quellen östlicher Theologie, Bd. 6 (8. Aufl.). Trier: Paulinus.

Bion, W. R. (1984). Attention and interpretation. London: Karnac.

Bion, W. R. (1991). A memoir of the future. London: Karnac.

Buchholz, M. B. (2003). Psychoanalyse als »weltliche Seelsorge« (Freud). Journal für Psychologie, 11 (3), 231–253.

Butler, J. (2007). Kritik der ethischen Gewalt. Frankfurt a. M.: Suhrkamp.

Ehrenberg, A. (2004). Das erschöpfte Selbst. Frankfurt a. M.: Suhrkamp.

Eigen, M. (1998). The psychoanalytic mystic. London: Free Association Books.

Eusebius von Caesarea (1967). Kirchengeschichte. Hrsg. von Heinrich Kraft. München: Kösel.

Flaubert, G. (1874/1996). Die Versuchung des heiligen Antonius, mit einem Nachwort von Michel Foucault. Frankfurt a. M.: Insel-Verlag.

Flick, S. (2007). Zur Selbstsorge des unternehmerischen Selbst. Psychoanalyse – Texte zur Sozialforschung, 2 (21), 266–282.

Foucault, M. (1983a). Der Wille zum Wissen. Sexualität und Wahrheit 1. Frankfurt a. M.: Suhrkamp.

Foucault, M. (1983b/1996). Diskurs und Wahrheit. Berkeley-Vorlesungen. Berlin: Merve.

Foucault, M. (1986). Die Sorge um sich. Sexualität und Wahrheit 3. Frankfurt a. M.: Suhrkamp.

Foucault, M. (1989). Der Gebrauch der Lüste. Sexualität und Wahrheit 2. Frankfurt a. M.: Suhrkamp.

Foucault, M. (1993). About the beginning of the hermeneutics of the self. Two lectures at Dartmouth. Political Theory, 21, 198–227.

Foucault, M. (2004). Hermeneutik des Subjekts. Frankfurt a. M.: Suhrkamp.

Foucault, M. (2007). Zur Genealogie der Ethik – Ein Überblick über die laufende Arbeit. In M. Foucault, Ästhetik der Existenz. Schriften zur Lebenskunst (S. 191–219). Frankfurt a. M.: Suhrkamp.

Foucault, M. (2009). Die Regierung des Selbst und der anderen. Frankfurt a. M.: Suhrkamp.

Foucault, M. (2010). Der Mut zur Wahrheit. Frankfurt a. M.: Suhrkamp.

Freud, S. (1916–1917a). Vorlesungen zur Einführung in die Psychoanalyse. G. W. Bd. XI. Frankfurt a. M.: Fischer.

Freud, S. (1927a). Nachwort zur »Frage der Laienanalyse«. G. W. Bd. XIV (S. 287–296). Frankfurt a. M.: Fischer.

Freud, S. (1927c). Die Zukunft einer Illusion. G. W. Bd. XIV (S. 325–380). Frankfurt a. M.: Fischer.

Freud, S. (1930a). Das Unbehagen in der Kultur. G. W. Bd. XIV (S. 419–506). Frankfurt a. M.: Fischer.

Freud, S. (1933a). Traum und Okkultismus. G.W. Bd. XV (S. 32–61). Frankfurt a. M.: Fischer.

Freud, S. (1941d). Psychoanalyse und Telepathie G.W. Bd. XVII (S. 25–44). Frankfurt a. M.: Fischer.

Freud, S. (1960). Briefe 1873–1939. Hrsg. v. E. L. Freud. Frankfurt a. M.: Fischer.

Freud, S. (1986). Briefe an Wilhelm Fließ. Frankfurt a. M.: Fischer.

Freud, S., Andreas-Salomé, L. (1980). Briefwechsel (2., überarb. Aufl.). Frankfurt a. M.: Fischer.

Freud, S., Pfister, O. (1963). Briefe 1909–1939. Hrsg. von E.L. Freud und H. Meng. Frankfurt a. M.: Fischer.

Freud's Library (2006). A Comprehensive Catalogue/Freuds Bibliothek – Vollständiger Katalog, bearbeitet und herausgegeben von Davies, Keith J. u. Gerhard Fichtner. London: The Freud Museum. Tübingen: edition diskord.

Gödde, G. (2007). Psychotherapie und Lebenskunst. e-Journal Philosophie der Psychologie, März 2007 (http://www.jp.philo.at/texte/GöddeG1.pdf).

Grimbert, Ph. (o. J.). Zugriff am 5.11.2006 unter http://www.welt.de/data/2006/03/25/864492.html?prx=1

Habermas, J. (1968). Erkenntnis und Interesse. Frankfurt a. M.: Suhrkamp.

Honneth, A. (2000). Objektbeziehungstheorie und postmoderne Identität. Über das vermeintliche Veralten der Psychoanalyse. Psyche – Z. Psychoanal., 54 (11), 1087–1109.

Honneth, A. (2002). Organisierte Selbstverwirklichung – Paradoxien der Individualisierung. In A. Honneth (Hrsg.), Befreiung aus der Mündigkeit. Paradoxien des gegenwärtigen Kapitalismus (S. 141–158). Frankfurt a. M.: Campus.

Jones, E. (1984). Sigmund Freud, Leben und Werk. Bd. 1. München: dtv.

Keats, J. (1970). The letters of John Keats. A selection. Ed. R. Gittings. Oxford: OUP.

King, V. (2011). Beschleunigte Lebensführung – ewiger Aufbruch. Psyche – Z. Psychoanal., 65, 1061–1088.

Laplanche, J. (1988). Von der eingeschränkten zur allgemeinen Verführungstheorie. In J. Laplanche, Die allgemeine Verführungstheorie und andere Aufsätze. Tübingen: edition diskord.

Reik, Th. (1912). Flaubert und seine »Versuchung des hl. Antonius«. Ein Beitrag zur Künstlerpsychologie. München: J. C. C. Bruns.

Schupp, F. (2003). Geschichte der Philosophie im Überblick Bd. 1. Hamburg: Meiner.

Sennett, R. (1998). Der flexible Mensch. Die Kultur des neuen Kapitalismus (8. Aufl.). Berlin: Berlin-Verlag.

Stewart, C. (1990). The Desert Fathers on radical honesty about the self. Sobomost, 12, 25–39, 131–156.

Thompson, G. M. (2000). The sceptic dimension to psychoanalysis. Toward an ethic of experience. Contemporary Psychanalysis, 36, 457–481.

Vitz, P. C. (1988). Sigmund Freuds Christian unconscious. New York: Guildford Press.

Walter, H. J. (1994). Zur Kommunikationsstruktur des psychoanalytischen Gesprächs. In H. Barta, W. Ernst, H. Moser (Hrsg.), Wissenschaft und Verantwortlichkeit (S. 332–356). Wien: WUV-Universitätsverlag.

Walter, H. J. (1996). Die narrative Struktur der Psychoanalyse. In H. J. Walter (Hrsg.), 50 Jahre Innsbrucker Arbeitskreis für Psychoanalyse (S. 107–138). Innsbruck: Studienverlag.

Walter H. J. (2006). Narration und Hermeneutik in der Psychoanalyse. In H. Hierdeis (Hrsg.), Erzählen – Psychoanalytische Reflexionen (S. 55–75). Wien/Berlin: LIT.

Walter, H. J. (2010). Foucault und die Psychoanalyse. Vortrag am Psychoanalytischen Seminar Innsbruck, veröffentlicht auf http://www.gerlog.at.tf/

Williams, R. (2003). Silence and honey cakes. Oxford: Lion Hudson.

Xenophanes (1983). Fragment 34. Hrsg. v. E. Heitsch. München, Zürich: Artemis.

Günther Bittner

Der Psychoanalytiker – (k)ein Skeptiker?

»Skepsis« kommt aus dem Griechischen und enthält den Wortstamm »skep« bzw. »skop«, was zunächst nur heißt: blicken, etwas
mit dem Blick erfassen; während »Kritik« aus dem griechischen
Wort »krinein« abgeleitet ist, was unterscheiden bzw. beurteilen
bedeutet. Der kritisch bewertende Charakter beider Begriffe – der
»entlarvende« Blick, der die Schwachpunkte einer Sache ins Auge
fasst oder deren »kritische« Beurteilung durch den prüfenden
Intellekt sind erst spätere Entwicklungen. Der Unterschied zwischen »Skepsis« und »Kritik« liegt darin, dass Skepsis einen mehr
unmittelbar sinnlichen, Kritik eher einen distanziert intellektuellen Bezug zu ihrem Gegenstand hat. Skepsis bezeichnet mehr eine
Lebens-, Kritik eher eine intellektuelle Einstellung, wenngleich
diese Unterschiede immer wieder verschwimmen.

Das Digitale Wörterbuch der Deutschen Sprache (Wiktionary)
gibt als Wortbedeutung von »skeptisch« an: misstrauisch, zweifelnd. Es nennt als Beispiele: ein skeptisches Lächeln; einer Neue-
rung anfangs skeptisch gegenüberstehen usw. – also zunächst
nichts ausgesprochen »Intellektuelles«.

Skepsis ist im Kern prärational, wurzelnd in einem Lebensgefühl, wenngleich nicht ohne Vernunftbeteiligung. Der Altmeister
Lersch sieht die Rolle von Vernunft und Reflexion in der Skepsis gerade darin, dass Gefühlshingabe und Gefühlsüberschwang
gebremst werden: Skeptiker könnten zwar zur Gefühlsergriffen-
heit fähig sein, aber es fehle ihnen das Vertrauen zu ihren Gefühlen, die »Gefühlsgewissheit«: »Sie sträuben sich deshalb dagegen,
sich als Wesen, die Entscheidungen treffen und handeln, mit den

unmittelbaren Ergriffenheiten ihrer Gefühlsregungen zu identifizieren [...] Sie stehen der Tendenz der Gefühlsergriffenheiten, für
das Verhalten bestimmend zu werden, mit einer gewissen Skepsis, einem intellektuellen Mißtrauen gegenüber« (Lersch, 1956,
S. 484).

Skepsis ist demnach nicht nur auf die betrachtete Sache, sondern vor allem auch auf das Selbst und seiner spontanen Regungen bezogen: Ich möchte mich vielleicht mitreißen lassen von
einer Begeisterung, einem Gefühl; aber die innere Stimme sagt:
Lass dich nicht täuschen. Skepsis ist also immer auch eine Vor-
sichtshaltung gegenüber meinen eigenen spontanen Regungen.
Der skeptische Blick ist daher nicht einfach der klare Blick des
Kindes wie in Andersens Märchen »Des Kaisers neue Kleider«,
das erkennt: Der Kaiser hat ja gar nichts an! Es muss bei der Skepsis immer die Vorsicht gegenüber der eigenen Verführbarkeit hin-
zukommen: Lass dich nicht täuschen! Skepsis ist demnach der
Versuch zur Lösung eines mehr oder minder unbewussten Kon-
flikts: die eigenen hochfliegenden Erwartungen und Wünsche im
Zaum zu halten bzw. zu »ermäßigen«, wie Freud öfters sagt.

Der Psychoanalytiker – ein Skeptiker? Zunächst einmal neigt
er dazu, sein PsychoanalytikerSein, die Theorien, die er im Kopf
hat, die Behandlungsarrangements mit Couch-chair und diversen
Praxisregeln, neuerdings auch seine »Ethik« zu idealisieren, und
das heißt: zu überschätzen. Wie viel Raum vermag er dem Selbst-
zweifel zu geben, dergestalt, dass er sich fragt: Wie überzeugt bin
ich eigentlich von alledem?

Solchen Fragen Raum zu geben verlangt eine bestimmte persönliche Disposition, eine Lebensgestimmtheit, der im Folgenden
nachzuspüren sein wird. Dies soll in drei Schritten vor sich gehen:

- Es sollen in einzelnen Streiflichtern Freuds diesbezügliche, zum
  Teil widersprüchliche, aber immer noch exemplarische persönliche Dispositionen vergegenwärtigt werden. Nicht umsonst
  wird ihm nachgesagt, er sei ein Skeptiker, aber auch: er sei ein
  Dogmatiker gewesen;
- Was der einzelne Psychoanalytiker mit diesem Konflikt anfängt,
  lässt sich kaum verallgemeinernd, sondern letztlich nur selbst-

reflexiv ergründen: Wie steht es mit den persönlichen Dispositionen, die *mich* instand setzen könnten, die Psychoanalyse zu
kritisieren?
– Schließlich die inhaltliche Frage: Was erscheint mir konkret
  bezweifelns- und kritisierenswert an der aktuellen Theorie und
  Praxis der Psychoanalyse?

Exemplarisches bei Freud

Freud war gewiss ein großer Skeptiker, misstrauisch gegen »letzte
Wahrheiten«, wie wohl als Erster Marcuse (1956, S. 20 ff.) gezeigt
hat – ebenso gewiss, wie er auch eine ausgeprägte dogmatische
Ader hatte.

Freuds Skepsis: ihre biographischen Wurzeln

Marcuse weist auf, dass bei Freud die Skepsis als wissenschaftliche Erkenntnishaltung tief in einer grundsätzlich misstrauischen
Einstellung zu sich selbst und zum Leben wurzelte. Dies geht zum
Beispiel aus einem frühen Brief an seine Braut hervor: »Glaubst
Du wirklich, daß ich von außen so sympathisch bin? Schau, ich
zweifele sehr daran.« Auch den Glauben, daß er ein Genie sei,
habe er längst aufgegeben: »Ich bin nicht einmal sehr begabt,
meine ganze Befähigung zur Arbeit liegt wahrscheinlich in meinen Charaktereigenschaften«. Als deren hervorragendste führt er
an, seinen Mentor Breuer zitierend, »daß in mir unter der Hülle
der Schüchternheit ein maßlos kühner und furchtloser Mensch
stecke. Ich habe es immer geglaubt und mich nur nie getraut, es
wem zu sagen. Mir war oft so, als hätte ich den ganzen Trotz und
die ganze Leidenschaft unserer Ahnen, als sie ihren Tempel ver-
teidigten, geerbt« (zit. nach Schur, 1973/1982, S. 52 f.).
    Freud nennt hier zwei Wurzeln seiner individuellen skepti-
schen Disposition: die maßlose Kühnheit und Furchtlosigkeit auf

der einen Seite und das jüdische Erbe auf der anderen Seite, das er
sehr viel später einmal so charakterisierte: »Weil ich Jude war, fand
ich mich frei von vielen Vorurteilen, die andere im Gebrauch ihres
Intellekts beschränkten, als Jude war ich dafür vorbereitet, in die
Opposition zu gehen und auf das Einvernehmen mit der ›Kompakten Majorität‹ zu verzichten« (Freud, 1960, S. 381 f.).

Unzählige Sätze Freuds ließen sich als Beleg für seine skepti-
sche Gestimmtheit anführen; ich will es mit zweien bewenden las-
sen, die besonders gut zu der eingangs gegebenen Definition von
Skepsis passen: »daß der Mensch ›glücklich‹ sei, ist im Plan der
›Schöpfung‹ nicht enthalten« (Freud, 1930a, S. 434); und: Was die
Analyse als Therapie leisten könne, sei vielleicht nur, »hysterisches
Elend in gemeines Unglück zu verwandeln« (Freud, 1895d, S. 312).
Beides sind Sätze, die Erwartungen zurückschrauben wollen: all-
gemein menschliche Glückserwartungen, wie sie auch Brecht auf
ähnliche Weise desillusionierte:

Ja, renn nur nach dem Glück
doch renne nicht zu sehr
(Brecht, 1928/1967, S. 465),

und dann diese, nicht zuletzt ihn selbst desillusionierende Einsicht
in die Grenzen seiner Methode: statt »hysterischem Elend« nur
»gemeines Unglück« – ob das all die Mühe lohnt?

Der »Aalschwindel«

Der Schweizer Psychiater Ernst Blum war 1922 als junger Mann
bei Freud in Analyse. Er hat über die Analysestunden damals mit
Freuds Wissen ein Tagebuch geführt und in den 1970er Jahren
seine Erinnerungen für Manfred Pohlen nochmals zusammen-
hängend niedergeschrieben, der das ganze Konvolut zusammen
mit eigenen Kommentaren veröffentlichte. Einer der markan-
ten Punkte in dieser Behandlungsgeschichte war die Episode
vom »Aalschwindel«. Freud gibt eine Deutung, der junge Blum

bestätigt diese eifrig, indem er sagt, eben das, was Freud äußerte, habe er auch gerade sagen wollen. Freud erzählt ihm daraufhin einen jüdischen Witz: »Ein Jude wird von seiner Frau in die Stadt geschickt, um für Sabbat einen Karpfen einzukaufen. Zwei Juden bemerken ihn mit einem schönen Karpfen nach Hause gehen und beschließen, ihm diesen Fisch ›abzuschwindeln‹. Sie kennen sich, der eine spricht ihn wie zufällig an: ›Was hast du eingekauft? Einen Karpfen. Zeig her. Aber das ist ja ein Aal. (Aal ist eine für den Juden verbotene Speise, eine Schlange.) Ein Aal, und noch am Sabbat, nun, ich will nichts gesehen haben.‹ Und er kehrt sich von ihm ab. An der nächsten Ecke begegnet ihm der zweite Jude, der ebenfalls, diesmal empört, ihm Vorwürfe macht, dass er einen Aal eingekauft hat, und ihm den Vorschlag macht, ihm den Aal zu überlassen. Ohne Fisch nach Hause zurückgekehrt argumentiert der Mann gegen die Vorwürfe seiner Frau: Wenn zwei Juden sagen, es ist ein Aal, dann ist es ein Aal!« (Pohlen, 2006, S. 278).

Freud will damit ausdrücken: Wenn zwei dasselbe sagen bzw. »sagen wollen«, ist das noch lange kein Beweis für die Wahrheit des Gesagten. Die zwei können sich ja zum Beispiel verabredet haben, um einen Dritten hereinzulegen. Die vorgebliche oder wirkliche Gedankenkoinzidenz entbindet also nicht von der Verpflichtung, den Wahrheitsgehalt einer Behauptung zu prüfen: ob der »Aal« wirklich ein Aal und nicht etwa ein Karpfen ist. Freud fordert seinen begeisterten jungen Adepten somit zur Kritik und zum selbständigen Urteil auf – zur Kritik auch an Freuds eigenen Behauptungen.

Der Witz vom Aalschwindel, in Freuds Buch über den Witz (1905c) anscheinend noch nicht enthalten, gehört zur dort eingeführten Kategorie der »skeptischen« Witze, die ihren Lustgewinn aus der Attacke gegen ein hohes ideelles Gut wie zum Beispiel die »Sicherheit unserer Erkenntnis« schöpfen. Das Beispiel für diese Gattung ist im Buch der Witz von der Reise nach Krakau (1905c, S. 127).

Der Witz vom Aalschwindel verfolgt eine ähnliche Tendenz. Er greift die Gebrechlichkeit des Rechtsgrundsatzes von »zweier

Zeugen Mund« an, durch den angeblich »die Wahrheit kund«
werden soll. Das gilt allenfalls, wenn nicht, wie in diesem Witz,
die zwei Zeugen sich abgesprochen haben. Dies wird von Freud
in der Blum-Geschichte auf die Konstellation des anscheinend so
frappierenden Übereinstimmens mit seinem Analysanden ange-
wandt. »Also das ist ein Aal«, sagt Freud. Und Blum versteht es so:
»Er und ich sind zwei Juden, die fälschlicherweise und absichtlich
schwindelnd vorgeben, etwas gefunden zu haben, das sie als Aal
bezeichnen, aber keiner ist« (Pohlen, 2006, S. 278). Mir scheint,
Blum geht in seiner Interpretation zu weit: Absichtlicher Schwin-
del wird nicht unterstellt. Freud wollte einfach davor warnen, sich
von der Suggestivkraft dieser frappierenden Übereinstimmung
blenden zu lassen und sie für einen Wahrheitsbeweis zu halten.
Wenn zwei, die um jeden Preis etwas finden wollen, spontan darin
übereinstimmen, das Gefundene sei ein Aal, könnte es in Wirklichkeit trotzdem ein Karpfen sein.

Die Kehrseite: Freuds Dogmatismus

Allerdings hatte Freud wenig Interesse – abgesehen von diesem
einen, besonders gelagerten Fall –, seine persönliche skeptische
Disposition auf die Schüler zu übertragen. Bereits Jung beklagte
sich über Freuds Dogmatismus. Er erinnert sich, dass Freud einmal in Bezug auf die Sexualtheorie zu ihm gesagt habe: »Das ist
das Allerwesentlichste. Sehen Sie, wir müssen daraus ein Dogma
machen, ein unerschütterliches Bollwerk« (Jung, 1962, S. 155).
    Der entscheidende Sündenfall war vielleicht schon die Grün-
dung der Internationalen Psychoanalytischen Gesellschaft 1910.
Ferenczi, der den Antrag auf dem Nürnberger Kongress ein-
brachte, begründete ihn zunächst mit einer etwas larmoyanten
Klage über die Widerstände gegen die Psychoanalyse. Das weitere
dogmatismusverdächtige Argument aber war, man solle »keine
Leute aufnehmen oder beibehalten, die in prinzipiellen Fragen
noch keine feste Überzeugung gewonnen haben« (Ferenczi, 1910,
S. 55). Die psychoanalytische Gesellschaft als Hort und Trutzburg

der Gleichgesinnten lässt wenig Spielraum für skeptisches Einzel-
gängertum.

Sicher ein Sündenfall wider den skeptischen Geist war die
Berufung des »Komitees« (vgl. Wittenberger, 1988): Sieben prominente Analytiker, die über die Entwicklung und Außendarstel-
lung der Psychoanalyse wachen sollten – ein radikal antiskepti-
sches Programm, von Freud zwar nicht selbst ausgedacht, aber
doch mit Überzeugung gebilligt und zu eigen gemacht (vgl. Brief
an Simmel vom 11.11.1928, Freud, 1960, S. 392).

Dogmatismus-verdächtig ist auch Freuds Gebrauch des
Begriffs »Schibboleth«. Wörtlich genommen bedeutet das zwar
nur so etwas wie ein Kenn- oder Codewort (Wikipedia); bei
Freud reicht die Bedeutung aber weiter: Wenn er in der Abrech-
nung mit Adler den Traum als das Schibboleth der Psychoanalyse
bezeichnet, entspricht das der Bedeutung von Erkennungs- oder
Markenzeichen (Freud, 1914d, S. 101); wenn er aber Pfister die
Leviten in Sachen Sexualität und Sexualtheorie liest (Brief vom
27.5.1919, Freud u. Pfister, 1963, S. 71), klingt es doch eher nach
einer axiomatischen Festlegung, die nicht zur Disposition und
Kritik stehen soll.

Wie passt das von Marcuse vermittelte mit dem von Jung
gezeichneten Freud-Bild zusammen? Eine Schlüsselrolle zum
Verständnis könnte, wie Fröhlich vermutete, Freuds Verhältnis
zu Groddeck zukommen, den er zwar ermahnte, mit den anderen im Chor zu brüllen und zu heulen (vgl. Groddeck u. Freud,
1974, S. 76), an dessen kreativer Einzelgängerei er aber offenbar
doch Vergnügen fand. Die von Fröhlich vorgeschlagene Erklärung wäre dann: Freud, von Haus aus selbstkritisch und vorsich-
tig-skeptisch, hatte (oder entwickelte mit der Zeit) zwei Seelen in
seiner Brust (Fröhlich, 2004, S. 100 f.): Er wurde durch die zuneh-
mende Institutionalisierung der Psychoanalyse immer mehr in
die Papstrolle gedrängt (vgl. die Ringe der Komiteemitglieder als
Kardinals-Insignien). Indem er diese Rolle annahm, wurde Groddeck für ihn zum »Delegierten« seiner eigenen nonkonformisti-
schen Neigungen, die selbst zu leben er keinen Spielraum mehr
fand.

Die skeptische Disposition des Analytikers heute – oder: der »Einzelne« und die »Heerde« (frei nach Nietzsche)

Ich frage in diesem Beitrag lediglich anknüpfungshalber nach Freud, dessen skeptischer Habitus in einem eigenen Beitrag gewürdigt wird. Es geht mir im Kern um die Frage, wie ein heute praktizierender und schreibender Psychoanalytiker (konkret gesprochen also: ich selbst) sich skeptisch zu positionieren vermag.

Allein seinen Weg gehen

Mit den jüdischen Wurzeln, die zum skeptischen Denken disponieren sollen, kann ich nicht aufwarten, aber vielleicht ist Freuds These hier erweiterungsbedürftig. Das jüdische Erbe ist nur der besonders markante Fall eines Außenseitertums, eines Ausgegrenzt- und Ausgestoßenseins aus der »kompakten Majorität« (wie auch Ernst Bernhard, Jude und jungianischer Psychoanalytiker, von sich sagt, er habe das »jüdische, archetypisch-mythologische Motiv – Ausstoßung aus der Sesshaftigkeit, zurück in die Wüste, um wiederum aus der Wüste heraus eine neue Position zu erobern – wiederholen müssen«, Bernhard, 1974, S. 150).

Auch ohne diesen jüdischen Hintergrund habe ich mich in einem autobiographischen Text als nirgendwo zugehörig, als heimat- und vaterlandslosen Gesellen bezeichnet (Bittner, 1994, S. 23); Erfahrungen des In-die-Wüste-geschickt-Seins sind mir biographisch vertraut. Vielleicht bin ich gegenwärtig dabei, mit Bernhards Worten, »aus der Wüste heraus eine neue Position zu erobern«.

Das andere Charakteristikum, das Freud für sich in Anspruch nimmt, meine ich ebenfalls in jüngeren Jahren besessen zu haben: eine gewisse Kühnheit und Furchtlosigkeit, die mich antrieb, die Welt (d.h. in diesem Fall die Psychoanalytikerwelt) herauszufordern. Ich schrieb in einem weiteren autobiographischen Text mit der Überschrift »Aus der Welt gefallen«: »Ich hatte einmal die Jung-Siegfried-Idee: Mit dem Schwert losziehen und die

Wahrheitsbesitzer köpfen«. In dieser Zeit erkor ich mir den Ritter Botho von der Ravensburg bei Veitshöchheim zum heimlichen Schutzpatron, der um 1200 den Bischof von Würzburg auf offener Straße erschlug und damit Reichsacht und Kirchenbann auf sich zog (Bittner, 2001, S. 106 f.). In einem späteren Text schließlich bezeichnete ich den Tabubruch als zentrales Lebensthema, aus der Altersperspektive freilich verbunden mit der selbstkritischen Frage: Welche Tabus sollten wir brechen – und welche besser nicht (Bittner, 2011, S. 187)?

Wer allein unterwegs ist, so die Konsequenz aus diesen teils Freud-biographischen, teils autobiographischen Skizzen, hat besonderen Grund zu skeptischer Vorsicht. Sie dient primär dem Selbstschutz: dem Schutz davor, sich täuschen zu lassen oder sich selbst zu täuschen und dadurch Schaden zu erleiden. Wer allein in fremder oder feindlicher Umgebung unterwegs ist, braucht diesen Schutz in besonderem Maß. Er ist wie der kleine Fuchs im I Ging, der den Fluss auf den treibenden Eisschollen überqueren will und jeden Tritt sorgfältig prüfen muss, damit er nicht »mit dem Schwanz ins Wasser kommt«, das heißt eine Beschämung erleidet.

Wer sich allein auf eine gefährliche Unternehmung einlässt, muss jeden Schritt genau prüfen, ob der Boden, auf dem er sich bewegt, tragfähig ist. Dieses Vorgehen dient der Gefahrenabwehr; zugleich verunsichert es diejenigen, die in festen Kolonnen marschieren, daraus ihre Sicherheit schöpfen und sich ihrerseits durch den Einzelgänger bedroht fühlen. Darum mag Kästners Vers zutreffen:

Nichts auf der Welt macht so gefährlich,
als tapfer und allein zu sein.
(Kästner, 1959, S. 285)

Mit der »Heerde« laufen

Die Menschen, sagt Nietzsche, sind zunächst »als Beamte, Kaufleute, Gelehrte, das heißt als Gattungswesen thätig, aber nicht als

ganz bestimmte, einzelne und einzige Menschen« (zit. nach Stenger, 1997, S. 97). Oder an anderer Stelle: »Ursprünglich Heerde und
Heerden-Instinkt: das Selbst als Ausnahme, Unsinn, Wahnsinn
von der Heerde empfunden« (S. 99). Auch der Psychoanalytiker
ist zunächst ein »Gattungswesen«, das so denkt und spricht, wie
Psychoanalytiker eben denken und sprechen.

Als junge Analytiker waren wir stolz auf unsere Zugehörigkeit zur organisierten Psychoanalyse, das heißt zu einem Institut
und einem der psychoanalytischen Verbände. Die DPV galt als
das Höchste, was man erstreben konnte. Mit zunehmendem Alter
wuchs bei mir die Distanz, nicht zuletzt seit es mir vergönnt gewesen war, psychoanalytische Vereins- und Berufspolitik über einen
längeren Zeitraum aus der Nähe mitzuerleben.

Mit provokanter Anspielung auf Ferenczis Kongressvortrag von
1910 hat Schülein (2010) die Konflikte bei der Institutionalisierung
der Psychoanalyse analysiert – klug und zutreffend, aber ohne die
radikale Skepsis, die ich hier zum Ausdruck bringe: Müssten die
Analytiker nicht, um wirklich freie Geister zu sein, auf jede Grup-
penbildung und Institutionalisierung verzichten und, nach dem
Vorbild Groddecks, jeder allein seinen Weg gehen?

Es lohnt sich übrigens, den Anlass für Freuds Mahnung an
Groddeck zum gemeinsamen Brüllen und Heulen zu Kenntnis
zu nehmen. Es ging um den Salzburger Kongress im April 1924,
dem Freud erstmals mit Rücksicht auf seine kürzlich erst diagnos-
tizierte Krebserkrankung ferngeblieben war. Groddeck hatte für
Salzburg einen Vortrag »Über die zukünftige Entwicklung der
Psychoanalyse« angemeldet; als er aber hörte, dass Freud nicht
kommen würde, sagte er ab. Er habe »das Interesse an diesem
Kongreß verloren und den Vortrag […] ungeschrieben ad acta
gelegt«, weil er sich auf Freud als Hörer eingestellt hatte: »wie ich
denn immer mehr dahinter komme, daß ich wohl Sie liebe, aber
nicht die seltsame Atmosphäre« auf solchen Kongressen (Groddeck u. Freud, 1974, S. 74).

Auch wenn es Zeiten gab, wo sich meine Zweifel auch auf Freud
selbst erstreckten – ich glaube heute (und stehe mit dieser Einschätzung nicht völlig allein, vgl. Pohlen, 2006, S. 370 ff.), dass die

psychoanalytischen Organisationen und Institutionen die eigentlichen Skepsisverhinderer sind und dass die Position außerhalb von ihnen unerlässlich ist, um einen unabhängigen Blickwinkel zu finden.

Freud hatte Groddeck in diesem Zusammenhang geschrieben: Es sei schwer,»Psychoanalyse als Vereinzelter zu treiben« (Groddeck u. Freud, 1974, S. 76). Schwer oder nicht: Es ist notwendig.

Die inhaltlichen Punkte meiner Skepsis: Theorie, Klinik,»Ethik« – oder: der Sündenfall der»Professionalisierung«

Körner hat in seiner Laudatio auf die DGPT zu deren 60-jährigem Bestehen ihre Leistung vor allem darin gesehen,»psychoanalytisches Denken und berufspolitisches Denken in einen Dialog zu bringen«; sie habe»entscheidend daran mitgewirkt, den in gewisser Weise ›antiquierten‹ Beruf [des Psychoanalytikers] in eine moderne Profession zu verwandeln« (Körner, 2010, S. 278 f.).

Als Krisenpunkte auf dem Weg der Professionalisierung nennt er
– die»Einbindung der Psychoanalyse in das kassenärztliche Versorgungssystem«;
– das Psychotherapeutengesetz;
– das Ringen um die Ethik-Leitlinien.

»Diese Beispiele sollen illustrieren, wie mühsam es war, das Analysieren in einen Beruf zu verwandeln – das war ungleich schwieriger als die Professionalisierung vergleichbarer Berufe, wie der des Lehrers, des Arztes oder des Juristen« (Körner, 2010, S. 279). Aber warum soll das für die Psychoanalyse so besonders schwer gewesen sein? Körner sieht die Schwierigkeit in der Umwandlung von einem»wertrationalen« in einen»zweckrationalen« Beruf, muss aber zugleich einräumen, die ärztliche oder richterliche Tätigkeit habe ähnliche Entwicklungen durchmachen müssen. Nochmals also: Worin soll das Besondere des Analytikerberufs liegen?

Als Merkmale von »Professionalisierung« werden heute vor allem die »Selbständigkeit der Berufsgruppe und Handlungsautonomie im Arbeitsvollzug, Ausprägung spezialisierten Expertenwissens und Kodifizierung berufsethischer Normen, Höherqualifizierung der beruflichen Vor-, Aus- und Fortbildung in formalisierten Studiengängen nebst Kontrolle der Berufsqualifikation und des Berufszugangs durch Fachprüfungen etc.« angegeben (Böhm, 1982/1994, S. 553). Doch ergibt sich bei Berufen, in deren Mittelpunkt höchstpersönliche Leistungen und interaktionale Prozesse stehen, wie zum Beispiel dem Seelsorger, dem Pädagogen und eben dem Psychotherapeuten/Psychoanalytiker (ähnlich wie bei Freuds »unmöglichen« – und das heißt eben: nicht professionalisierbaren – Berufen: Erziehen, Kurieren, Regieren, vgl. Freud, 1925f, S. 565), die Frage, wie weit diese Tätigkeiten im vollen Sinne professionell sein können. Für die pädagogischen Berufe ist deshalb der Begriff der »Semi-Profession« geprägt worden (vgl. Lüders, 1989, S. 158 ff.), den ich auch für die Psychoanalytiker zutreffend finde (vgl. Bittner, 1998, S. 237 f.).

Mir scheint diese sogenannte Professionalisierung, durch die psychotherapeutischen und nicht zuletzt auch durch die psychoanalytischen Fachverbände ohne Rücksicht auf Kollateralschäden vorangetrieben, das eigentliche Problem der Psychoanalyse heute zu sein; gegen diese von Körner gepriesene Entwicklung, von ihren Verfechtern gern mit dem Lieblingsausdruck unserer Bundeskanzlerin als »alternativlos« (Un-Wort des Jahres 2010!) gerechtfertigt, richtet sich alle meine Skepsis.

Die Folgen dieser forcierten Professionalisierung waren verheerend, wie man heute besichtigen kann:

– die Psychoanalyse wollte eine »richtige Wissenschaft« sein. Sie entwickelte sich dabei zu einer nahezu astreinen Ich- bzw. Bewusstseinspsychologie und hat das Unbewusste, das man per definitionem nicht »wissen« kann, geopfert;

– sie wollte »richtige Medizin« sein, hat sich in das Gerangel um medizinisch korrekte Diagnosen und empirische Wirksam-

keitsnachweise gestürzt und damit das psychoanalytische Verständnis von Krankheit und Heilung bis zur Unkenntlichkeit verdunkelt;
- sie verschrieb sich einer affirmativen Ethik, die Freuds ethik- und moralkritischen Impuls geradewegs auf den Kopf stellt.

Diese drei Entwicklungen markieren zugleich die Punkte meiner Skepsis. Das Reizwort, das sie auf den Plan ruft, heißt Reifizierung bzw. Verdinglichung. Sie wird geweckt,
- wenn Gedankendinge, mit denen es die Psychoanalyse zu tun hat, behandelt werden, als wären sie belastbare Tatsachen;
- wenn Begriffe so tun, als wären sie die Sache selbst;
- wenn metaphorische Krankheiten sich eine ICD-Ziffer zulegen und damit ihre quasidingliche Realität behaupten;
- wenn moralische Bewertungen einen Realitätsanspruch usurpieren.

Intermezzo: Warum man das Unbewusste nicht »wissen« kann

Nachdem ich eines Abends Bruchstücke dieses Textes Freunden vorgelesen hatte, verzweifelte ich daran, die Skepsis des Psychoanalytikers je nachvollziehbar auf den Punkt zu bringen. Nachts um drei wachte ich auf und sagte mir: Du kannst in keiner Weise voraussehen, was du träumen wirst, wenn du gleich wieder einschläfst.

Ich träumte dann: Ich hatte eine Steuerprüfung durch zwei recht sympathische Beamte. Sie wollten wissen, warum ich meine analytische Praxis nach Österreich verlegt hätte – etwa aus fiskalischen Gründen? Nein, sagte ich. Das liege nur daran, dass der Nachbarort meines Wohnorts neuerdings zu Österreich gehöre, und dort im Nachbarort wollte ich in Zukunft arbeiten.

Punktuell finde ich einen Zugang zu diesem Traum. Er handelt offenbar von meiner beruflichen Situation als Psychoanalytiker im neuen System. Eine Kontrollbehörde – konkret das Finanzamt,

nicht etwa die Kassenärztliche Vereinigung – interessiert sich für
meinen Praxissitz, ob da steuerlich alles mit rechten Dingen zuge-
gangen ist. Ich erfinde im Traum eine etwas absurde geographi-
sche Nachbarschaft zu Österreich, wohin ich angeblich den Praxissitz verlegt habe. Tu, felix austria … Anscheinend habe ich das
Gefühl, in Österreich sei es mit der Psychoanalyse besser bestellt
als bei uns. Einiges verstehe ich von diesem Traum; aber keineswegs das Ganze.

Der Traum war für Freud die »Neurose des Gesunden«, das
Paradigma unbewusster psychischer Bildungen überhaupt. Der
Traum ist ein Spontanereignis; seine Ausgestaltung ist in keiner
Weise vorhersehbar – ebenso wenig wie die Manifestationsge-
schichte einer Neurose. Auch ist die Deutung eines Traumes nur
begrenzt methodisierbar; es ist sozusagen Glückssache, ob und
wo ich etwas von seinem Sinn zu fassen bekomme. Und letzten
Endes (wie bei der Neurose übrigens auch) sagt ja Freud, dass man
beim Deuten regelmäßig an eine Grenze kommt: »Dies ist dann
der Nabel des Traums, wo er dem Unbekannten aufsitzt« (Freud,
1900a, S. 530).

Im Fokus des psychoanalytischen Interesses steht »das Unbewusste«, das heißt ein Etwas, das man nicht wissen und dessen Prozessverläufe man nicht voraussehen kann. Die adäquate
Einstellung zu diesen Phänomenen ist die von Freud geforderte
»gleichschwebende Aufmerksamkeit«, das heißt eine Offenheit für
alles Begegnende und die Bereitschaft, sich überraschen zu lassen.
Das Unbewusste ist nach Freuds Worten etwas, »was man wirklich nicht weiß« (Freud, 1905c, S. 185). Er selbst war freilich nicht
immer dagegen gefeit, über das Unbewusste so zu sprechen, als sei
es eigentlich ein Be- bzw. Gewusstes. Auf breiter Front ist dieses
falsche »Wissen« jedoch erst mit der Professionalisierung herein-
gebrochen. »Profession« bedeutet ja schon von der Definition her
eine auf wissenschaftliche Erkenntnis gegründete Praxis. Und nun
tut die »neue Psychoanalyse« alles, um vergessen zu machen, dass
ihr wissenschaftlicher Status von seinen Wurzeln her ein prekärer
ist: dass sie von einem Etwas handelt, das eigentlich das X in einer
unlösbaren Gleichung ist.

Die ganze Skepsis des Psychoanalytikers ist gefordert, um sich von des Kaisers neuen Kleidern nicht täuschen zu lassen, um »falsches Wissen« zu dekonstruieren und sich in die allein fruchtbare Position des Nicht-Wissens zu versetzen, wie zum Beispiel Jung für die Annäherung an einen Traum empfiehlt, man solle sich auf den Standpunkt stellen: Ich weiß überhaupt nicht, was dieser Traum bedeutet. Ob diese Position der docta ignorantia geeignet ist, eine Profession im modernen Verständnis des Wortes zu begründen, erscheint zweifelhaft – insofern ist die Tätigkeit des Analytikers also doch, entgegen allen berufspolitischen Professionalisierungsintereressen, eher Semi- als Profession.

Psychoanalyse: die zweifelhafte »Wissenschaft« vom Nicht-Wissbaren

An die Nicht-Wissbarkeit des Unbewussten hat auf eindrucksvolle Weise der Psychoanalytiker und Neurowissenschaftler Solms erinnert. Er erklärt die »Annahme, dass das Seelenleben im Wesentlichen unbewusst ist«, als »*die* fundamentale Grundannahme der Psychoanalyse« (Solms, 2008, S. 812; Hervorhebung G. B.). Er zitiert Freud: »Das Unbewusste ist das eigentlich reale Psychische, uns nach seiner inneren Natur so unbekannt wie das Reale der Außenwelt und uns durch die Daten des Bewusstseins ebenso unvollständig gegeben wie die Außenwelt durch die Angaben unserer Sinnesorgane« (Freud, 1900a, S. 617 f.).

Solms berührt sodann einen weiteren für die Psychoanalyse charakteristischen Punkt: Freud habe als Erster »die unbewussten Dinge […] in Worte gefasst […], aber es war fast so, als ob er dadurch diese Dinge buchstäblich ins Leben gerufen hätte« (Solms, 2008, S. 813). Er konstatiert eine unangenehme »Ambiguität zwischen Aufdeckung und Erfindung in der Psychoanalyse« (S. 813). Diesem Effekt sei es auch zuzuschreiben, dass Psychoanalytiker dazu neigten, ihre Termini und Konzepte (»Worte«) mit den unbewussten »Dingen« zu verwechseln. Sie »behandeln dadurch ihre Deutungen und Theorien, als ob sie die Realität der Seele selbst wären« (S. 813).

Solms exemplifiziert dies an der historischen Kontroverse zwischen Anna Freud und Melanie Klein, führt deren Differenzen auf unterschiedliche Beschreibungssprachen, resultierend aus unterschiedlichen Beobachterstandpunkten, zurück. Zum Schluss verweist er, als Psychoanalytiker, Neurologe und anerkannter Hirnforscher, auf die Fruchtbarkeit von Außenperspektiven, wie sie die Hirnforschung für die Psychoanalyse darbiete.

In diesen Ausführungen von Solms finde ich mein eigenes skeptisches Konzept auf den Punkt gebracht: Die »Worte« der Psychoanalytiker sind nicht identisch mit der Sache selbst, von der sie handeln. Sie sind nur Spiegelungen, Reflexe dieses unerkennbaren X in unserem Bewusstsein. Aufgabe von Kritik in der Psychoanalyse ist demnach die Dekonstruktion von Begriffen und Meinungen, ihre Relativierung auf einen Beobachtungsstandpunkt hin, der den betreffenden Analytikern die Dinge so erscheinen lässt, wie sie ihnen eben erscheinen.[1]

Ich habe dieses dekonstruktive Vorgehen am »Gegenübertragungstraum« exemplifiziert, den es so wenig geben kann, wie es die Gegenübertragung »gibt«: Sie ist, wie ich unter Berufung auf Freud und Winnicott aufzuweisen suchte, eine therapeutische Setzung – an und für sich fruchtbar, aber eben nur dann, wenn sie als solche bewusst gehalten wird (vgl. Bittner, 2010).

In einem Punkt freilich sind auch Freud und sein Interpret Solms zu kritisieren. Mir scheint die Gleichsetzung, die Außenwelt sei nur durch die Sinne zu erkennen, für die Innenwelt sei das Bewusstsein sozusagen das Sinnesorgan, doch zu naturwissenschaftlich positivistisch konzipiert. Aus meiner Sicht verhält es sich mit der inneren Wahrnehmung komplizierter: Das Bewusstsein steht den inneren Dingen nicht in der gleichen Weise gegen-

---

1   Mehr biographisch konkret haben seinerzeit Stolorow und Atwood (1979) etwas in dieser Art an den Theoriesystemen namhafter Psychoanalytiker aufgewiesen – ein Buch, dem ich für meine Orientierung viel verdanke.

über wie die Sinne der Außenwelt, wie zum Beispiel das Auge dem
Sonnenlicht, obwohl auch hier schon Goethe gedichtet hat:

> *Wär nicht das Auge sonnenhaft,*
> *die Sonne könnt es nie erblicken.*
> (Goethe, Werke, Bd. 1, S. 367)

Jedenfalls aber gilt für die Wahrnehmung des Inneren: Das
Bewusstsein kann hier nur insoweit etwas »sehen«, als es selbst
ein Abkömmling dieses »zu Sehenden« ist. Kein Psychoanalytiker kann das Objekt seiner Erkenntnis vorzeigen: schaut her – der
Ödipuskomplex, das Trauma usw. Die Relation von Signifikant
und Signifikat greift bei der Bezeichnung innerer Prozesse nicht.
Was also dann? In welcher Relation stehen die Bezeichnungen zu
den (unterstellten) inneren Abläufen?

Die eine Lösung dieses erkenntnistheoretischen Problems
wäre die von Wittgenstein: Was innere Vorgänge betrifft, haben
wir überhaupt nichts in der Hand als die sprachliche Bezeichnung; die Wahrheits- bzw. Richtigkeitsfrage stellt sich nicht, denn:
»richtig ist, was immer als richtig erscheinen wird« (Wittgenstein,
1918/1960, S. 394).

Meine Lösung setzt anders an (vgl. Bittner, 1998, S. 74 ff.): Die
unbewussten Seelenvorgänge sind das X, das unauflösbar bleibt.
Wir kommen nicht »hinter« das Unbewusste. Trotzdem ist Denken
und Sprechen darüber nicht beliebig, insofern als diese Gedanken
und Worte über das Unbewusste selbst den unbewussten seelischen Prozessen entstammen. Insofern können sie nie ganz falsch,
aber (leider!) auch nie ganz richtig sein. Es sind subjektive Assimi-
lationen dessen, was sich »hinter meinem Rücken« in mir bewegt.
Ich habe das die Isomorphie der Bezeichnungen mit den unbewussten Prozessen genannt. Wenn wir Worte für innere Prozesse
verwenden, sind das zunächst nur Worte, nicht die Sachen selbst.
Sie sind nicht als gültige Bezeichnungen für etwas real Existieren-
des zu nehmen. Aber sie sind auch nicht willkürlich ausgedacht
bzw. »konstruiert«: Es gäbe sie nicht, wenn nicht der unbewusste Prozess (der sich seinerseits aber diesen Worten entzieht) ein

bestimmtes individuelles Subjekt dazu gebracht hätte, den inner-
lich wahrgenommen Vorgang in diesen Worten auszudrücken.

Auf die Spur gebracht hat mich seinerzeit eine etwas krypti-
sche Bemerkung Freuds in der Schreber-Studie. Es war ihm pein-
lich, eingestehen zu müssen, dass die Theorien der Psychoanalytiker eine gewisse Ähnlichkeit (mit meinem Ausdruck: eine
Isomorphie) mit Schrebers Wahnvorstellungen aufwiesen: »Da
ich weder die Kritik fürchte noch die Selbstkritik scheue, habe ich
kein Motiv, die Erwähnung einer Ähnlichkeit zu vermeiden, die
vielleicht unsere Libidotheorie im Urteile vieler Leser schädigen
wird. Die durch Verdichtung von Sonnenstrahlen, Nervenfasern
und Samenfäden komponierten ›Gottesstrahlen‹ Schrebers sind
eigentlich nichts anderes als die dinglich dargestellten, nach außen
projizierten Libidobesetzungen und verleihen seinem Wahn eine
auffällige Übereinstimmung mit unserer Theorie« (Freud, 1911c,
S. 315).

Die »Krankheiten« im Sinn der Psychoanalyse und ihre Behandlung

Meiner explizit »kritisch« gemeinten Einführung in die Psychoanalyse (1998) habe ich einen weiteren Satz Nietzsches aus seinem Text »Über Wahrheit und Lüge im außermoralischen Sinne«
(1870–1873/1980) vorangestellt: Wahrheit sei ein »bewegliches
Heer von Metaphern […], die […] nach langem Gebrauche einem
Volke fest, canonisch und verbindlich dünken: die Wahrheiten
sind Illusionen, von denen man vergessen hat, daß sie welche
sind«. Wahrheit heiße nichts anderes, als »die usuellen Metaphern
zu brauchen, nach einer festen Convention zu lügen, schaarenweise in einem für alle verbindlichen Stile zu lügen« (Nietzsche,
1870–1873/1980, S. 88).

Diese Sätze wollte ich auf den Sprachgebrauch der Analytiker
anwenden: Diese gebrauchen ihre Terminologie, wie wenn sie
darin von etwas real Existierendem redeten, und merken oft nicht,
dass sie sich einer façon de parler, einer Sprachkonvention bedie-

nen, die zunehmend kraftlos geworden ist. Eine Art »psychoanalytisches Kirchenlatein« (Schlösser, 1990, S. 81), das in den Institutionen verwendet wird.

Der Tod der Psychoanalyse sind die falschen Objektivierungen. Krankheiten, Diagnosen und Heilerfolge werden heute in einer geradezu unerträglichen Weise in etwas objektiv Fassbares »umgelogen«.

Psychische Krankheiten sind »metaphorische« Krankheiten – von qualitativ anderer Art als die Krankheiten von dinglicher Kompaktheit, mit denen es die somatische Medizin und zum Teil auch noch die Psychiatrie zu tun hat. Psychische Krankheiten im Sinn der Psychoanalyse sind subjektive Zustände des Leidens am Leben und an sich selbst. Sie sind ubiquitär: Jeder hat seine »Lebensneurose« (Freud, 1937c, S. 61).

Hier handelt es sich nicht etwa um Simulationen oder »eingebildete Krankheiten«, sondern um wirkliche und ernsthafte Zustände des Leidens am Leben – nur eben ohne objektives Korrelat. Kompliziert werden die Verhältnisse noch dadurch, dass sich diese Leidenszustände sekundär ein solches schaffen können; dann wird aus der »Lebensneurose«, die jeder hat, »psychosomatische Krankheit«, das heißt Krankheit im medizinischen Sinn. Aber der Kern des Ganzen, das subjektive Leiden am Leben, das Nicht-Zurechtkommen mit dem Leben – dies alles ist von eher »luftiger Beschaffenheit«; es entzieht sich der Objektivierung (vgl. Bittner, 1998, S. 77 ff.).

Indessen: Die »neue« ins Medizinsystem integrierte Psychoanalyse braucht »kassentaugliche« Krankheiten – von so dinglicher Beschaffenheit wie ein Schnupfen oder eine defekte Aortenklappe. Um solche »kassengängigen« psychischen Krankheiten bereitzustellen, wurden die modernen Diagnosesysteme DSM und ICD erfunden – wenn auch nicht von den Psychoanalytikern. Aber hier bedienen sich heute alle, die objektiv klingende Diagnosen brauchen. Zum Beispiel finden wir dort eine reiche Auswahl an Depressionsdiagnosen: leichte, mittlere, schwere, frische und abgeklungene Episoden, dauernde Verstimmungen (Dysthymien) usw. Nur: Das Substrat aller dieser Klassifizierungen bleibt

»luftig« und kaum fassbar: die Depression selbst. Es gibt hier nach
Experteneinschätzung keine klare Befundlage. »Auch der Schwe-
regrad […] wird höchst subjektiv definiert«. Alles in allem: Die
Depression ist »nicht objektivierbar« (Holsboer, 2011, S. 21).

»Gedrückte Stimmung« oder »pessimistische Zukunftsper-
spektive« – wer hat sie nicht, wenn er sich in einer Lebenssituation
befindet, an der er leidet? Wer sich in eine psychotherapeutische
Behandlung begibt, ist immer irgendwie unglücklich, unzufrieden
mit seinen Lebensperspektiven. Das heißt, dass eigentlich schon
die Tatsache, dass er eine Behandlung aufsucht, beweist, dass er
sie braucht. Aber muss das deshalb eine Krankheit sein wie der
Schnupfen oder die defekte Aortenklappe? Ich glaube, die meisten
Menschen, die zur psychotherapeutischen Behandlung kommen,
sind nicht »krank«. Sie leiden, sie brauchen die Behandlung – aber
die Diagnose braucht allein die Krankenkasse, die zahlen soll.

So werden künstliche Krankheiten geschaffen; Kulturkritiker
stellen tiefsinnige Betrachtungen über die besorgniserregende
Zunahme der Depression an, deren Wahrheit bzw. Tatsächlichkeit
allein darin besteht, dass alle übereingekommen sind, sie als solche zu bezeichnen, »nach einer festen Convention zu lügen, schaarenweise in einem für alle verbindlichen Stile zu lügen«. Wieder
ein Fall für Nietzsche.

Ein Beispiel: Ich brüte über dem Kassenantrag für einen ca.
60-jährigen Mann, der nach einem bewegten Leben mit Aufstieg
und Absturz ins Denken gekommen ist, ob sein ganzes Leben
womöglich verkehrt angelegt war, ob er womöglich an sich selbst
vorbeigelebt hat. Ich diagnostiziere eine Bilanzierungsdepression
(ich glaube, einer der alten Psychiater hat einmal diesen Begriff
geprägt). Da nichts dergleichen im ICD zu finden ist, füge ich
hinzu: im Sinne des ICD »am ehesten« Dysthymie F34.1 – denn
eine der vielen Varianten »depressiver Episoden«, von denen das
ICD wimmelt, ist es wohl nicht; der ganze Lebensentwurf war so
angelegt, dass er auf eine Altersdepression (die es übrigens im ICD
auch nicht gibt!) hinauslaufen musste. Der Antrag wurde abge-
lehnt: keine krankheitswertige Störung. In der »alten« Psychoanalyse wäre eine Indikation zur Psychoanalyse kaum zweifel-

haft gewesen: das depressive Ende als verstehbares Resultat der »Lebensneurose«. Leider ließ sich keine plausible RVO-Krankheit daraus machen.

Wenn wir Kassenanträge schreiben, so meine skeptische Schlussfolgerung, lassen wir uns darauf ein, »schaarenweise« in Nietzsches »außermoralischem Sinne« zu lügen, das heißt, wir gebrauchen die gebräuchlichen Formeln bzw. ICD-Ziffern und wissen, dass wir damit nichts weiter tun als eine Sprachkonvention zu exekutieren, deren »Wahrheit« sich darin erschöpft, dass sie von allen verwendet wird. Aber davon leben wir ja – wenn wir dieses Vorgehen problematisierten, würden wir den Ast absägen, auf dem wir sitzen.

Ein Beispiel für »Verdinglichung« psychischer Befunde und therapeutischer Prozessverläufe, zugleich für die Wandlung der Psychoanalyse zu einer systemkompatiblen Behandlungsmethode stellt die strukturbezogene Diagnostik und Therapie (Rudolf, 2005) dar. Die Verdinglichung beginnt bereits mit den Definitionen, die zum Teil erstaunlich tautologisch daherkommen: »Struktur wird nach OPD definiert als Struktur des Selbst und seiner Beziehung zu den Objekten« (Rudolf, 2005, S. 65). Also schön, aber was ist die »Struktur des Selbst«? Hier folgt der Verweis auf »strukturelle Fähigkeiten« und »strukturelle Dimensionen«: Selbstwahrnehmung, Selbststeuerung, Abwehr usw. (S. 66). Diese sollen, sofern Strukturdefizite vorliegen, durch die Therapie verbessert werden.

Dies ist eine Ansammlung von Begriffen, die sich selbst nicht hinterfragen; von Schemata und »Checklisten«, die daherkommen, als handelten sie von etwas real Existierendem, Beobachtbarem, empirisch Feststellbarem und therapeutisch Veränderbarem, wobei das einzige »objektive« Auskunftsmittel das – wenn auch »geschulte« – Rating darstellt.

Künftig werden die gesellschaftlichen gesundheitspolitischen und speziell ökonomischen Bedingungen alle Gruppen von Analytikern auf diesen Weg der Objektivierung zwingen, meint Rudolf. Vermutlich hat er recht. Aber umso mehr ist Skepsis angesagt. Unter maßgeblicher Beteiligung von Rudolf stand auch die aufwendige DGPT-Studie über den Effekt psychoanalytischer Langzeitbehandlungen. Sie teilt mit der anderen großen Studie von Leuzinger-Bohleber ein positivistisches und damit unpsychoanalytisches Verständnis von Krankheit und Heilung sowie von der Kausalität der psychoanalytischen Behandlung für die letztere.

Das »schaarenweise Lügen« geht also weiter. Die Kasse braucht nicht nur eine Diagnose, sie braucht auch den objektiven Nachweis einer wirksamen, in ausgeklügelten Studien als erfolgreich getesteten Behandlungsmethode. Im Konkurrenz- und Überlebenskampf der Behandlungsmethoden hat auch die Psychoanalyse die empirische Psychotherapieforschung für sich entdeckt nach dem Motto: Trau keiner Statistik, die du nicht selbst gefälscht hast.

Psychotherapieforschung (gerade auch psychoanalytische) erscheint mir als die (pseudo-)exakte Wissenschaft vom Wackelpudding. »Den Pudding an die Wand nageln« ist eine Redensart, die das Bemühen bezeichnet, etwas Amorphes zu fixieren, das immer wieder durch die Finger gleitet. Von dieser Art, so meine These, sind alle diese aktuellen Bestrebungen, Verläufe und Effekte von Psychotherapie »wissenschaftlich« zu erfassen.

Das Unbewusste ist amorph, das heißt in seinen Manifestationen fließend; es ist etwas, das sich an vom Bewusstsein aufgestellten Forschungskriterien und -systematiken immer wieder entzieht; es will letzten Endes gar »klüger« sein als das Bewusstsein – kurz und gut: Das Unbewusste ist der Pudding, der sich nicht an die Wand der bewussten Forschungsintentionen nageln lassen will.

Zum Unbewussten hat die Psychoanalyse schon seit Freuds Zeiten ein gespaltenes Verhältnis gehabt. Zum einen hatte auch schon Freud den Ehrgeiz, hinter dessen »Mechanismen« zu kommen, das heißt, das Unbewusste wurde beschrieben, als wenn es vom Bewusstsein her auszuloten, ja als ob es selbst ein Bewusstes wäre. Dann aber finden sich wieder Sätze bei ihm wie »Das Unbewußte ist etwas, was man wirklich nicht weiß« oder noch eindrücklicher in einem Brief an Jung: »Wahrscheinlich haben Sie recht, daß man den Lauf der Dinge kaum bewußt regieren kann, sondern interessiert zuschauen muß, wie die dunkeln Mächte ihn gestalten. Wir haben uns mit etwas eingelassen, was größer ist [als] wir« (Brief vom 14.8.1910, Freud u. Jung, 1974, S. 383).

Dieser letztere Satz würde besagen: In Therapien geschieht etwas, das wir nicht in der Hand haben. Mal geschieht es so, dann wieder anders, und manchmal geschieht (fast) gar nichts. Manche meinen, der Prozess würde durch das analytische Setting gefördert: durch Couch-chair, Abstinenz, Übertragungsanalyse; andere haben ihre Zweifel. Etwas Gewisses weiß man nicht. So oder so: Wir sehen interessiert zu, wie die »dunklen Mächte« den Prozess, dessen Teil wir sind, gestalten. Wir machen uns Gedanken, gebrauchen Bilder und Metaphern, um uns und anderen vor Augen zu führen, was (vielleicht, vermutlich) geschieht.

Über »reale Schuld« und die Notwendigkeit ihrer De-Konstruktion

Freud war ein dezidierter Moralskeptiker. Vor allem in »Das Unbehagen in der Kultur« und in »Die ›kulturelle‹ Sexualmoral und die moderne Nervosität« hat er sich kritisch über die problematische Rolle von Moralsystemen geäußert. Die moralische Forderung kümmere sich zu wenig um die seelische Konstitution des Menschen; das gesellschaftliche Über-Ich »erläßt ein Gebot und fragt nicht, ob es dem Menschen möglich ist, es zu befolgen« (Freud, 1930a, S. 503). Er ergreift Partei für das ethisch und moralisch überforderte Subjekt: »Alle, die edler sein wollen, als ihre Konstitution es ihnen gestattet, verfallen der Neurose; sie hätten sich wohler befunden, wenn es ihnen möglich gewesen wäre, schlechter zu sein« (Freud, 1908d, S. 154).

In seinen Briefen an Pfister hat er seinem antimoralischen Affekt noch freieren Lauf gelassen, zum Beispiel in seiner Äußerung über den Moralpädagogen Foerster: »Denken Sie, ein Kerl spielt den Ethiker, den Edlen, der sich gegen den Gemeinen wendet, und erwirbt sich so das Recht: Unsinn zu quatschen, seine Ignoranz und Leichtfertigkeit zu paradieren, seine Galle auszuleeren, zu verdächtigen und zu verdrehen. Das alles im Namen der höheren Sittlichkeit« (Freud u. Pfister, 1963, S. 31).

Die heutige Psychoanalyse hat sich von dieser moralkritischen Position Freuds weitgehend zugunsten einer moralaffirmativen verabschiedet. Einen Meilenstein auf diesem Weg bildete das Buch von Hirsch »Schuld und Schuldgefühl« (1998), worin dieser strikt unterscheiden will zwischen »unrealistischem Schuldgefühl und Schuldbewusstsein, das heißt Anerkennung einer realen Schuld« (Hirsch, 1998, S. 11). Auch in der psychoanalytischen Behandlung sei »abzuwägen und zu bewerten, ob die empfundene Schuld des Patienten im Bereich des irrationalen Schuldgefühls liegt, [oder] ob es sich um ein tatsächliches Schuldig-geworden-Sein handelt« (S. 11).

Diese moralaffirmative Linie wird fortgeführt in einer neueren Tagungsdokumentation (Körner u. Müller 2010). Die Herausgeber machen sich die Position von Hirsch beinahe ohne Abstriche zu eigen: Der Analytiker müsse die Frage nach der Realität von Schuld für sich auf die Tagesordnung setzen, um das eigene Realitätsverständnis »als Orientierungspunkt neben das zurechtgeschnitzte, schwankende oder auch abwehrend-verschanzende Realitätsverständnis des Gegenübers zu stellen« (Körner u. Müller, 2010, S. 18). Schuld wird hier reifiziert; das Schuldverständnis des Analytikers wird zum »realen« Orientierungspunkt; man kann auch sagen: zum Maß aller Dinge.

Der Wiederherstellung von Freuds moralkritischer Position geschuldet wäre demnach eine erneute Dekonstruktion von Schuld: der Einsicht, dass es eine »reale Schuld« nicht geben kann, weil der Schuldbegriff keine Tatsachenfeststellung, sondern immer eine Tatsachenbewertung impliziert, die so oder so ausfallen kann. Hilfreich könnten dabei die heutigen schuldkritischen Diskurse in der Neuropsychologie und erstaunlicher Weise sogar in der Jurisprudenz sein, der es doch am ehesten angelegen sein sollte, die »reale Schuld« zu verteidigen (vgl. Bittner, 2008, bes. S. 105 ff.).

Damit soll nicht der Amoralität das Wort geredet sein. Es soll lediglich behauptet werden: Auch das »Gut«- bzw. »Schlecht«-Sein der Menschen ist etwas, das »aus dem Unbewussten« kommt. Winnicott war einer der letzten Psychoanalytiker, für die »das Unbewusste«, das heißt dasjenige am Menschen, das man nicht machen kann, sondern das »sich selber macht«, im Zentrum stand. Er schrieb einen vernichtenden Aufsatz über die Bemühungen, Kinder zur Moral zu erziehen. Darin wendet er sich polemisch gegen die Vorstellung, man müsse den Kindern die Moral aufpfropfen oder einbläuen. Die Religion habe »dem sich entwickelnden Kind das Gute gestohlen und hat dann ein künstliches Schema aufgestellt, um ihm dieses Gute wieder einzuflößen; das habe man dann ›moralische Erziehung‹ genannt« (Winnicott, 1974, S. 122).

Bei Winnicott ging es um die Kinder. Heute müssen wir aufpassen, dass das spontane und »von selbst« aus dem Unbewussten heraus sich entwickelnde Gutsein den Menschen nicht aufs Neue enteignet wird – diesmal unter den Vorzeichen einer Psychoanalyse, die ihre eigenen Wurzeln nicht mehr kennen will.

Nachschrift

Erst ganz am Ende ist mir klar geworden, warum ich mich mit diesem Aufsatz schwer getan habe. Zuerst war ich begeistert vom Thema und dachte, dazu weiß ich eine Menge zu sagen. Je weiter die Arbeit fortschritt, desto weniger konnte ich mich selbst noch darin wiederfinden.

Jetzt meine ich zu erkennen, dass es das Wort »skeptisch« war, das mich blockierte. Um auf die Worterklärungen vom Anfang zurückzukommen: »ein skeptisches Lächeln« – nein, nach Lächeln war mir beim Schreiben nicht zumute. Oder das andere Beispiel: »etwas Neuem mit Skepsis begegnen«, auch darin konnte ich mich – nach dem alten Motto »Was der Bauer nicht kennt …« – in meiner Auseinandersetzung mit der »neuen« Psychoanalyse nicht wiederfinden.

Es ging um einen viel stärkeren Affekt, den ich beim Schreiben fortwährend unterdrücken musste, um mich auf dem ver-

gleichsweise harmlosen Level von »Skepsis« zu halten. Ich hatte
ursprünglich eine Einleitung konzipiert, die ich als zu pathetisch
verwarf, die aber, wie ich jetzt erkenne, doch die richtige war. Sie
lautete folgendermaßen:

»Ich bin der Geist, der stets verneint!« (Goethe, Werke, Bd. 3,
S. 47), so stellt sich Mephisto in Goethes Faust vor. Nein-Sa-
gen, In-Frage-Stellen, Bezweifeln des allerseits Selbstverständli-
chen – quod semper et ubique et ab omnibus creditur –, das galt
schon seit jeher als Teufelswerk. Zugegeben: Eine gehörige Portion (auch: selbst-)destruktiver Energie gehört schon dazu, dieses
Geschäft zu betreiben, eine Portion jenes Zerstörungsdranges, der
aus Mephistos Worten spricht:

Denn alles was entsteht,
ist wert, daß es zugrunde geht.
(Goethe, Bd. 3, S. 47)

Um »zersetzende« Kritik also ging es mir, aber nicht um der puren
Zersetzung willen. Zerstörerischen Entwicklungen in der Psychoanalyse, wie ich sie schilderte, kann man nicht anders als zerstöre-
risch entgegentreten. Mephisto ist letzten Endes »ein Teil von jener
Kraft, die stets das Böse will und stets das Gute schafft« (Goethe,
Bd. 3, S. 47). Oder, nach Sabina Spielreins berühmter Abhandlung
(1912), ist die Destruktion die »Ursache des Werdens«.

Literatur

Bernhard, E. (1974). Mythobiographie. Stuttgart: Klett.
Bittner, G. (1994). Autobiographische Texte. Pädagogische und psychoana-
    lytische Interpretationsperspektiven. In G. Bittner (Hrsg.), Biographien
    im Umbruch. Lebenslaufforschung und vergleichende Erziehungswissen-
    schaft (S. 13–26). Würzburg: Königshausen & Neumann.
Bittner, G. (1998). Metaphern des Unbewussten. Eine kritische Einführung in
    die Psychoanalyse. Stuttgart: Kohlhammer.

Bittner, G. (2001). Der Erwachsene. Multiples Ich in multipler Welt. Stuttgart: Kohlhammer.

Bittner, G. (2008). Tat, Tatschuld und die Psychoanalyse: Ist »reale Schuld« psychoanalytisch relevant? In G. Bittner, V. Fröhlich (Hrsg.), »Ich handelte wie ein Mensch, nicht wie ein Formalist«. Pädagogisches Handeln im Kontext aktueller Handlungsdiskurse (S. 95–109). Würzburg: Königshausen & Neumann.

Bittner, G. (2010). Der Gegenübertragungstraum – oder: Das Ping-Pong-Spiel der beiderseitigen Unbewussten. In H. Hierdeis (Hrsg.), Der Gegenübertragungstraum in der psychoanalytischen Theorie und Praxis (S. 51–73). Göttingen: Vandenhoeck & Ruprecht.

Bittner, G. (2011). Das Leben bildet. Biographie, Individualität und die Bildung des Proto-Subjekts. Göttingen: Vandenhoeck & Ruprecht.

Böhm, W. (1982/1994). Wörterbuch der Pädagogik (14. Aufl.). Stuttgart: Kröner.

Brecht, B. (1928/1967). Die Dreigroschenoper. In: Gesammelte Werke. Bd. 1. Frankfurt a. M.: Suhrkamp.

Ferenczi, S. (1910). Zur Organisation der psychoanalytischen Bewegung. In Schriften der Psychoanalyse. Bd. I. 1970. Frankfurt a. M.: Fischer.

Freud, S. (1895d). Studien über Hysterie. G. W. Bd. I. Frankfurt a. M.: Fischer.

Freud, S. (1900a). Die Traumdeutung. G. W. Bd. II/III. Frankfurt a. M.: Fischer.

Freud, S. (1905c). Der Witz und seine Beziehung zum Unbewußten. G.W. Bd. VI. Frankfurt a. M.: Fischer.

Freud, S. (1908d). Die »kulturelle« Sexualmoral und die moderne Nervosität. G. W. Bd. VII (S. 143–167). Frankfurt a. M.: Fischer.

Freud, S. (1911c). Psychoanalytische Bemerkungen über einen autobiographisch beschriebenen Fall von Paranoia (Dementia paranoides) [Schreber]. G. W. Bd. VIII (S. 239–316). Frankfurt a. M.: Fischer.

Freud, S. (1914d). Zur Geschichte der psychoanalytischen Bewegung. G. W. Bd. X (S. 43–113). Frankfurt a. M.: Fischer.

Freud, S. (1925f). Geleitwort zu: Aichhorn, August: Verwahrloste Jugend. Die Psychoanalyse in der Fürsorgeerziehung. G. W. Bd. XIV (S. 565–567). Frankfurt a. M.: Fischer.

Freud, S. (1930a). Das Unbehagen in der Kultur. G. W. Bd. XIV (S. 419–506). Frankfurt a. M.: Fischer.

Freud, S. (1937c). Die endliche und die unendliche Analyse. G. W. Bd. XVI (S. 59–99). Frankfurt a. M.: Fischer.

Freud, S. (1960). Briefe 1873–1939. Frankfurt a. M.: Fischer.

Freud, S., Jung, C. G. (1974). Briefwechsel. Frankfurt a. M.: Fischer.

Freud, S., Pfister, O. (1963). Briefe 1909–1939. Frankfurt a. M.: Fischer.

Fröhlich, V. (2004). Wer gehört zum »wilden Heer«? Georg Groddeck – ein »humanistischer« Psychoanalytiker. In G.-B. Reinert von Carlsburg,

H. Wehr (Hrsg.), Erich Fromm. Wegbereiter einer humanistischen Psychoanalyse und humanen Schule (S. 98–111). Weinheim, Basel, Berlin: Beltz.

Goethe, J. W. v. (1981). Werke. Hamburger Ausgabe in 14 Bänden. München: Beck.

Groddeck, G., Freud, S. (1974). Briefe über das Es. München: Kindler.

Hirsch, M. (1998). Schuld und Schuldgefühl. Zur Psychoanalyse von Trauma und Introjekt. (2. Auf.). Göttingen: Vandenhoeck &. Ruprecht.

Holsboer, F. (2011). »Eine potentiell tödliche Krankheit«. Interview in: Das überforderte Ich. Stress. Burnout. Depression. Spiegel: Wissen Nr. 1.

Jung, C. G. (1962). Erinnerungen, Träume, Gedanken. Hrsg. v. A. Jaffé. Zürich, Stuttgart: Rascher.

Kästner, E. (1959). Lessing. In: Gesammelte Schriften, Bd. 1. Gedichte. Köln: Kiepenheuer und Witsch.

Körner, J. (2010). Die DGPT – 60 Jahre erfolgreiches Krisenmanagement. In K. Münch, D. Munz, A. Springer (Hrsg.), Die Psychoanalyse im Pluralismus der Wissenschaften (S. 277–291). Gießen: Psychosozial.

Körner, J., Müller, B. (2010). Einleitung. Schuld und Schuldbewusstsein. In J. Körner, B. Müller (Hrsg.), Schuldbewusstsein und reale Schuld (S. 11–22). Gießen: Psychosozial.

Lersch, Ph. (1956). Aufbau der Person (7. Aufl.). München: Barth.

Lüders, C. (1989). Der wissenschaftlich ausgebildete Praktiker. Entstehung und Auswirkung des Theorie-Praxis-Konzepts des Diplomstudienganges Sozialpädagogik. Weinheim: Beltz.

Marcuse, L. (1956): Sigmund Freud. Sein Bild vom Menschen. Reinbek: rde.

Nietzsche, F. (1870–73/1980). Über Wahrheit und Lüge im außermoralischen Sinne. KSA Bd. I. München 1980: dtv.

Pohlen, M. (2006). Freuds Analyse. Die Sitzungsprotokolle Ernst Blums. Reinbek: Rowohlt.

Rudolf, G. (2005). Strukturbezogene Psychotherapie. Leitfaden zur psychodynamischen Therapie struktureller Störungen. Stuttgart: Schattauer.

Schlösser, A. M. (1990). Eindrücke beim 36. IPV-Kongreß 1989. Forum der Psychoanalyse (6), 77–81.

Schülein, J. A. (2010). Institutionalisierungsprobleme der Psychoanalyse oder: Wird die »autoerotische Periode des Vereinslebens« durch die »Objektliebe« abgelöst? In K. Münch, D. Munz, A. Springer (Hrsg.), Die Psychoanalyse im Pluralismus der Wissenschaften (S. 255–276). Gießen: Psychosozial.

Schur, M. (1973/1982). Sigmund Freud. Leben und Sterben. Frankfurt a. M.: Suhrkamp.

Solms, M. (2008). Unbewusst, das Unbewusste. In W. Mertens, B. Waldvogel (Hrsg.), Handbuch psychoanalytischer Grundbegriffe (3. Aufl.) (S. 812–816). Stuttgart: Kohlhammer.

Spielrein, S. (1912/1986): Die Destruktion als Ursache des Werdens. Tübingen: edition diskord.

Stenger, U. (1997): »Die Welt als sich selbst gebärendes Kunstwerk«. Nietzsches Phänomen des Schöpferischen. Freiburg i. Br.: Rombach.

Stolorow, R. D., Atwood, G. (1979). Faces in a cloud. Subjectivity in personality theory. New York: Jason Aronson.

Wikipedia, Stichwort »Schibboleth« (Zugriff am 1.3.2011).

Wiktionary. Digitales Wörterbuch der deutschen Sprache. Stichwort »skeptisch« (Zugriff 1.3.2011)

Winnicott, D. W. (1974). Moral und Erziehung. In D. W. Winnicott, Reifungsprozesse und fördernde Umwelt. München: Kindler.

Wittenberger, G. (1988): Die Geschichte des »Geheimen Komitees«. Psychoanalyse im Internationalisierungsprozeß. Psyche – Z. Psychoanal. (42), 44–52.

Wittgenstein, L. (1918/1960). Philosophische Untersuchungen. Frankfurt a. M.: Suhrkamp.

Wolfgang Wiedemann

Empathie und Skepsis im psychoanalytischen Prozess

Besuch bei Bion

Albert Mason, ein Supervisand und Kollege von Wilfred Bion, berichtet in einem Aufsatz über »Bion und die binokulare Sichtweise« von seiner ersten Supervisionsstunde: »Mein allererster Kontakt mit Bion war in London im Jahr 1960, als er einen meiner Ausbildungsfälle supervidierte. Zu meiner großen Überraschung begann der fragliche Patient, ein junger Mann mit 23 Jahren, damit, dass er direkt zur Couch ging, sich niederlegte und ohne Einleitung sagte: ›Ich wachte mitten in der Nacht auf, stand auf, und schaltete das Licht an, um zu sehen, ob ich im Bett lag oder nicht.‹ Ich war in Sorge, dass dieser Fall als Ausbildungsfall als ungeeignet erachtet würde, und wiederholte angespannt den ersten Satz des Patienten« (Mason, 2000, S. 983).

Empathie und Skepsis im psychoanalytischen Prozess

Das Zusammenspiel von Empathie und Skepsis ist der Motor der psychoanalytischen Behandlung. Die Aufgabe des Analytikers ist es, (a) sich empathisch einzufühlen in den seelischen Zustand des jungen Mannes, der das Licht anschaltet, um zu schauen, ob er im Bett liegt; (b) sich mit einer gewissen skeptischen Distanz zu fragen: Was soll das? Mit dieser Frage wird der mentale Raum dafür offengehalten, dass die Handlung des jungen Mannes einen Sinn haben könnte.

Bion verwendet den Begriff der Skepsis nicht, aber er hat eine Haltung beschrieben, die ihr entspricht. »Das Werkzeug des Psychoanalytikers ist eine Haltung von philosophischem Zweifel; diesen ›Zweifel‹ zu erhalten ist der wichtigste Fels, auf dem die Psychoanalyse aufgebaut werden kann« (Bion, 1967a, S. 157; Übersetzung W. W.). Wie diese Haltung von »philosophischem Zweifel« in der Behandlung umgesetzt wird, beschreibt er zum Beispiel in »Notes on Memory and Desire« (1967b) mit seiner Formel: »Without memory and desire« – »Ohne Erinnerung und Begehren«. Das bedeutet, dass der Analytiker vergisst, was er weiß – über den Analysanden, seine Diagnose, seine Herkunft, was er in der letzten Stunde gesagt hat, wie er sich immer verhält. Bion sagte einmal: »Jede Stunde ist eine erste Stunde« (Bion, 1987, S. 2). Der Patient ist ein unbeschriebenes Blatt, vor der ersten Stunde, nach der ersten Stunde und vor der 500. Stunde. Bion ist skeptisch gegenüber seinen eigenen Vorurteilen, seinem Vorwissen und gegenüber den Theorien, die er im Kopf hat. Deshalb klammert er sie aus und legt sie in seinem Unbewussten ab. Der zweite Teil der Bion'schen Forderung »Without memory and desire« betrifft die Zukunft. Bion fordert vom Analytiker, sich jeden Wunsches zu entledigen, auch des Wunsches, dass es dem Analysanden »besser« (besser als was?) gehen soll, dass er »reif« werden oder sich von der »paranoid-schizoiden Position« in die »depressive Position« begeben oder sich fahrplanmäßig von der oralen über die anale zur genitalen Phase bewegen soll. Gegenüber diesen Bestrebungen, die Vergangenheit zum Verständnis heranziehen und die Zukunft des analytischen Prozesses zu beeinflussen, fordert Bion radikale Skepsis. Diese ermöglicht es, sich vorurteilsfrei und wunschlos auf die Erfahrung des Analysanden einzulassen, also durch Empathie zu »intuieren«, was da wirklich vor sich geht. »Intuieren« meint, seelische Phänomene mit der Seele zu »begreifen«. Bion konkretisiert und radikalisiert damit Freuds (1912e) Empfehlung der »gleichschwebenden Aufmerksamkeit« als angemessene psychoanalytische Haltung.

Wie seelisches Erleben sich »wirklich« anfühlt, muss binokular erfasst werden, immer von zwei Blickpunkten aus, ähnlich wie die materielle Wirklichkeit, die »wirklicher« wird, wenn man sie mit zwei Sinnesorganen »begreift«: Ein Stein zum Beispiel wird »wirklicher«, wenn man ihn anschaut und zugleich anfasst. Kleinkinder erkunden ihre Umgebung multiokular, indem sie Dinge mit den Augen sehen, mit den Händen anfassen und in den Mund nehmen. Bis in die Religion hinein geht dieser Ansatz, die Wirklichkeit mehrdimensional zu erfassen. So heißt es zum Beispiel in der christlichen Abendmahlsliturgie: »Schmecket und sehet, wie freundlich der Herr ist.« Brot und Wein sind materielle Objekte, die spirituelle Inhalte transportieren. In der Psychoanalyse geht es um psychoanalytische Objekte, also nichtmaterielle Objekte, wie Liebe, Angst, Lust, Begierde, Sicherheit oder Träume, Triebe, Struktur etc. Sie können nicht gesehen, geschmeckt, gemessen oder gegessen werden. Um sie zu »begreifen«, oder besser: zu »intuieren«, braucht es auch mindestens zwei Verständniswerkzeuge, nämlich Skepsis und Empathie.

Der »Erfinder« der Empathie in der Psychoanalyse ist Heinz Kohut (1959). Im Gegensatz zur Sympathie ist Empathie für ihn eine wissenschaftliche Methode. Mit ihr versucht der Analytiker, mittels stellvertretender Introspektion zu erfassen, wie es dem Analysanden gehen mag. Man kann einen Menschen, den man unsympathisch findet, durchaus empathisch verstehen, vielleicht sogar besser, als man einen Menschen verstehen kann, der einem sympathisch ist, weil Sympathie wie eine rosarote Brille wirkt und manches, was man nicht gern sieht, ausblendet. In Kohuts Empathie ist damit, dass er sie von der Sympathie unterscheidet, schon die Skepsis eingebaut, die eine binokulare Wahrnehmung ermöglicht. Bion benützt den Begriff »Empathie« nicht, aber er meint vermutlich etwas sehr Ähnliches, wenn er von »becoming O« (»O werden«, etwa: wirklich werden) spricht, was bedeutet, mit dem »Kern«, der »Essenz« (das etwa meint Bions »O«) des emotionales Erlebnisses des Analysanden (nicht mit dem Analysanden) intuitiv eins zu werden (Bion, 1965). Der Analysand hilft dem Analytiker dabei durch »Projektive Identifikation«, die man auch als Gefühlstransplantation bezeichnen könnte.

Ein Beispiel: Ein Mann mittleren Alters (Analysand A) kommt zur Behandlung, weil er »am Ende« sei. »Ich kann nicht mehr!« Schuld daran sei seine Arbeitssituation. Er werde von seinem Chef überfordert, herumkommandiert und durch Strafandrohungen (»das wird Konsequenzen haben!«) in Existenzängste versetzt. Im Betrieb gehe es zu es wie in einem »Haifischbecken«.

Empathie: Ich versuche mir vorzustellen, wie es mir ginge, wenn ich in einem Haifischbecken schwämme. Ich hätte Himmelangst, zerstückelt zu werden und fürchtete um mein Leben.

Die *Skepsis* wird schon durch den Konjunktiv in meiner kurzen Beschreibung sichtbar. Ich denke mir, das hält kein Mensch aus, vielleicht übertreibt er, vielleicht ist er in einem mörderischen ödipalen Konflikt mit seinem Chef gefangen, aus dem er sich nicht lösen kann. Ich denke auch, vielleicht stellt er sich so an (wie manchmal bei mir), dass er seinen temperamentvollen Chef zur Weißglut bringt. Ich merke, wie meine Skepsis und Empathie in Spannung stehen. Meine Empathie sagt: Es ist nicht auszuhalten, er lebt in einer Horrorwelt. Meine Skepsis sagt: Er bildet sich das alles nur ein, er übertreibt.

Hier entscheidet sich, ob das Paar Empathie und Skepsis kreativ oder destruktiv zusammenwirkt. In seiner destruktiven Form wird es zu einem Paar, bei dem einer den anderen eliminiert oder beide sich gegenseitig ausschließen, so dass nur Empathie-ohne-Skepsis = Sympathie oder nur Skepsis-ohne-Empathie = Misstrauen übrig bleibt; es gibt kein Paar mehr. In seiner kreativen Form wird Empathie und Skepsis zu einem Paar, das die Wirklichkeit miteinander binokular »intuiert«. Die Skepsis trianguliert die Beziehung, die durch Empathie entsteht, und bewahrt sie vor dyadischer Verschmelzung. Dies lässt sich leicht übersetzen in eine Situation, in der Eltern miteinander, die eine als Mutter, der andere als Vater, ihr Kind zu verstehen suchen. Im geschilderten Beispiel wird das Paar Empathie und Skepsis dem Analytiker helfen, einfühlend zu verstehen, wie es Analysand A zumute ist und warum das so sein mag. Freud wies schon 1917 in seinen »Vorlesungen zur Einführung in die Psychoanalyse« auf das Zusammenwirken von Empathie und Skepsis durch seine Formulierung »wohlwollende Skepsis« hin (Freud, 1916–1917a).

Zurück zu meinem Analysanden: Er idealisiert mich, macht mich zum idealen Chef oder Vater (oder auch Mutter?!), der mit ihm ein Herz und eine Seele ist, ein idealer Verbündeter, und so werden wir in seiner Vorstellung zu einem idealen (in Wirklichkeit idealisierten) Paar. Das erleichtert ihn und rettet ihn zunächst davor, sich aus Verzweiflung umzubringen. Zugleich merkt er zunehmend, dass ich mir nicht wirklich vorstellen kann, wie es ihm geht. Das heißt, er spürt meinen Mangel an Empathie bzw. spürt, dass meine Empathie durch meine Skepsis nicht befördert, sondern beschränkt wird. Er erlebt meine Skepsis und Empathie wie ein Paar, das sich gegenseitig zu zerstören versucht. Tatsächlich erlebte er seine Eltern als destruktives Paar. Sie vergaßen ihn über ihrem Streit und versagten ihm die nötige Unterstützung. Dies wiederholt sich nun unbewusst »in der Übertragung«.

Kinder erziehen ihre Eltern und Analysanden ihre Analytiker. So geschieht es, dass mein Analysand mich unbewusst dazu bringt, oder besser dazu zwingt, mehr Empathie zu üben. Nach etwa einem Jahr (dreistündiger Analyse) eröffnete er mir, dass die Analyse ihm zwar in den Stunden wohl tue, aber am eigentlichen Problem, seiner Arbeitssituation, nichts ändere. Er kam häufig zu spät oder gar nicht. Er zweifelte am Sinn der Behandlung und forderte einen Behandlungsplan ein, und bitteschön, gefälligst schriftlich. Sein Ton wurde hämisch und herablassend.

Mit anderen Worten: Er arrangierte die analytische Situation so, dass sie dem Haifischbecken in seinem Betrieb entsprach; er spielte nun (unbewusst) den tyrannischen Chef, der mich drangsalierte. Ich kam mir vor wie ein kleiner gemobbter Angestellter oder wie ein unfähiges, impotentes Elternteil, fürchtete, dass ich ihm mit meinen dürftigen analytischen Fähigkeiten nicht gewachsen sei, weil er mich immer wieder auch dazu brachte, mich wie ein tobender Chef aufzuführen. Wir waren zu einem destruktiven Paar geworden.

Die Supervision half mir, meine verlorengegangene Skepsis –
dem Analysanden gegenüber, aber auch mir selbst gegenüber –
wiederzugewinnen und mich von meiner empörten und hilflosen
Rechthaberei zu lösen. Ich fing wieder an zu denken und dachte,
was mir widerfuhr, könnte so etwas wie »Projektive Identifikation« sein, das heißt, dass der Analysand seine Versagensangst
und seine Wut in mich hineinzwang, indem er eine Situation
schuf, in der ich Angst bekam zu versagen und wütend wurde.
Allmählich gelang mir wieder mehr Empathie. Ich dachte: Wenn
es dem Analysanden in seiner Arbeit so geht, wie es mir mit ihm
in meiner Arbeit geht, dann kann ich mir jetzt besser vorstellen,
wie es ihm wirklich geht.

Dies konnte ich ihm allerdings nicht persönlich mitteilen, denn
in dieser Phase erschien er nicht mehr zu den Stunden, sondern
verlangte, wie erwähnt, per Post eine schriftliche Stellungnahme
von mir. Ich fand das unverschämt und wollte überhaupt nicht
darauf reagieren. Aber die Art, wie der Brief verfasst war, nämlich
mit sehr viel Mühe und Sorgfalt (so viel Mühe verwendet man nur
für Liebesbriefe, dachte ich), bewog mich, ihm zurückzuschrei-
ben, und ich brauchte einige Tage, um den Ton zu finden, in dem
Empathie und Skepsis übereinstimmten.

Ich schrieb ihm sinngemäß: Es ist Ihnen gelungen, mich so zu
behandeln, wie Sie von Ihrem Chef behandelt werden. Ich kann
mir jetzt besser vorstellen, wie es Ihnen geht, und ich frage mich,
wie Sie das aushalten, wo Sie doch so viele Stunden täglich mit
Ihrem Chef umgehen müssen, während ich der Situation, die Sie
geschaffen haben, nur wenige Stunden in der Woche ausgesetzt
bin. Wenn Sie der Überzeugung sind, dass die Analyse für Sie
ungeeignet ist, dann steht es Ihnen frei, sie zu beenden. Die Entscheidung liegt bei Ihnen.

Sobald er den Brief gelesen hatte, rief er mich an: Er wolle die
Analyse wieder aufzunehmen.

Ich hoffe, diese Vignette zeigt, wie Empathie und Skepsis im
analytischen Prozess zusammenwirken können. Auseinandersetzungen dieser Art wiederholten sich zwar weiter, ich (und auch er)
konnte sie aber zunehmend besser verstehen.

Methode und Struktur

Warum ist der Empathie-Skepsis-Prozess »heilsam«? Ich denke, weil er die psychische Struktur stärkt. Und ich nehme an, mein Patient kam in Analyse, um eine Schädigung seiner psychischen Struktur behandeln zu lassen. Es ginge schneller und wäre billiger, wenn er einfach den Job wechselte. Die Gefahr allerdings wäre dann, dass er immer wieder in anderen Haifischbecken landen würde, denn seine Strukturschädigung würde jeden Betrieb unbewusst zum Haifischbecken umgestalten.

Die Haltung Empathie und Skepsis dient dazu, die Struktur der Psyche zu stärken. Dazu müssen sich Methode und Struktur entsprechen. Kohut war überzeugt, dass die Empathie (nach meinem Verständnis von ihm eine mit Skepsis gepaarte Empathie), also die Methode, heilt. Warum?

Die binokulare Methode (das psychoanalytische Objekt zweidimensional, nämlich empathisch und skeptisch zu intuieren) entspricht der Struktur der Seele. Damit meine ich, dass die Seele als Paar strukturiert ist und diese Struktur immer wieder durch Paarerfahrungen bestärkt werden will und muss.

»Die Seele ist ein Paar« – dieser Einfall erschloss sich mir erstmals im Laufe einer mehrjährigen Analyse mit einem schwer depressiven Patienten (Analysand B). In dieser Analyse lief es immer wieder über eine lange Zeit recht gut, und ich dachte dann, wir kommen vorwärts. Dann kam etwa einmal im Jahr unversehens ein »Einbruch«; der Patient »fiel in ein Loch« und wurde suizidal. Interpretationen kamen dann nicht mehr an, er hörte sie, aber sie verfingen nicht – »die Botschaft hör ich wohl, allein mir fehlt der Glaube«. Wir kamen an einen Punkt, an dem er sich kaum mehr artikulieren konnte und ich den Eindruck hatte, wir befänden uns im freien Fall. Es mussten schließlich Vorkehrungen getroffen werden, die verhindern sollten, dass er völlig zusammenbrach und sich umbrachte.

Im Verlauf von drei Jahren fielen mir zwei Dinge auf:
- Nach solchen Krisenvorkehrungen ging es schnell wieder »bergauf«, und er konnte seinem depressiven »Loch« entkom-

men. Es ging ihm dann wieder gut. Die Depression war wie
weggeblasen.

– Bei diesen Krisenvorkehrungen war immer seine Frau aktiv
beteiligt, das heißt, ich sprach mit ihr, auf seinen Wunsch hin,
oder wir hatten eine Sitzung zu dritt: er, ich und seine Frau.
Anfangs war ich skeptisch, das »Setting« vorübergehend durch
das Hinzuziehen seiner Frau zu ändern, aber mein »Bauch-
gefühl« (Empathie) siegte, begleitet von der Skepsis, was das
wohl zu bedeuten habe. War es Abwehr? War es eine kreative
Lösung, die aus dem Reservoir seines Unbewussten auftauchte?

Ich kam zu dem Schluss, dass er unbewusst eine Situation schaffen musste, in der er sich ein »Elternpaar« schuf, repräsentiert
durch seine Frau und mich, das sich um ihn – das »Kind« – kümmern musste. Wenn er ganz konkret erlebte (sozusagen »zum
Anfassen«), dass ein Elternpaar (seine Frau und ich) ihm als Kind
zur Verfügung standen, schien das in ihm eine Stabilisierung zu
bewirken: Sein Selbst war durch eine Paarerfahrung gestärkt – bis
zum nächsten Mal. Es bedurfte mehrerer »Reparatureinheiten«
(wie bei Analysand A), um die innere Paarstruktur so zu stabilisieren, dass er nach etlichen Jahren seine formale Analyse beenden konnte.

In diesem Fall wurde die heilsame Paarerfahrung konkret in
Szene gesetzt. Sie begleitete aber die ganze Analyse auf einer abs-
trakteren Ebene, nämlich auf der Ebene der Methode. Die binokulare Methode von Empathie und Skepsis ist sozusagen ein Paar,
das die analytische Arbeit in Gang bringt und begleitet. Der Analytiker ist in einer Person ein Empathie-Skepsis-Paar und seine
Aufgabe ist es, dieses Paar kreativ zu gestalten, destruktive Tendenzen zu bemerken und zu vermeiden. Auf diese Weise wird
das »innere Paar« des Analysanden – hoffentlich – auch zu einem
kreativen Paar und der Analysand kann auch nach der formalen
Analyse mit einer Haltung von Empathie und Skepsis seine Analyse selbst weiterführen, etwa wie er als Kind irgendwann selbst in
der Lage war, zu gehen oder Fahrrad zu fahren.

Bion und Kohut – ein unmögliches Paar?

Die Erkenntnis vom inneren Paar war mir nicht vom Himmel gefallen. Sie war das Ergebnis einer Paarbildung bei mir selbst: Meine skeptisch-empathische Beobachtung des analytischen Prozesses mit meinem depressiven Analysanden B ging Hand in Hand damit, dass ich mich mit Heinz Kohut (1976; 1981; 1989; Strozier, 2001) beschäftigte. Ich lernte das Konzept des *Bipolaren Selbst* kennen – als Niederschlag von mütterlichen und väterlichen Erfahrungen und ihren Transformationen in psychische Haltungen wie zum Beispiel Motivation und Zielstrebigkeit. Von da an war es nur ein kurzer, aber für mich wichtiger Schritt, zu erkennen, dass mein Patient unbewusst damit beschäftigt gewesen war, sein Bipolares Selbst wiederherzustellen.

Die Seele ist ein Paar – diese Erkenntnis brachte gleich noch einmal eine Paarung in Gang: Mir fiel auf, dass Bion, der mir seit langem vertraut war (Wiedemann, 2007), ebenfalls eine Grundpaarung entdeckt hatte: das Paar Container–Contained (Behälter–Gehalt; Bion, 1962). Diese Abstraktion der Paarstruktur erlaubt es, die Idee des Paares auf verschiedene Paarphänomene anzuwenden: Mutter–Kind, Analytiker–Analysand, Gruppe–Teilnehmer und, last, but not least, Mutter und Vater, Mann und Frau, abstrakt: ♀♂. Ein Mensch, der die Container-Contained-Erfahrung internalisiert hat, ist seelisch gesund. Meint Bion.

Bion und Kohut beschreiben mit ihrem Bipolaren Selbst (Kohut) und ♀♂ (Bion) die Paarstruktur der Seele. Diese Paarstruktur wird immer wieder in die analytische Situation übersetzt: Analytiker und Analysand bilden ein kreatives oder destruktives oder auch zur Sicherheit lebloses Paar. Methodisch bilden »freie Assoziation« und »gleichschwebende Aufmerksamkeit« ein kreatives Paar, das lebendige »Interpretationen« zur Welt bringen kann, und der Analytiker bildet mit Empathie und Skepsis ein Paar, bei dem der Analysand als »wirkliches Kind« seinen Platz findet.

Ich bin mir bewusst, dass Bion und Kohut zwei feindlichen psychoanalytischen Lagern (englische Objektbeziehungstheorie und amerikanische Selbstpsychologie) zugerechnet werden. Sie

in einem Atemzug zu nennen, grenzt nach meiner Erfahrung an
Häresie und ruft religionskriegsartige Anfälle hervor. Ich halte
die feindselige Paarbildung durch Spaltung in psychoanalytischen
Institutionen für unbewusste Versuche von Paarbildungen unter
der Dominanz des Wiederholungszwangs (die »Eltern« bekämpfen sich). Tatsächlich lässt es sich nachweisen (Wiedemann, 2010),
dass sich Bion und Kohut von zwei unterschiedlichen Perspektiven um die gleichen »Kinder« kümmern: um Patienten, die an
strukturellen Schädigungen leiden.

Schwangere sehen überall Schwangere

Nach der Entdeckung dieser Paarphänomene in Praxis und Theorie ging es mir wie einer Schwangeren, die überall Schwangere
sieht. Mir fiel auf, wie Analysanden unbewusst damit beschäftigt
waren, Paare zu bilden. Ihr »Material« enthielt symbolische Paarbildungen.

– So berichtete mir ein Patient mit großer innerer Bewegtheit,
  dass er auf dem Weg in die Behandlungsstunde im Autoradio
  einen türkischen Pianisten eine Klaviersonate von Beethoven
  spielen hörte, und es sei einfach wunderbar gewesen. Und ich
  dachte, ja, auch so kann man die Primärszene erleben.
– Weniger poetisch war der Bericht eines jungen Mannes, der
  erzählte, dass er seine Studentenbude aufgeräumt und dazu
  zwei Mülleimer in verschiedenen Farben gekauft habe, einen
  für dies, den anderen für das, und ich dachte mir, er arbeitet an
  der Restaurierung seines Bipolaren Selbst und an einer Con-
  tainer-Contained-Struktur, an einem Containerpaar, eben ♀♂.
– Eine Analysandin, die überzeugt war, dass sie nicht von ihren
  Eltern abstammen konnte, sondern in der Klinik verwechselt
  worden war, erzählte mir bewegt, sehnsuchtsvoll und leiden-
  schaftlich von Momenten des Glücks, wenn sie allein am Meer
  wandert und wahrnimmt, wie die Wellen an den Strand rol-
  len und wie sich in der Ferne am Horizont Himmel und Meer

treffen. Ich dachte, sie spricht von ihrem Hass auf ihre Eltern (die sie in ihrer Verwechslungsphantasie ihres Amtes enthebt) und zugleich von ihrer Sehnsucht nach gewaltigen schöpferischen Paarungen (Meer und Land, Himmel und Meer, Mutter und Vater).

– Im Laufe einer mehrjährigen psychoanalytischen Behandlung fiel mir ein Muster auf, nach dem sich unsere Traumdeutungen vollzogen. Die Analysandin erzählte ihre Träume. Oft erarbeitete sie sich ihre eigene »Interpretation«, und ich stimmte zu. Wenn ich eine Interpretation machte, stimmt sie mir zu. Mir wurde klar: Wir verhielten uns, als gäbe es ein Gesetz, das lautet: Es gibt immer nur eine »richtige« Interpretation. Ich teilte der Analysandin meine Beobachtung mit. Langsam begannen Versuche, unsere beider Einfälle zusammenzutragen, um zu einem – »binokularen« – Verständnis des Traumes zu kommen. Mit anderen Worten: Die Erfahrung der Analysandin, dass es kein Paar gibt, sondern immer nur einen, der recht hat und der damit den anderen, der deshalb automatisch unrecht hat, eliminiert, wiederholte sich über lange Zeit. Erst als uns dies bewusst wurde, gelang es uns, als kreatives analytisches Paar zusammenzuwirken, um ihre Träume besser zu verstehen.

Ich hielt mich zurück mit »Paardeutungen«, denn ich wollte meinen Analysanden nicht meine neue Lieblingstheorie aufdrängen. Aber ich beobachtete mit Faszination und Wohlwollen – Bion's »reverence and awe«, »Ehrfurcht und Staunen« (1985, S. 241) wären etwas zu hoch gegriffen, aber nicht ganz verkehrt – ihre Bemühungen, »gute« Paarbildungen zu kreieren, natürlich begleitet und sabotiert von unbewussten Wiederholungszwängen destruktiver Paarerfahrungen, die sich zum Beispiel in rigiden moralischen Ansichten, Dogmatismus oder anderen Spaltungen und Eindeutigkeitszwängen offenbaren, oft auch in Angriffen auf die therapeutische Beziehung nach empathischen Fehlern von mir. Mein wohlwollendes und andächtiges Betrachten hatte oft dieselbe fördernde Wirkung, die man beobachten kann, wenn Eltern ihrem Kind beim Spielen oder bei schwierigen Hausaufgaben zuschauen.

Paarungen im Bett der Metatheorie

Auch in der psychoanalytischen Theorienlandschaft entdeckte ich, nach Kohuts Bipolarem Selbst und Bions ♀♂, weitere Paarphänomene.

Mir fiel auf, dass man Freuds strukturelle Hypothese auch mit dem Paarblick lesen kann: Normalerweise lesen wir sie vertikal:

Über-Ich

Ich

Es

Wenn wir sie in »Personen« übersetzen und horizontal lesen, stellt sich folgendes Bild ein:

Über-Ich/Vater   Ich/Kind   Es/Mutter

Wenn die beiden Elternelemente kreativ und unterstützend sind (z. B. wenn Empathie und Skepsis ein kreatives und unterstützende Paar bilden), sieht die psychische Situation folgendermaßen aus:

Kind

Vater   Mutter

Das Kind wird von Vater- und Muttererfahrungen unterstützt und gestärkt.

Wenn die psychischen Elternelemente destruktiv aufeinander bezogen sind, hat das Kind keinen oder nur einen »unteren« Platz und ist in seinem Bemühen überfordert, beide Eltern zu unterstützen und zu »versöhnen«, um ein kreatives Paar zu bekommen:

Vater   Mutter

Kind

Noch einmal re-arrangiert ähnelt das Schema dem von Kohuts Bipolarem Selbst:

Selbst

Mutter   Vater

(»Kern-Strebungen«)   (»Kern-Ziele«)

Oder Bions Container-Contained:

»personality«

♀♂

Eine Zwischenbemerkung: Wozu ist die Paarstruktur der Seele gut? Kohut meint, sie hilft, dem Leben Ziel und Motivation, Sinn und Antrieb, »Kern-Strebungen« und »Kern-Ziele«, zu geben (Kohut, 1981). Bion sagt es anders: Die Paarstruktur ermöglicht es, Erlebnisse zu verdauen und in Erfahrungen umzuwandeln und daraus zu lernen – was nichts anderes ist als die »Alpha-Funktion« (Bion, 1962).

Ich möchte noch auf zwei weitere Konzepte hinweisen, die die Paarstruktur der Psyche und des psychoanalytischen Prozesses betonen, eine sehr alte, nämlich mythologische, und eine sehr neue, psychoanalytische:

Das Modell der Seele als eines Paares, das aufeinander bezogen ist, erscheint in abstrakter Form in einem Ansatz, den Galatzer-Levy (2009, 2004) aus der Physik und der Theorie nichtlinearer Systeme entworfen hat. Er bezieht sich auf das Phänomen der gekoppelten Oszillation, das zuerst von dem holländischen Physiker Cristiaan Huygens (1629–1695) beobachtet wurde. Er bemerkte nämlich, dass sich zwei Pendeluhren im gleichen Raum nach einer Weile aufeinander einpendeln. Eine Pendeluhr ist ein relativ einfacher »Oszillator«. Ein Oszillator ist ein System, das sich nach nichtlinearer Dynamik in wiederholenden Bewegungen verhält. Galatzer-Levy sieht das Analytische Paar als »coupled oszillators«, also »gepaarte Oszillatoren«. Die Interaktion eines Paares kann als »gekoppelte Oszillation« verstanden werden, sei es bei einem Paar, das tanzt, oder einem Paar, das sich unterhält, oder eben beim analytischen Paar. Dabei ist wichtig, dass sich die zwei Oszillatoren so verhalten, dass eine Oszillation möglich wird. Wenn die Partner bzw. Oszillatoren total gleich sind, entsteht ein Gleichklang, eine Identität. Ein Beispiel dafür wäre ein Paar, das sich nichts mehr zu sagen hat, weil alles schon bekannt ist. Sind die Partner oder Oszillatoren total verschieden, kommt die Oszillation zum Stillstand, zum Beispiel wenn ein Partner den anderen total dominiert. Wenn die Oszillation im Gang bleiben soll, ist es also wichtig, dass die Oszillatoren verschieden und doch aufeinander bezogen sind – etwa wie zwei verschiedene Gesprächspartner, die »auf einer Wellenlänge« sind. Die psychoanalytische Behandlung stellt Bedingungen bereit (Rahmen, Setting etc.), die dazu geeignet sind, eine gekoppelte Oszillation zwischen dem analytischen Paar zu ermöglichen. Beispiele für gekoppelte Oszillatoren sind Bions ♀♂ und Kohuts Bipolares Selbst. Dabei ist ♀♂ oder das Bipolare Selbst jeweils ein Oszillatorensystem (Analytiker), das mit einem zweiten System (Analysand) in eine komplexe gekoppelte Oszillation eintritt. »Im Falle zwischenmenschlicher Beziehungen […] verbindet sich Geist-Hirn («the mind-brain») des einen mit dem Geist-Hirn des Anderen« (Galatzer-Levy, 2009, S. 990).

Aus der »gekoppelten Oszillation« entsteht etwas Neues, ein neues Gebilde (ein Tanz mit Bewegungsfiguren), und dieses Entstehen folgt nichtlinearen Gesetzen – zum Beispiel eine plötzliche Einsicht, ein »Geistesblitz«, ein »roter Faden« wird sichtbar, Bion spricht von »selected fact« (1962/1990, S. 72). Mit Analysand B zum Beispiel habe ich gemeinsam nach einem »Grund« für seine wiederholte »spontane Remission« (ein nichtlineares Phänomen) gesucht. Es ist möglich, dass der Grund kein kausaler (linearer) war, dass also nicht eine bestimmte Interpretation oder Aktion (dass ich mit seiner Frau sprach) die Ursache für die spontane Remission war. Der Grund seiner Remission war vielmehr die Wiederherstellung einer gekoppelten Oszillation im Selbst, angeregt durch eine Empathie-Skepsis-Oszillation bei mir (»Abwehr« oder »kreative Lösung«?) und zwischen ihm und mir (»würden

Sie mit meiner Frau sprechen?« und meinen Für-und-Wider-Überlegungen). So gesehen kann die Depression des Analysanden verstanden werden als ein Erlahmen oder Erlöschen der gekoppelten Oszillation – intrapsychisch und interpersonal – in ihm und zwischen uns. In das konkretere Bild von Personen übersetzt: Das innere Elternpaar hat aufgehört, ein kreatives Paar zu sein.

Der Vorteil von Galatzer-Levys Konzept der »gekoppelten Oszillation« besteht darin, dass es den psychoanalytischen Prozess als kreativen Prozess eines Paares (Analysand und Analytiker) versteht, der nichtlinearen Gesetzen folgt. Es trägt damit der Lebendigkeit und Unberechenbarkeit des analytischen Prozesses Rechnung und lässt die Vorstellung weit hinter sich, der Analytiker würde den Grund der Störung beim Analysanden suchen, finden und beheben, ähnlich wie der Mechaniker eine Waschmaschine repariert.

Mir kommt vor, Antonino Ferro arbeitet mit einem ähnlichen Oszillationsmodell in »Psychoanalyse als Erzählkunst und Therapieform« (2009). Möglicherweise ist die italienische Sprache und Sprachmentalität besonders gut dafür geeignet. So schreibt Hanns-Josef Ortheil in seinem Roman »Erfindung des Lebens«: »Das Italienische geht vollkommen anders als das Deutsche. Es ist ein Geben und Anbieten von Sätzen, die der Gegenüber dann wieder zurückgibt. Was der eine sagt, greift der andere auf, dreht es um eine Nuance und sagt dann den Satz leicht verändert noch einmal. Und so geht es weiter und weiter ohne Pause. Es ist mit einem guten Duett zu vergleichen, mit Gesang und Gegengesang. Das Deutsche aber ist anders. Im Deutschen sagt einer einen Satz, um den Satz irgendwo in die Landschaft zu stellen und dort stehen zu lassen. Danach ist es still. Derjenige, der antwortet, sagt einen anderen Satz und stellt ihn in etwas größerer Entfernung ebenfalls in die Landschaft. So ist zwischen den Sätzen viel Raum und viel Schweigen« (2009, S. 460).

Gibt es eine italienische und eine deutsche Art, Psychoanalyse zu betreiben? Die erste »gekoppelte Oszillation« in der Psychoanalyse finden wir allerdings schon Mitte des letzten Jahrhunderts in England bei Donald Winnicott (2007). Er nannte seine Methode einfach »Squiggle«: Beide, Therapeut und Kind, kritzeln abwechselnd auf ein Blatt Papier – und schauen, wie das gemeinsame Bild aussieht, das entsteht.

Zu guter Letzt noch eine mythologische Darstellung. Die lebenswichtige Bedeutung der Paarstruktur ist in der Sintflut-Geschichte (Gen 7) in Bildern dargestellt. Wenn wir die Arche Noahs als symbolische Darstellung der »Persönlichkeit«, der »Psyche« oder des »Selbst« nehmen, können wir sagen: Die Persönlichkeit überlebt die Sintfluten des Lebens, indem sie kreative »Paare« – kreative Paarerfahrungen, wie sie zum Beispiel durch das analytische Paar möglich werden – in sich aufnimmt.

Zusammenfassung: Dieser Ausflug in die Meta-Theorie zeigt, dass die Paarstruktur der Psyche in zahlreichen psychoanalytischen Ansätzen auftaucht, und zwar auch in kontroversen »Schulen«. Ich glaube, dass die diversen Schulen, sofern sie sich mit psychischer Struktur befassen, auf die gleiche Grundstruktur schauen und diese in unterschiedlichen Dialekten beschreiben. Mein Argument lautet, dass die Methode der Struktur entsprechen muss, will sie die Struktur erkennen und stärken. Eine Gestalt von strukturadäquater Methode ist das Zusammenspiel von Empathie und Skepsis – als methodisches Paar, das oszilliert.

Deshalb sucht der Analysand sich immer wieder Paarungen zu verschaffen, damit er seine seelische Struktur stärkt. Damit wird nicht verleugnet, dass es auch oft das Gegenteil gibt: nämlich die Angriffe auf Verbindungen (»Attacks on Linking«, in Bion, 1959). Paarbildungen werden verhindert oder Paare werden zerstört, wie im Ödipus-Mythos. Die Frage, warum und wozu der Analysand Paarungen nicht zulässt oder attackiert, muss hier offen bleiben und darf nicht vorschnell mit dem »Todestrieb« eingesargt werden. Denn wir können beobachten, dass Analysanden nicht nur Paarbildungen verhindern oder Paare zerstören, sondern auch mit allen Kräften versuchen, Paare zu etablieren und kreative Paarerfahrungen zu machen. Wie hängen die beiden Phänomene – die Konstruktion und die Destruktion von Paarungen – zusammen? Sollten etwa Konstruktion und Destruktion ein kreatives Paar bilden können (Wiedemann, 2010)?

Noch mal zu Besuch bei Bion –
und bei den alten Persern

Ich möchte zu der Anfangsszene zurückkehren, um sie mit der Paarbrille noch einmal anzuschauen und abschließend die luftigen Höhen psychoanalytischen Spekulierens mit den mühsamen Ebenen des täglichen Lebens zu verbinden.

Mason schrieb: »Mein allererster Kontakt mit Bion war in London im Jahr 1960, als er einen meiner Ausbildungsfälle supervidierte. Zu meiner großen Überraschung begann der fragliche Patient, ein junger Mann mit 23 Jahren, damit, dass er direkt zur Couch ging, sich niederlegte, und ohne Einleitung sagte: ›Ich wachte mitten in der Nacht auf, stand auf, und schaltete das Licht an, um zu sehen, ob ich im Bett lag oder nicht.‹ Ich war in Sorge, dass dieser Fall als Ausbildungsfall als ungeeignet erachtet würde, und wiederholte angespannt den ersten Satz des Patienten« (Mason, 2000, S. 983).

Ich würde die Szene als Initiationsinszenierung verstehen. Der Patient stellt unbewusst vor, was er von der Analyse erwartet: Er will wissen, ob er ein inneres Paar ($♀♂$ oder ein Bipolares Selbst) hat. Das innere Paar ist dargestellt durch den Patienten und sein Bett. Wenn er mit seinem Bett eine kreative Beziehung eingehen kann, dann hat er ein Paar in sich, mit dem er leben kann. Zugleich zeigt er, dass er eine ödipale Dreierbeziehung herstellen will: Er »spielt sich« in der Szene als Kind, das merkt, dass sein inneres Paar (er und sein Bett) einen ordentlichen Platz haben und dass er als Kind einen Platz hat, ein Kind, das sich versichert, dass seine Eltern (Patient und sein Bett) eine lebendige Beziehung haben.

Es geht also um die Strukturbildung dieses jungen Mannes. Natürlich ist er verrückt, sonst ginge er nicht in Psychoanalyse, sondern würde sich mit normalen Schlafstörungen begnügen. – Soweit meine Überlegungen. Hier ist, was Bion dazu meinte: »Nachdenklich strich Dr. Bion über seinen Schnurrbart, und mit vollkommen ernstem Gesicht sagte er: ›Nun, wir haben alle ein Recht auf eine zweite Meinung‹« (Mason, 2000, S. 983).

Psychoanalyse hat mit dem Leben zu tun. Wenigstens sollte sie das. Hier ist ein Beispiel, wie sich die These von der Paarstruktur der Psyche und der methodischen Entsprechung in der alltäglichen Entscheidungsfindung wiederfindet. Die Notwendigkeit, sich zu entscheiden, verfolgt uns auf Schritt und Tritt: Aufstehen oder Ausschlafen? Was anziehen – das rote oder das blaue Kleid? Wohin in den Urlaub fahren – an die Nordsee oder ans Mittelmeer oder in die Berge? Heiraten oder Single bleiben? Chirurg werden oder Fleischer? Rot, Gelb, Grün, Schwarz oder gar nicht wählen?

Die alten Perser hatten eine geniale Entscheidungshilfe, wenn sie nicht wussten, ob sie einen Krieg führen oder einen Tempel bauen oder einen Streit schlichten sollten. Der griechische Geschichtsschreiber Herodot (485–425 v. Chr.) berichtet davon: »Die Perser lieben den Wein sehr. In Gegenwart anderer sich zu erbrechen oder Wasser zu lassen, ist aber nicht Sitte. Darin sind sie also streng; dagegen pflegen sie im Rausch die wichtigsten Angelegenheiten zu verhandeln. Den Beschluss, den man gefasst hat, trägt der Hausherr, in dessen Haus die Beratung stattfindet, am nächsten Tag, wenn die Beratenden nüchtern sind, noch einmal vor. Ist man auch jetzt damit einverstanden, so führt man das Beschlossene aus, andernfalls lässt man es fallen. Auch wird ein Gegenstand, den sie nüchtern vorberaten haben, in der Trunkenheit noch einmal erwogen« (zit. in Belschner, 2007, S. 116).

Die Perser nutzten die Paarstruktur der Seele, um zu guten Entscheidungen (Kindern) zu kommen. Sie ließen das Bewusste (nüchtern) und das Unbewusste (betrunken) als »Paar« zusammenwirken. Zwei Gemütszustände – rational und intuitiv – zeugten eine gute Entscheidung. Um an unser Thema zu erinnern: Ich denke, der Rausch entspricht der Empathie, die Nüchternheit der Skepsis. Ein Paar – oder ein Pack –, das sich schlägt und verträgt.

Literatur

Belschner, W. (2007). Der Sprung in die Transzendenz. Die Kultur des Bewusstseins und die Entmystifizierung des Spirituellen. Hamburg: Verlag Literatur Zentrum.

Bion, W. R. (1959/1967). Attacks on linking. In W. R. Bion, Second thoughts. London: Karnac.

Bion, W. R. (1962/1990). Lernen durch Erfahrung. Frankfurt a. M.: Suhrkamp.

Bion, W. R. (1965/1997). Transformationen. Frankfurt a. M.: Suhrkamp.

Bion, W. R. (1967a). Second thoughts. London: Karnac.

Bion, W. R. (1967b/1991). Notes on memory and desire. The Psychoanalytic Forum, 2, 272 f., 279 f. – Deutsche Version: Anmerkungen zu Erinnerung und Wunsch. In E. Bott Spillius (Hrsg.), Melanie Klein heute, Bd. 2. (S. 22–28). Weinheim: Verlag Internationale Psychoanalyse.

Bion, W. R. (1985). All my sins remembered. The Other Side of Genius. London: Karnac.

Bion, W. R. (1987). Clinical seminars and four papers. Abingdon: Fleetwood Press.

Ferro, A. (2009). Psychoanalyse als Erzählkunst und Therapieform. Gießen: Psychosozial.

Freud, S. (1912e). Ratschläge für den Arzt bei der psychoanalytischen Behandlung. G. W. Bd. VIII (S. 376–387). Frankfurt a. M.: Fischer.

Freud, S. (1916–1917a). Vorlesungen zur Einführung in die Psychoanalyse. 16. Vorlesung. G. W. Bd. XI. Frankfurt a. M.: Fischer.

Galatzer-Levy, R. M. (2004). Chaotic possibilities: Toward a new model of development. International Journal of Psychoanalysis, 85 (04), 419–442.

Galatzer-Levy, R. M. (2009). Good vibrations: Analytic process as coupled oscillations. International Journal of Psychoanalysis, 90 (09), 983–1007.

Kohut, H. (1959). Introspection, empathy, and psychoanalysis: An examination of the relationship between mode of observation and theory. Journal of the American Psychoanalytic Association, 7 (59), 459–483.

Kohut, H. (1976). Narzissmus. Frankfurt a. M.: Suhrkamp.

Kohut, H. (1981). Die Heilung des Selbst. Frankfurt a. M.: Suhrkamp.

Kohut, H. (1989). Wie heilt die Psychoanalyse? Frankfurt a. M.: Suhrkamp.

Mason, A. (2000). Bion and binocular vision. International Journal of Psychoanalysis, 81, 983–989.

Strozier, Ch. B. (2001). Heinz Kohut. The making of a psychoanalyst. New York: Other Press.

Wiedemann, W. (2007). Wilfred Bion. Biografie, Theorie und klinische Praxis des Mystikers der Psychoanalyse. Gießen: Psychosozial.

Wiedemann, W. (2010). Kinder brauchen Eltern – aber wozu? Eine psychoanalytische Antwort. Unveröffentlichtes Manuskript.

Winnicott, D. W. (2007). Die therapeutische Arbeit mit Kindern: Die Technik des Squiggle oder Kritzelspiels. Karlsruhe: Gerardi.

Peter Schneider

Die Verunsicherung und die Sicherung des (psychoanalytischen) Wissens

> Sie können also eine psychoanalytische Behandlung nicht mitanhören. Sie können nur von ihr hören und werden die Psychoanalyse im strengsten Sinne des Wortes nur vom Hörensagen kennen lernen. Durch diese Unterweisung gleichsam aus zweiter Hand kommen Sie in ganz ungewohnte Bedingungen für eine Urteilbildung. Es hängt offenbar das meiste davon ab, welchen Glauben Sie dem Gewährsmann schenken können.
>
> *Freud, 1916–1917a, S. 11*

> Sie wissen, ich bemühe mich ums Einzelne und warte ab, bis das Allgemeine von selbst daraus entsteht.
>
> *Freud, Brief vom 1.4.1915 an Lou Andreas-Salomé, 1966, S. 31*

Der fundierende Zweifel

Die Sicherung (im Sinne einer letztendlichen Fundierung) des Wissens durch einen denkbar ausgeweiteten, absoluten Zweifel: Das ist das Erbe, das Descartes Mitte des 17. Jahrhunderts der neuzeitlichen und modernen Wissenschaft hinterlassen hat. Im Denkexperiment der »Meditationes« (1685) erforscht er am eigenen Leib, wie aus dem Fegefeuer einer allumfassenden *epoché* die Möglichkeit sicheren Wissens entstehen kann, freilich unter der Voraussetzung des Glaubens an einen gütigen Gott, der die Menschen nicht systematisch täuscht – eine Voraussetzung, die nicht erst die populäre Kultur unserer Tage mit Filmen wie »Welt am Draht« (Rainer Werner Fassbinder, 1973) oder »Matrix« (Lana u. Andy Wachowski, 1999) grundlegend in Frage gestellt hat. Der nachcartesianische Verzicht auf Letztbegründung hat auch Gott als Garanten wahrer Erkenntnis überflüssig gemacht; zugleich hat er einerseits den methodischen Zweifel im Selbstverständnis der Wissenschaften fest verankert, andererseits aber – dies ist die Kehrseite der Säkularisierung – einem quasitheologischen Anspruch an *die* Wissenschaft als Lieferantin überhistorischer Wahrheiten Vorschub geleistet.

Kann man den Verzicht auf Letztbegründung sowie den Zweifel aber auch zu weit treiben? Man hat den Eindruck, als habe man es der Psychoanalyse übel genommen, dass sie die epistemische Skepsis mit der Einführung des Unbewussten in den wissenschaftlichen Diskurs radikalisiert und zugleich mit ihrer Religionskritik, freilich wider Willen, die implizite Funktion *der* Wissenschaft als Surrogat für theologische Wahrheit systematisch unterminiert hat.

In meinem Essay werde ich versuchen, unter mehreren Aspekten die Verunsicherungen zu beschreiben, mit welchen die Psychoanalyse die Wissenschaft affiziert. Ich werde aber auch die Strategien skizzieren, mit denen die Psychoanalyse als Wissenschaft selbst auf diese Verunsicherungen reagiert und ihre Wissensproduktion zu stabilisieren versucht.

Wissen als Symptom: Das Problem des Unbewussten

Kann man etwas wissen, ohne dass man weiß, dass man es weiß? Oder etwas weniger umständlich formuliert: Gibt es Wissen ohne Bewusstheit? Zum Wissen gehört offensichtlich nicht, dass es konstant bewusst ist – sonst würde es nie zu jenem segensreichen Übergang vom Wissen zum Können kommen –, sondern allenfalls, dass es prinzipiell explizit gemacht werden kann. Es gibt also Grade der Bewusstheit eines Wissens. Die Natur macht keine Sprünge, Veränderungen vollziehen sich in unendlich fein abgestuften Übergängen. In seinen »Neuen Abhandlungen über den menschlichen Verstand« formuliert Gottfried Wilhelm Leibniz (1646–1716), der Vater der »Infinitesimalrechnung«, eine Theorie des Unterbewussten, in der man Versatzstücke der Freud'schen Theorie des Unbewussten zu erkennen glaubt – insbesondere was die Behauptung der psychischen Wirksamkeit nicht bewusster Eindrücke betrifft, welche das Gerüst einer unbewussten Ich-Identität abgeben: Das Subjekt empfängt in jedem Moment Eindrücke, von denen die meisten aber so schwach oder derart mit anderen Wahrnehmungen verbunden sind, dass sie nicht die Schwelle des Bewusstseins erreichen. Andererseits sind sie wirksam. Wir können zwar die Einzeleindrücke, welche uns die Gesamtwahrnehmung einer Straßenszene liefern, nicht in deutlich empfundene Einzelbestandteile zergliedern; doch würden wir die unterhalb der Bewusstseinsschwelle liegenden Wahrnehmungen aus der Gesamtwahrnehmung entfernen, wäre unser Gesamteindruck dieser Szene nicht mehr derselbe.

So weit, so trivial. Doch die Folgerungen, die Leibniz daraus zieht, sind es weit weniger: »Diese unmerklichen Vorstellungen«, schreibt er, »bezeichnen auch und bilden das nämliche durch diejenigen Spuren charakterisierte Individuum, die sie von den vergangenen Zuständen desselben Individuums aufbewahren, indem sie die Verbindung mit seinem gegenwärtigen Zustand herstellen […] Ich muß dem noch hinzufügen, daß diese schwachen Wahrnehmungen es sind, die uns bei vielen Vorfällen, ohne daß man daran denkt, bestimmen« (Leibniz, 1704/1996, S. 11 f.). Das Subjekt ist in dieser Hinsicht sozusagen ein Ensemble solch unbewusst bleibender Eindrücke; sie bilden seine Identität im Sinne zeitlicher Kontinuität; sie sind Niederschlag und Bedingung seines Verhaltens in der Welt.

Das Wissen existiert somit in unendlichen Abstufungen hinsichtlich Bewusstheit bzw. Bewusstseinsfähigkeit, welche ihrerseits aber nicht mit den Graden der Wirksamkeit dieses Wissens korrespondieren. Wenn wir jedoch sagen, jemand wisse viel, ein ande-

rer wenig, und nur Gott wisse alles, und wohl niemand auf dieser
Welt wisse gar nichts, so meinen wir damit nicht Abstufungen in
der Bewusstheit dieses Wissens, sondern beziehen uns auf etwas
anderes: nicht auf die Stärke, sondern auf die Menge des Wissens,
den Umfang des »Wissensstands«. In dieser Perspektive bestimmen wir, wo jemand zwischen den Fiktionen eines allwissenden
Gottes und einem komplett unwissenden Idioten angesiedelt ist.

Was die Vorstellungen von der Erweiterung und den Fortschritten des Wissens angeht, so divergieren Alltagsannahmen
und Wissenschaftsgeschichte und -theorie geradezu diametral.
Nicht nur beim sprichwörtlichen Mann oder bei der Frau auf der
Straße, auch auf den Wissenschaftsseiten der Tageszeitungen und
selbst in manchen wissenschaftlichen Fachjournalen herrscht die
Annahme vor, das, was die Wissenschaft an Wissen schaffe, habe
die Form eines kontinuierlich wachsenden Wissensbergs, von dessen Gipfel aus wir stetig mehr sehen, als wir gestern noch gesehen haben. Demgegenüber sprechen Erkenntnistheorie, Wissen-
schaftsforschung, Wissenschaftssoziologie und Wissensgeschichte
von »Denkstilen« (Fleck et al., 1935), »Paradigmenwechseln«
(Kuhn, 1962) und einer »Artikulation« (Latour, 2000) von wissenschaftlichen Objekten.

All diesen Konzepten ist eines gemeinsam: die Idee, dass Wissenschaft nicht auf die Wirklichkeit referiert, wie der Zeigefin-
ger auf ein Tortenstück in der Konditorei, und dass die Erkenntnisse der Wissenschaft auch nicht mit raffinierten technischen
Methoden hergestellte Fotografien der Wirklichkeit sind, sondern
Effekte von Konstruktionen, die, indem sie diese oder jene Tatsache artikulieren, eine andere zum Verstummen bringen. *Wissen
wird nicht angehäuft, sondern gebildet.* Man kann zudem in der
Geschichte der Wissenschaft immer wieder zeigen, wie die Formulierung neuen Wissens sich spezifischen Formen des Verges-
sens verdankt, aber auch, wie neues Wissen sich zuweilen einer
Revision alten Wissens verdankt, das in einer neuen Interpretation einen heuristischen Innovationsschub entfaltet.

Von diesem kurzen Exkurs über das Verhältnis des Alltagsver-
ständnisses von Wissen als einem quantifizierbaren Haufen von

Inhalten zur Theorie des Wissens in der Erkenntnistheorie und Wissenschaftsgeschichte als einem Wechselspiel von Denkformen und Denkinhalten möchte ich nun den Sprung zur Psychoanalyse und deren Auffassung von Wissen und Nicht-Wissen bzw. Bewusstsein und Unbewusstem machen.

Was Freuds Konzeption des Unbewussten von allen vorherigen und auch den in der aktuellen Neurowissenschaft grassierenden Theorien des Unter-Bewussten unterscheidet, ist die Abkehr vom Versuch einer quantitativen Beschreibung des Nicht-Bewussten. Wenn Freud davon spricht, »daß es Tendenzen beim Menschen gibt, welche wirksam werden können, ohne daß er von ihnen weiß« (Freud, 1916–1917a, S. 70), oder wenn er feststellt, »daß der Träumer […] weiß, was sein Traum bedeutet, nur weiß er nicht, daß er es weiß, und glaubt darum, daß er es nicht weiß« (S. 98), dann geht es um etwas anderes als um Grade von Bewusstheit oder Unbewusstheit. Das Unbewusste bei Freud ist kein Wissen, das dadurch sichtbar wird, dass man einen Restlichtverstärker darauf richtet und somit seine zu niedrige Quantität künstlich bis über die Wahrnehmungsschwelle erhöht; denn es ist nicht durch einen energetischen Mangel ausgezeichnet, der es unbewusst sein lässt (eher im Gegenteil), als vielmehr durch die Tatsache, dass es vom Bewusstsein ausgeschieden bleiben muss, um den – salopp gesprochen – Mittagsschlaf der Vernunft nicht zu stören. Insofern gleicht das Verhältnis zwischen Bewusstem und Unbewusstem dem, was in einem wissenschaftlichen Denkstil oder innerhalb eines Paradigmas gedacht werden kann bzw. was in diesem Denkstil undenkbar und unartikulierbar ist.

Somit besteht das Unbewusste im Sinne der Psychoanalyse nicht aus einer abgesperrten Kammer voller verpönter Inhalte, die man im Laufe einer psychoanalytischen Behandlung dann schließlich einen nach dem anderen ins Wohnzimmer des Bewussten trägt: die Verliebtheit in die Eltern, die Angst vor der Kastration, den Neid auf den Penis, das Verlangen nach der Mutterbrust als niemals versiegender Nahrungs- und Lustquelle usw. Das Unbewusste ist kein Sammelsurium ursprünglicher Wahrheiten, die bewusst gemacht werden müssen, damit man nicht (mehr) neurotisch ist und zu einem authentischen Leben findet, das darin besteht, dass man nun einen großen Teil dessen von sich weiß, von dem man zuvor keine Ahnung hatte. Das Unbewusste ist vielmehr – und nun wird es schwierig, angemessene Bilder dafür zu erfinden – Teil der Bildungsgesetze des Bewusstseins selbst. Die Psychoanalyse addiert nicht zum Bewusstsein das Unbewusste, um so ein Stadium größerer Bewusstheit zu erreichen; sie zeigt vielmehr auf, wie Bewusstsein als »Symptom« entsteht (Freud, 1915e, S. 291). *Das Unbewusste ist nicht wesentlich das, was dem Bewussten fehlt, um vollständig zu sein; es ist vielmehr das, was dem Bewusstsein seine Gestalt verleiht.* Bewusstsein und Unbewusstes sind miteinander untrennbar verbunden wie Inhalt und Form. Ohne Inhalte kann es keine Formen geben und ohne Formen keine Inhalte, wobei auch Inhalt und Form keine Dinge an sich sind, sondern ihrerseits Formen, in denen das eine durch das andere erscheinen kann.

Was Freud als »Symptom« beschreibt, betrifft bei weitem nicht lediglich das »neurotische Symptom« als Krankheitsindiz, sondern im Grunde jedwede Äußerung des Psychischen, in der ein Wunsch und dessen Abwehr miteinander verknotet sind. Symptomcharakter haben darum nicht nur Zwangshandlungen, sondern ebenso Fehlleistungen und Träume – ja unser Bewusstsein selbst und damit auch unser Wissen und unsere Theorien. Das heißt: Man kann das Bewusstsein und seine Hervorbringungen selbst nach dem Muster des Traumes deuten, indem man den Verschiebungen und Verdichtungen nachgeht, die es kennzeichnen.

Was das bedeutet, lässt sich an Freuds Beschreibung der infantilen Sexualtheorien und an deren Verwertung für die psychoanalytische Theorie veranschaulichen. Am Anfang steht die Sexualneugier. Der Wisstrieb des kleinen Menschenkindes, so Freud, entzündet sich an der Frage der eigenen Genealogie oder schlichter: am Rätsel, woher die kleinen Kinder kommen. Die Antworten, die es sich – unter Verwendung der von den Erwachsenen gegebenen Antworten – gibt, bleiben nicht konstant, sie sind aktueller Ausdruck – Symptom – der jeweiligen psychischen Organisation des Kindes: dementsprechend entwickelt das Kind orale, anale, sadistische etc. Theorien über Zeugung und Geburt: Kinder bekommt man, indem man etwas Bestimmtes isst, sie werden durch den Darm geboren, der Papa macht die Kinder mit der Mama, indem er ihr wehtut … usw.

Auch wenn die kindliche Sexualforschung sich nicht, wie Freud behauptet, am Geschlechtsunterschied entzündet, so kommt sie auf die Dauer doch nicht um ihn herum. Wie Freud bei der Beschreibung der infantilen Sexualtheorie von derselben gleichsam angesteckt wird und sie *tel quel* als zentralen Baustein der Psychoanalyse einverleibt, möchte ich anhand einer kurzen, aber symptomatischen Passage aus den »Vorlesungen zur Einführung in die Psychoanalyse« zeigen:

»Die infantile Sexualforschung […] knüpft nicht an den Geschlechtsunterschied an, der dem Kinde nichts besagt, da es – wenigstens die Knaben – beiden Geschlechtern das nämliche männliche Genitale zuschreibt. Macht der Knabe dann an einer kleinen Schwester oder Gespielin die Entdeckung der Vagina, so versucht er zuerst das Zeugnis seiner Sinne zu verleugnen, denn er kann sich ein ihm ähnliches menschliches Wesen ohne den ihm so wertvollen Teil nicht vorstellen. Später erschrickt er über die ihm eröffnete Möglichkeit, und etwaige frühere Drohungen wegen zu intensiver Beschäftigung mit seinem kleinen Glied gelangen nachträglich zur Wirkung. Er gelangt unter die Herrschaft des Kastrationskomplexes […] Von dem kleinen Mädchen wissen wir, daß es sich wegen des Mangels eines großen sichtbaren Penis für schwer benachteiligt hält, dem Knaben diesen Besitz neidet« (Freud, 1916–1917a, S. 328).

Es soll hier nicht darum gehen, die offene Tür der Kritik des Freud'schen Androzentrismus ein weiteres Mal mit großem Schwung einzurennen, sondern naiv staunend nachzuvollziehen, wie Freud die Versatzstücke kindlichen Sexualaberglaubens zu wesentlichen Bestandteilen der psychoanalytischen Theorie macht. Aus dem Wissen des Knaben, dass ihm – siehe das Genital der Mädchen – die Kastration droht, wenn er nicht auf die Onanie und den sexuellen Wunsch nach der Mutter verzichtet (der infantilen Sexualtheorie als Symptom), wird der Kastrationskom-

plex zum zentralen Organisator der psychischen Struktur: Er ist
es, der dafür zu sorgen hat, dass der Ödipuskomplex ordnungs-
gemäß untergeht. Doch diesen »naturalistischen Fehlschluss«
Freuds im Namen wissenschaftlicher Objektivität zu denunzie-
ren, bringt außer dem guten Gefühl gerechter Empörung wenig.
Es verstellt zudem den Blick auf etwas viel Wesentlicheres: dass es
sich hier nämlich nicht um eine unverzeihliche Entgleisung eines
latent frauenfeindlichen Theoretikers handelt, sondern um das
Ergebnis eines analogen Prozesses, der die Theorie des Knaben
hervorgebracht hat. Die Theorie des Kastrationskomplexes ist ein
Symptom der Psychoanalyse.

Der Knabe sieht etwas, das ihm Angst bereitet, und interpretiert es so, dass er durch einen Verzicht das Befürchtete abwenden
kann. Freud sieht die Angst des Knaben und erkennt, dass sie ihm
den Wunsch erfüllt, erklären zu können, woher dessen Verzichts-
bereitschaft stammt. Was dem einen die Sorge um die Unversehrt-
heit seines Körpers, ist dem anderen die Sorge um die Integrität
der Theorie. Was der Knabe und was Freud wissen, erklärt sich
nicht wie von selbst aus den Inhalten dieses Wissens, sondern
daraus, wie es zustande gekommen ist – mit denselben Mechanismen, die auch den Traum oder das neurotische Symptom herstellen.

»Das Denken«, schreibt Freud in der »Traumdeutung«, »ist
doch nichts anderes als der Ersatz des halluzinatorischen Wunsches, und wenn der Traum eine Wunscherfüllung ist, so wird das
eben selbstverständlich, da nichts anderes als ein Wunsch unseren seelischen Apparat zur Arbeit anzutreiben vermag« (Freud,
1900a, S. 572). Kurz: Phantasie und Wissen entspringen derselben
Quelle. Sie sind nicht dasselbe, aber sie haben denselben Kern:
Sie müssen einem Wunsch Rechnung tragen. Wie das Bewusstsein
und wie das neurotische Symptom ist der Traum keine unmittel-
bare, sondern eine entstellte Wunscherfüllung, in welcher nicht
nur der Wunsch, sondern auch die gegen seine Erfüllung wirksamen Tendenzen ihre Wirkung entfalten. Zudem ist er, wie Freud
im »Witz« schreibt, »ein vollkommen asoziales seelisches Produkt;
er hat einem anderen nichts mitzuteilen; innerhalb einer Person

als Kompromiß der in ihr ringenden seelischen Kräfte entstanden, bleibt er dieser Person selbst unverständlich und ist darum für eine andere völlig uninteressant. […] Der Witz dagegen ist die sozialste aller auf Lustgewinn zielenden seelischen Leistungen« (Freud, 1905c, S. 204). Man müsste ergänzen: das neben der Bildung von Theorien, in welchen unser Wissen Form annimmt, sozialste aller psychischen Symptome. Die Gesellschaftsfähigkeit der Theorie unterscheidet diese möglicherweise vom Wahn, freilich nicht grundsätzlich, wie kollektive Wahnsysteme beweisen.

Es gibt allem Anschein nach kein außerhalb jedweder Theorie und jedweden Wahns stehendes Kriterium, das eine ein für allemal gültige Unterscheidung zwischen Wahn und Theorie möglich machte. Ungeachtet der jeweiligen Inhalte ist jede Theorie in einem strukturellen Sinne so sehr ein Symptom wie ein Wahngebilde oder eine kindliche Überzeugung von der Bedeutung des Geschlechtsunterschiedes. Was den Charme des psychoanalytischen Denkens ausmacht, liegt nicht in der Wahrheit der Inhalte (nach dem Muster der *adaequatio intellectus ad rem* – einer Angleichung von Verstand und Sache) begründet, sondern in der Möglichkeit der Rückwendung dieses Denkens auf sich selbst – so lange, bis man möglicherweise erschöpft von den schwindelerregenden Perspektiven innehält, um irgendwann wieder aufs Neue damit anzufangen. Wir erfahren dabei nicht etwa, dass wir nur wissen können, nichts zu wissen, sondern, wie und warum wir wissen. Und das ist schließlich nicht wenig. Aber ist es auch genug? Wie macht man aus einem skeptischen Wissen eine Wissenschaft?

Die Bindung an Ort und Person

Könnte man sich vorstellen, dass die Psychoanalyse analog zur Traditionellen Chinesischen Medizin (TCM), heute unter dem Markennamen TWP, Traditionelle Wiener Psychotherapie, gehandelt würde? Jedenfalls war diese Bindung an den Ort ihres Entste-

hens eine der großen wissenschaftspolitischen Sorgen Sigmund
Freuds. Der Versuch einer Arifizierung und Verwestlichung der
(jüdischen) Psychoanalyse durch die Wahl des Zürcher Psychia-
ters C. G. Jung zum Kronprinzen der Bewegung sowie seine eigen-
willigen Versuche, die Psychoanalyse an andere Diskurse wie den
der Ethnologie, der Literatur- und Kunstwissenschaft, der Psychiatrie und auch der Biologie anzufügen (vgl. Schneider, 1996), sind
Ausdruck des (ambivalenten) Versuchs, die Bindung der Psychoanalyse an ihren Erfinder und an den kulturellen Ort ihrer Entstehung aufzulösen. Freud hängt dabei einem wissenschaftlichen
Universalitätsanspruch nach, der allerdings in Konflikt gerät mit
seiner Überzeugung, dass die Psychoanalyse eine Wissenschaft
»sui generis« sei.

Die Anbindung der Psychoanalyse an ihren Ursprungsort
Wien, die Freud mit der Expansion in die Schweiz und die USA
lösen will, und die untrennbare Verbindung mit seinem Namen
(siehe Knellessen u. Schneider, 2007) sind die Achillesfersen der
neuen Wissenschaft. Doch die Psychoanalyse stellt in ihrer Bindung an den Ort und einen engen Kreis überzeugter Psychoanalytiker wissenschaftshistorisch kein Unikum dar. Die Geburtsstunde
der modernen Experimentalwissenschaft ist von genau demselben Problem geprägt. Ich meine die Auseinandersetzung zwischen Hobbes und Boyle (siehe Shapin u. Schaffer, 2011) Mitte des
17. Jahrhundert. Thomas Hobbes vertritt in dieser Auseinandersetzung die Position, die das Experiment als Methode der Natur-
philosophie respektive -wissenschaft ablehnt – und zwar aus politischen Gründen. Einfach ausgedrückt: Hobbes als der Denker
eines Gesellschaftsvertrages, der die einzige Chance der Befrie-
dung der Gesellschaft darin sieht, dass jeder einzelne Bürger seine
Macht an einen allmächtigen Souverän abtritt, fürchtet eine Krise
der Autorität universeller Naturgesetze, wenn diese sich gleichsam
in die lokalen und zufälligen Ergebnisse einzelner Experimente
auflösten, für deren Richtigkeit und Zuverlässigkeit einzig die
Zeugenschaft vertrauenswürdiger Gentlemen bürgen sollte. Das
Experiment, heute der Königsweg wissenschaftlicher Wissensproduktion und Emblem ihrer öffentlichen Überprüfbarkeit, war

für Hobbes eine obskure Angelegenheit, vollzogen im Halbdunkel unkontrollierter *scientific communities.* Hobbes wollte das Wissen dadurch integer halten, dass er es der Sphäre politischen Streits entzog. Das Experiment stellt die Wissensproduktion hingegen mitten in den Streit über die Interpretation der Beobachtungen.

Wir wissen, wie die Hobbes-Boyle-Kontroverse ausgegangen ist: Boyle und seine Experimente mit der Luftpumpe haben gewonnen. Was im Nachhinein aussieht wie der gerechte Ausgang eines Kampfes zwischen Ideologie und Fakten, ist in Wirklichkeit ein komplizierter Prozess. Boyles Vakuumpumpe ist nahezu ein Unikat, das zudem nur unzuverlässig funktioniert. Seine Experimente sind daher nicht ohne weiteres an anderen Orten replizierbar. Die Einsicht in die Natur des Vakuums, die Widerlegung der Theorie von den Ätherwinden sind ausgesprochen lokale Angelegenheiten. Der Nachbau der Experimentalanordnung birgt vielerlei technische Probleme. Bis das Ersticken von kleinen Tieren in einem luftleer gepumpten Glaszylinder eine verbreitete Unterhaltung des physikalisch interessierten Salonpublikums sein wird, gehen noch viele Jahre ins Land.

Ein näher an unserer Zeit liegendes Beispiel ist das Louis Pasteurs. Bruno Latour (vgl. auch Latour, 1993) beschreibt die Schwierigkeiten, mit denen Pasteur zu kämpfen hatte: »1858, einige Zeit nachdem Pasteur sein Hauptinteresse auf die Gärung der Bierhefe gelenkt hat, berichtet er von der Entdeckung einer eigenen Hefe der Milchsäure. Heutzutage ist die Milchfermentierung kein Gegenstand der Diskussion mehr: Jede gewünschte Art und Menge des Ferments kann heute von Molkereien, Milchgeschäften und Käsereien auf der ganzen Welt per Katalog bestellt werden.« Doch sobald man sich »in die Bedingungen der damaligen Zeit hineinversetzt« (Latour, 2000, S. 140), tritt die Originalität von Pasteurs Bericht deutlich hervor. In der Mitte des 19. Jahrhunderts bedeutet es in den von der Chemie Liebigs geprägten wissenschaftlichen Milieus einen Rückschritt, zur Erklärung der Fermentierung einen spezifischen Mikroorganismus heranzuziehen. Gerade durch ihre Befreiung von obskuren vitalistischen Erklärungen hatte die Chemie ihren Siegeszug angetreten. Demnach ließ sich die Gärung rein chemisch erklären, »ohne das Eingreifen irgendeines Lebewesens« (Latour, 2000, S. 140 f.).

Damit Pasteur seine Entdeckung machen kann, muss er einen vermeintlichen Rückschritt in ein überkommenes Erklärungsmodell machen, einen Rückschritt, der zugleich auf zunächst beunruhigende Weise den lokalen Charakter seiner Entdeckung deutlich macht: »Ein Milchsäureferment, das 1858 in einem Nährmedium in Pasteurs Laboratorium in Lille gezüchtet wurde, ist nicht das gleiche Ding wie der Rückstand einer Alkoholgärung in Liebigs Laboratorium in München im Jahre 1852. Warum nicht das gleiche? Weil es nicht aus den gleichen Artikeln besteht, nicht den gleichen Gliedern, nicht den gleichen Akteuren, nicht den gleichen Geräten und nicht den gleichen Propositionen. Die beiden Sätze wiederholen sich nicht einfach. Sie artikulieren etwas Verschiedenes. Aber das Ding selbst, wo ist das Ding? Hier in der längeren oder kürzeren Liste der Elemente, die es ausmachen. Pasteur ist nicht Liebig. Lille ist nicht München. 1852 ist nicht 1858. In einem Nährmedium ausgesät werden ist nicht das gleiche, wie der Rückstand eines chemischen Prozesses sein, und so fort.« Diese Antwort sei nur deshalb merkwürdig, »weil wir uns ein irgendwie dort draußen an einem Endpunkt wartendes Ding vorstellen, das als Grundgestein für die Referenz dient. Wenn aber Referenz durch die gesamte Serie zirkuliert, wird jede Veränderung sogar bei einem einzigen Element der Serie eine Veränderung in der Referenz darstellen. Es ist etwas anderes, in Lille oder in München zu sein, mit oder ohne Hefe gezüchtet worden zu sein, unter dem Mikroskop oder durch eine Brille gesehen zu werden und so weiter« (Latour, 2000, S. 181 f.).

Als Louis Pasteur in der Mitte des 19. Jahrhunderts – konträr zur zeitgenössischen chemischen Theorie der Gärung – eine biologische Ursache der Milchsäuregärung »entdeckt«, hat diese Entdeckung zunächst noch erschreckend wenig Realitätsgehalt. Der Augenschein spricht eigentlich sogar gegen die Existenz dieses ominösen Stoffes, dem Pasteur die Verursachung der Gärung zuschreibt: »Unter dem Mikroskope ist er, sofern man nicht darauf vorbereitet ist, kaum zu unterscheiden von Kasein, zersetztem

Gluten usw., so daß er dem Anschein nach kein besonderer Stoff ist, noch sich während der Gärung gebildet zu haben scheint. Sein Gewicht scheint immer sehr gering zu sein, verglichen mit dem der stickstoffhaltigen Substanz, die erforderlich ist, damit das Phänomen sich ereignet. Schließlich ist er meistens so sehr vermengt mit der Masse des Kaseins und der Kreide, daß man eigentlich keinen Grund sieht, an seine Existenz zu glauben« (zit. nach Latour, 2000, S. 141). Pasteurs umso überraschenderes Fazit: »Aber gleichwohl spielt er dabei die Hauptrolle« (S. 141). Um diesen Sprung von der nahezu unsichtbaren Nicht-Substanz zur prallen Realität des Milchsäureferments zu ermöglichen, bedurfte es vielfältiger experimenteller und publizistischer Tätigkeit – bis das Agens der Milchsäuregärung als ein der längst zuvor bekannten Bierhefe ebenbürtiges Ding auf der Bühne der »Fakten« agieren konnte.

Auch Freuds »Beweise« für ein überall wirksames Unbewusstes sind schwach; denn die Beweismittel, die er anführen kann, liegen am Rande der wissenschaftlichen Aufmerksamkeit: das ungeordnete Gerede der Hysterika, Träume, Versprecher, Aberglauben, Witze … Freud erobert das Feld der Wissenschaft vom Rand her. Erkennen, so Latour, heißt, Propositionen zu artikulieren. Der Terminus »Proposition« stammt vom englischen Philosophen A. N. Whitehead. Latour verwendet ihn für das, »was ein Akteur andern Akteuren anbietet« (Latour, 2000, S. 379), zum Beispiel Pasteur dem Milchsäureferment, nämlich, sich als Akteur der Milchgärung zu artikulieren, bzw. das Milchsäureferment Pasteur: sich als Biochemiker zu artikulieren. »Je mehr Pasteur arbeitet, desto unabhängiger wird das Milchsäureferment, denn es ist jetzt um so vieles artikulierter« (Latour, 2000, S. 174); und je unabhängiger das Ferment wird, desto mehr wird Pasteur – Pasteur.

Oder, auf die Psychoanalyse angewendet: Je mehr sich das Unbewusste als Gegenstand in verschiedenen Perspektiven konturiert, desto mehr wird Freud Freud, aber desto unabhängiger werden das Unbewusste und die infantile, polymorph perverse Sexualität, der Widerstand und die Übertragung usw. zugleich von seiner Person. So wird Psychoanalyse Gemeingut, ohne dass sie von seinem Namen abgelöst werden muss.

Universalisierung und Stabilisierung des Wissens

»Science«, schreibt David N. Livingstone, »is concerned with both
ideas and institutions, with theories and practices, with principles
and performances. All of these have spatial dimensions. Consider
the laboratory as a critical site in the generation of experimental knowledge. Who manages this space? What are its boundar-
ies? Who is allowed access? How do the findings of the laboratory
specialist space find their way out into the public arena? Attend-
ing to the microgeography of the lab – and a host of other simi-
lar spaces such as the zoo, the botanical garden, or the museum –
takes us a long way toward appreciating that matters of space are
fundamentally involved at every stage in the acquisition of scientific knowledge. What is known, how knowledge is obtained, and
the ways warrant is secured are all intimately bound up with the
venues of science. The geography of science also calls attention
to the uneven distribution of scientific information. Not every-
one has had access to the deliverances of science because there are
diffusion tracks along which scientific ideas and their associated
gadgetry migrate. The means and patterns of circulation, under-
standably, have changed dramatically over the past three hundred
years or so. But the movement of science has had an impact of
immense proportions. Then again, it surely makes sense to reflect
on whether scientific cultures themselves display any discernible
political or social topography« (Livingstone, 2003, S. 12).

Verhält es sich in der Psychoanalyse anders? Die Universal-
theorie eines unbewussten, »sexuellen« Psychischen entspringt
einer lokalen Praxis und einem neuen »Experimentalsystem« (vgl.
zu diesem Begriff Rheinberger, 2006b) – einer Praxis, welche zwar
an Praktiken wie die Hypnoseexperimente Charcots anschließt,
sich ihren Einflüssen gegenüber aber stark verselbständigt hat.
Der Raum, in dem die Psychoanalyse entsteht, ist zunächst der
konkrete Raum des Behandlungszimmers Freuds, der keine Zeugen zulässt, nicht einmal die »verlässlichen Gentlemen«. Deren
Rolle übernimmt zunächst Fließ. Ihm folgen eine Vielzahl von
Briefpartnern, die Mittwochsgesellschaft, der Psychoanalytische

Verlag, die psychoanalytischen Publikationsorgane, Kongresse, die Internationale Psychoanalytische Vereinigung, die Lehranalyse etc. Auf diese Weise diffundiert die Psychoanalyse eigentlich schon von Beginn an durch die Mauern der Berggasse 19. Die Politik der Ausdehnung der Psychoanalyse läuft über Freundschaften und die Couch, über die Publikations- und Korrespondenztätigkeit einerseits (siehe Marinelli u. Mayer, 2009) und andererseits über die Ausdehnung psychoanalytischen Wissens auf andere wissenschaftliche Felder von der Literaturwissenschaft, der Soziologie, der Film-, Medien- und Kunstwissenschaft über die Ethnologie, die Pädagogik, die Neurowissenschaft bis hin zu Theorien der Urbanität. Die Psychoanalyse ist sowohl tief in die Kultur als auch in die Wissenschaften der Kultur eingesickert. Das Material, mit dem die Psychoanalyse sich beschäftigt, muss verbreitet und (gegenüber der im engeren Sinne klinischen Praxis) auch verbreitert werden. Dazu dienen nicht zuletzt Fallgeschichten und sogar die Einrichtung eines »Büros für Träume« (siehe Marinelli u. Mayer, 2009). Dabei geschieht etwas, das die Eigenart der Psychoanalyse als eine Wissenschaft des Singulären konterkariert: Das »Typische« von Träumen wie die Uniformität mancher Symbole und Symptome wird innerhalb eines Modells der menschlichen Phylogenese erklärt – die menschliche Psyche spricht eine Universalsprache, welche das Sprechen über diese Phänomene in allen Dialekten der menschlichen Sprache überhaupt ermöglicht.

Nicht nur im Prozess der Übertragung der Psychoanalyse in andere Disziplinen, auch in der Veränderung des klinischen Experimentalsystems (seien es Ferenczis »mutuelle Analyse«, Sechehayes Therapie der Psychosen, Melanie Kleins Spieltherapie, seien es psychoanalytische Kurztherapie und Gruppentherapie usw.) gewinnen die epistemischen Dinge (Rheinberger, 2006a) der Psychoanalyse immer wieder neue Konturen, formieren sie sich um, stabilisieren sich dabei aber – ungeachtet aller Differenzen in der jeweiligen Präparierung dieser Gegenstände – zugleich als Gegenstände der Psychoanalyse.

Wissen und Wahrheit

Descartes braucht den Gottesbeweis, um einen archimedischen
Punkt zu konstruieren, von dem her sich aus den klaren und dis-
tinkten Wahrnehmungen des Subjekts wahre Erkenntnisse konstruieren lassen. In der Psychoanalyse steht in der Position des
guten und nicht betrügerischen Gottes das ödipale (männliche)
Subjekt, das seinen Ödipuskomplex überwunden hat und somit
frei ist von Wünschen, welche die Wahrheit entstellen (vgl. auch
Schneider, 2011). Diese psychoanalytische Kryptotheologie, welche ab Mitte der 1920er Jahre den Ödipuskomplex von einer Konstellation inzestuöser infantiler Objektwahl in ein anthropolo-
gisch-epistemologisches Postulat verwandelt, verdankt sich einer
Verwechslung von Wahrheit mit Wissen. Wahrheit wird nicht
dabei schlicht verstanden als der logische Wahrheits-Wert einer
Präposition, sondern als ideale Perspektive aller möglichen Prä-
positionen, in die sich das Wissen einzufügen hätte. Damit aber
wird der Produktion von Wissen eine metaphysische Last auf-
gebürdet, die sie nicht tragen kann. In seiner Konstruktion eines
idealen Ödipus erliegt Freud selbst der metaphysisch-systemati-
schen Versuchung, der leichtfertig nachgegeben zu haben er den
»Systembauern« Adler und Jung vorwirft. In einem Brief vom
13.7.1917 an Lou Andreas-Salomé antwortet Freud auf deren aus-
führlichen Versuch, seine Neurosenlehre »im Lichte« seines Nar-
zissmusbegriffs zusammenzufassen und mit dessen Hilfe die Differenz zwischen Psychose und Neurose herauszuarbeiten: Er habe
den Eindruck, der Begriff der narzisstischen Libido habe verhindert, dass »auch Sie mir enteilt [wären] zu den Systembauern, zu
Jung oder eher zu Adler. An der Ichlibido haben Sie aber bemerkt,
wie ich arbeite. Schritt vor Schritt, ohne inneres Bedürfnis nach
Abschluss, immer unter dem Drucke eines gerade vorliegenden
Problems« (Freud u. Andreas-Salomé, 1966, S. 68).

    Wir hören hier den anderen, den antisystematischen Freud, den
Skeptiker am System. Insofern es System ist, kann es kein Wissen
produzieren, sondern nur sich selbst in immer neuen Metastasen
reproduzieren. Im Wissen erfüllt sich der Wunsch nach Erkennt-

nis; in der Skepsis findet jener Rest des Wunsches seine Anerkennung, der sich der vollständigen Erfüllung, der Wahrheit, entzieht.

Literatur

Descartes, R. (1685/2008). Meditationes de prima philosophia. Lateinisch-Deutsch. Hamburg: F. Meiner.

Fleck, L., Schäfer, L, Schnelle, Th. (1935/2010). Entstehung und Entwicklung einer wissenschaftlichen Tatsache. Einführung in die Lehre vom Denkstil und Denkkollektiv (Nachdruck der 1. Aufl.). Frankfurt a. M.: Suhrkamp.

Freud, S. (1900a). Die Traumdeutung. G. W. Bd. II/III. Frankfurt a. M.: Fischer.

Freud, S. (1905c). Der Witz und seine Beziehung zum Unbewußten. G. W. Bd. VII. Frankfurt a. M.: Fischer.

Freud, S. (1915e). Das Unbewußte. G. W. Bd. X (S. 263–303). Frankfurt a. M.: Fischer.

Freud, S. (1916–1917a). Vorlesungen zur Einführung in die Psychoanalyse. G. W. Bd. XI. Frankfurt a. M.: Fischer.

Freud, S., Andreas-Salomé, L. (1966). Briefwechsel. Hrsg. v. E. Pfeifer. Frankfurt a. M.: Fischer.

Knellessen, O., Schneider, P. (2007). Freudlose Psychoanalyse. Über die Funktion der Autorschaft für die psychoanalytische Erkenntnis. Wien: Turia + Kant.

Kuhn, Th. S. (1962/2009). The structure of scientific revolutions. Dt.: Die Struktur wissenschaftlicher Revolutionen. 3. ed., [Nachdr.]. Chicago: Univ. of Chicago Press.

Latour, B. (1993). The pasteurization of France. Cambridge, Mass.: Harvard Univ. Press.

Latour, B. (2000). Die Hoffnung der Pandora. Untersuchungen zur Wirklichkeit der Wissenschaft. Frankfurt a. M.: Suhrkamp.

Leibniz, G. W. (1704/1996). Neue Abhandlungen über den menschlichen Verstand. Hamburg: Meiner.

Livingstone, D. N. (2003). Putting science in its place. Geographies of scientific knowledge. Chicago: University of Chicago Press.

Marinelli, L., Mayer, A. (2009). Träume nach Freud. Die »Traumdeutung« und die Geschichte der psychoanalytischen Bewegung (2., durchges. Aufl.). Wien: Turia + Kant.

Rheinberger, H.-J. (2006a). Epistemologie des Konkreten. Studien zur Geschichte der modernen Biologie. Frankfurt a. M.: Suhrkamp.

Rheinberger, H.-J. (2006b). Experimentalsysteme und epistemische Dinge.

Eine Geschichte der Proteinsynthese im Reagenzglas. Frankfurt a. M.: Suhrkamp.

Schneider, P. (1996). Die Löcher des Wissens oder die Frage der Laienanalyse als epistemologisches Problem. Luzifer-Amor. Zeitschrift zur Geschichte der Psychoanalyse, 18, 101–113.

Schneider, P. (2011). Freud, der Vergleich und das ganz andere Geschlecht. In A. Mauz, H. von Sass (Hrsg.), Hermeneutik des Vergleichs. Strukturen, Anwendungen und Grenzen komparativer Verfahren (S. 267–273). Würzburg: Königshausen & Neumann.

Shapin, S., Schaffer, S. (2011). Leviathan and the air-pump. Hobbes, Boyle, and the experimental life. Princeton: Princeton University Press.

Andreas Hamburger

»Arbeit in der Tiefe«

Vorüberlegungen zu einer skeptischen Kulturanalyse

Der Begriff der Skepsis liegt nahe am Kern der psychoanalytischen Methode: der Dekonstruktion, die zweifelnd scheinbar Gewisses aufbricht, um sich der darin verborgenen Frage zu stellen. Psychoanalyse war seit ihren Anfängen Arbeit an und in der Selbstaufklärung. Wenn sie an etwas glaubt, dann daran, dass Erkenntnis ein unabschließbarer, auf hinterfragbaren Annahmen beruhender Prozess ist. Wie jeder Glaube, so ist auch dieser weder letztlich begründbar noch ohne Einschränkung praktizierbar. Der Letztbegründung kann er entraten; schon weil »Glaube« hier nicht metaphysisch, sondern als hypothetische Arbeitsgrundlage gemeint ist. Das Recht zu zweifeln muss, solange es selbst keine dogmatische Aussage macht, nicht bewiesen werden (Hossenfelder, 1974, S. 1362). Der Erosion in der Praxis aber entgeht er nicht. Auch Psychoanalytiker tendieren zur Aufstellung von Glaubenssätzen, zur Hypostasierung ihrer Arbeitsbegriffe in Form von Festschreibungen metapsychologischer Konzepte, diagnostischer Kategorien und therapeutischer Routinen. Dies gilt nicht nur für die heilkundliche Anwendung, sondern gerade auch für das Verstehen kultureller Artefakte außerhalb des klinischen Settings, aus dem sie ihre eigentliche Evidenz bezieht. Ähnlich der klinischen Psychoanalyse muss auch Kulturanalyse die schwierige Balance halten zwischen dem Vertrauten und dem Unerhörten. Sie tastet sich in eine Zone, in der Verstehen jedes einzelne Mal bedeutet, den eigenen Verstand zu modifizieren.[1] Erliegt sie der Versuchung zum

---

1 Dieser Standpunktwechsel im Vorgang des Verstehens wird gerne etymologisch

Shortcut, so läuft sie Gefahr, entweder belanglos zu bleiben, also ihren Gegenstand zu verfehlen, oder ihn zu verkennen. Das Zünglein an der Waage, das ihr hilft, die Balance zu halten, kann mit Gewinn als Skepsis bezeichnet werden.

Freud und die Skepsis

Was an Freuds Werk nachhaltig beeindruckt, ist seine aporetische Schichtung. Freud pflegte regelmäßig seine eigene Theorie auf den Kopf – gelegentlich auch auf die Füße – zu stellen, nicht etwa aus Nachlässigkeit, sondern aus einer inhärenten Bewegung seines Denkens. »Man muß […] bereit bleiben, einen Weg wieder zu verlassen, den man eine Weile verfolgt hat, wenn er zu nichts Gutem zu führen scheint« (Freud, 1920g, S. 69). Von Beginn an (Freud u. Breuer, 1895d), sogar schon im Inneren eines einzigen Textes, des »Entwurfs einer Psychologie« (Freud, 1950c) wird deutlich, wie Freud immer wieder mit hohem modellgenerierenden Anspruch an sein Thema herangeht und den Anspruch dann selbst zuschanden argumentiert. Diese dialektische Bewegung hat er zeitlebens beibehalten. Will man Freuds Werk verstehen, muss man es diachron lesen und diese Denkbewegung rekonstruieren (Näheres zu diesem Grundsatz der diachronen Lektüre vgl. Hamburger, 2005 sowie 1987, S. 50; 1995, S. 34 ff.).

Freuds Schreibstil bezeichnet den Kern seiner Theoriebewegung. Denn genau so, wie Freud hier mit sich selbst um Erkenntnis ringt, entschlossen, eine hinter eigenen Illusionen verborgene schmerzliche Tatsache durch deren Analyse ans Licht der Vernunft zu bringen, so verläuft auch der psychoanalytische Prozess.

---

aus der Kombination das Verbs »stehen« mit der Vorsilbe »ver-« begründet (Heidegger, 1989, S. 69, zit. nach Kern, 1975). Das ist anschaulich, aber irrig. Die Vorsilbe ist abgeleitet von ahd. »far-« (und landschaftlich abweichenden ähnlichen Lautungen), so dass sich für »verstehen« die Bedeutung ergibt: »rings um einen gegenstand stehen, ihn umstehen, in der gewalt haben, beherrschen« (Grimm, 1854 ff./1984, Bd. 25, Sp. 1666 f.).

Freuds Psychoanalyse in Anläufen

Die Freud'sche Psychoanalyse kann im Wesentlichen in drei
Dimensionen beschrieben werden: Unbewusstes, Entwicklung
und Übertragung.

Freuds Theorie des Unbewussten entwickelte sich von einem
neuronalen Ablaufschema, einem Reflexapparat, über ein Spei-
cherkonzept weiter zur Instanzenlehre, in der das Unbewusste als ein virtuelles Subjekt aufscheint. Über Freud hinaus wird
heute das Unbewusste als ein in Interaktionsszenen strukturiertes
Affektgedächtnis gesehen (Hamburger, 1998a).

Sein zweites großes Thema, den Entwicklungsgedanken, hat
Freud nicht erfunden, er fand ihn vor. Der Antike und dem christlichen Mittelalter war der Gedanke einer Entwicklung vom Kind
zum Erwachsenen noch fremd gewesen, ja der Begriff Kindheit
selbst scheint erst im 17. Jahrhundert von Comenius formuliert
worden zu sein. Vorher waren Kinder lediglich kleine Erwachsene.
Erst das 19. Jahrhundert konnte Rousseaus Entwicklungsgedanken aufgreifen, beflügelt zudem durch Darwins Evolutionstheorie.
Freuds entscheidender Gedanke steckt bereits im »Entwurf« von
1895 – und es ist eigentlich kein »Entwicklungs«-Gedanke; denn
Freud leitet die Entstehung des Ich aus dem Zusammenprall und
dem Zusammenspiel mit der Welt ab. Tatsächlich wird schon im
»Entwurf« ein neuronales Zentrum, ein Zellverband namens »Ich«
postuliert, in dem Erinnerungen an Befriedigungs- und Unluster-
eignisse niedergelegt sind. Durch die Aufbewahrung dieser Spuren
werden Befriedigung verheißende Aktionen facilitiert und unlust-
verheißende inhibiert. Noch in derselben Schrift treibt Freud seine
Argumentation weiter von Paradox zu Paradox, bis er schließlich zu der Einsicht gelangt, dass ein einfaches S-O-R-Modell
nicht funktionieren kann ohne die Sprache. In sein quantitatives
Modell muss Freud schließlich ein interaktives Moment einführen,
ein »hilfreiches Individuum« (Freud, 1950c, S. 365), welches das
Schreien des Kindes als Mitteilung versteht – eigentlich missver-
steht – und dadurch erst im Inneren von dessen seelischem Apparat die Installierung eines »Sprachzeichens« ermöglicht (vgl. Ham-

burger, 1995, S. 42 ff.). Ausgehend von der neuronalen Mechanik
ist Freud unversehens bei der Gesellschaft gelandet.

Freuds – ursprünglich evolutionsbiologisch motivierte – Entdeckung der infantilen Sexualität und des Ödipuskomplexes markierte den Übergang zu einem neuen Menschenbild. Sie erlaubte
es, Entwicklung nicht auf der kulturistischen Werteskala abzubil-
den, sondern als Konflikt (vgl. auch Gast, 1992). Die Säuglings-
und Kinderbeobachtung hat viele grundlegende Annahmen der
Psychoanalyse erschüttert (vgl. Dornes, 1993, 2008; Mertens, 1996,
1997; Stern, 1985, 1995; Bohleber, 2011). Der Triebbegriff musste
einem Selbstregulationsmodell weichen. Die aus einer Ästhetik
des Widerspruchs abgeleitete psychoanalytische Entwicklungstheorie wurde ersetzt durch ein funktionalistisches Forschungs-
paradigma. Aus dem von der Welt überwältigten rekonstruierten
Baby der älteren Psychoanalyse wurde ein aktiver und neugieriger,
anpassungsbereiter und »kompetenter« Säugling.

Das dritte wichtige Theorem der Freud'schen Psychoanalyse
ist die Übertragung und die auf ihr errichtete Beziehungstheorie.
Auch hier war die Behandlungswirklichkeit der Theoriebildung
weit voraus, nämlich als eine »gefügige Patientin«, »bei der die
Hypnose die merkwürdigsten Kunststücke ermöglicht hatte«, 1892
Freud beim Erwachen umarmte, und er verstand, dass dies »nicht
auf die Rechnung meiner persönlichen Unwiderstehlichkeit zu
setzen« sei, sondern vielmehr das »mystische Element [...] hinter
der Hypnose« aufzeigte (Freud, 1925d, S. 52). Jahre später erst war
das »mystische Element« begrifflich durchdrungen und wurde
damit handhabbar, ohne dass man es »ausschalten oder isolie-
ren« musste. Übertragungen wurden zum »größten Hilfsmittel«
der Analyse, denn er sah in ihnen nun »Neuauflagen, Nachbildun-
gen von den Regungen und Phantasien, die während des Vordrin-
gens der Analyse erweckt und bewusst gemacht werden sollen,
mit einer für die Gattung charakteristischen Ersetzung einer früheren Person durch die Person des Arztes« (Freud, 1905e, S. 179).
Das war die Geburt der Psychoanalyse als Methode.

Jedenfalls ihrer ersten Hälfte. Die zweite, nämlich dass die
Übertragung auch auf Seiten des Analytikers vorkommt, wurde in

der Psychoanalyse seit 1910 bemerkt (Freud in Nunberg u. Federn, 1977, S. 407), aber noch als Geheimsache behandelt. Erst Helene Deutsch empfahl dem Analytiker, seine Gefühle bewusst zuzulassen, um nicht »die freie Beweglichkeit der Übertragungswelle« zu stören (Deutsch, 1926, S. 423 f.). Mittlerweile ist in der Psychoanalyse die Indikatorfunktion der Gegenübertragung anerkannt. Die Gegenübertragungsdebatte lieferte den Anstoß zur Entwicklung einer psychoanalytischen Beziehungstheorie, die die Verzahnung von unbewussten Beziehungsphantasien in der Realbeziehung beschreibt (vgl. Kunzke, 2011). Die wesentlich auf Interaktion angelegte Entwicklungstheorie der Psychoanalyse findet erst in diesen Modellen, die Wunsch und Abwehr nicht als rein innerpsychische Vorgänge, sondern als Interaktionen betrachtet, ihre Entsprechung.

Die systemische Wende schlägt sich auch in der Epistemologie und der Technik der Psychoanalyse nieder. Sie rückt den Analytiker aus der Position des externen Deuters in die Teilhabe an der analytischen Dyade, in der die Reinszenierung der verschütteten historischen Wunde unbewusst erfolgt, als unbegriffene und zunächst nicht benennbare Interaktionsform. Der Analytiker wird zunächst einmal in diese Inszenierung verwickelt. Als biologisch verwandtes, begehrendes Wesen unter verwandten Sozialisationsbedingungen aufgewachsen, wird er die fragmentarischen Angebote des Patienten durch eigene Erfahrung füllen und szenisch beantworten; welche dieser szenischen Reaktionen dann vom Patienten aufgegriffen und in den Fortgang der Szene verwoben wird, wird durch dessen eigene erlernte Interaktionsschemata bestimmt. Erst die Reflexion dieser fortgeführten Interaktion führt dann sekundär zur Benennung (Lorenzer, 1970b).

Psychoanalyse rekonstruiert in der Koproduktion von Analysand und Analytiker szenische Entwürfe, die unter der Bedingung entstehen, dass sie das erlebte »Material« in neue, überraschende und zukunftsweisende Konstellationen einfügen. Neue Aktualität gewinnt diese These auf dem Hintergrund der sozialpsychologischen Diskussion um das Narrativ (vgl. Hamburger, 1998a). In diesem Zusammenhang wird Psychoanalyse wieder aktuell als

Paradigma für ein neues Wissenschaftsverständnis: Wissenschaft
erzählt Geschichten, sie verknüpft Erfahrungen zu Berichten, die
plausibel sind und interessieren. Die Psyche sei selbst als narra-
tives Prozessgeschehen zu beschreiben, als permanenter innerer
Erzählvorgang. Das »Ich« ist Erzähler, das »Selbst« Protagonist
eines im bewussten und unbewussten Phantasiestrom stets neu
formulierten Narrativs (Crites, 1986). Auch Donald Meltzer (Meltzer u. Harris Williams, 1988) sieht aufgrund psychoanalytisch-kli-
nischer und metapsychologischer Überlegungen das Unbewusste
als einen im Kern ästhetischen Prozess. Ähnlich wie Winnicott
(1971) im »intermediären Raum« zwischen Mutter und Kind poe-
tische Prozesse ansiedelt, in denen das Kind sich sein Objekt
»erfindet«, sieht Meltzer in den kreativen Phantasien des Kindes
über den Innenraum des mütterlichen Objekts den Ursprung des
Seelenlebens. An diesen ästhetischen Konstitutionsprozess des
Seelischen knüpft der psychoanalytische Prozess mit seiner spezifischen Erkenntnismethode an.

Die skeptische Tradition …[2]

Kann man das psychoanalytische Erkenntnisverfahren unter den
philosophischen Begriff der Skepsis fassen? Zunächst nicht. Skeptiker – im emphatischen Sinne – hegen einen sehr viel grundle-
genderen Zweifel an der Möglichkeit von Erkenntnis als der dem
aufklärerischen Ideal der schrittweisen Wissensvermehrung ver-
pflichtete Freud. Freuds transitorische Aporetik gemahnt eher an
Sokrates, dem die Einsicht in das eigene Nichtwissen Ansporn und
Regulativ eines fortschreitenden Klärungsprozesses bedeutete, als
an den meist als Begründer der skeptischen Philosophie genannten Pyrrhon von Elis (360–270 v.Chr.), der den Anspruch, irgendeine Erkenntnis könnte gesichert werden, bis in die Lebenspraxis
hinein verweigerte. Von ihm wird gerne die Geschichte erzählt, er
habe auf einer Schiffsreise, als die anderen in Panik gerieten, ein

---

2 Hinweise zu diesem Abschnitt verdanke ich Rudolf Ruzicka, Basel.

Schwein als Vorbild gepriesen, das mitten im Sturm ruhig wei-
terfraß. Pyrrhons ausgedehnte Reisen im Gefolge Alexanders des
Großen brachten ihn, dem Bericht des Diogenes Laertius zufolge,
bis nach Indien. Von dort mag er die Haltung mitgebracht haben,
nach der alles Seiende nur ein unerkennbares Trugbild ist (vgl.
Albrecht, 1995, Sp. 943). Spätestens mit Agrippa (1. Jh. n. Chr.) und
Sextus Empiricus (2. Jh. n. Chr.) ist die antike Skepsis zum philosophischen Skeptizimus geworden, zur kategorischen Absage
an jede gesicherte Erkenntnis. Wenn Freuds weit weniger radikale Haltung zu den skeptischen Positionen zu zählen ist, so nur
hinsichtlich ihres tiefen Misstrauens gegenüber dem Dogmatismus einer selbstgewissen Vernunft, also etwa im Sinne der älteren Skepsis.

Im christlichen Mittelalter hatte die skeptische Tradition einen
schweren Stand. Im Gegensatz zur Antike galt der sich konsoli-
dierenden Zentralreligion Zweifel als Häresie. »Die Furcht vor
dem Dammbruch, der Übertragung der rationalen Argumente
auf die Theologie, ist bei den Autoren der Renaissance stets zu
spüren« (Kanitscheider, 2000). Descartes (1637) benennt die Skepsis als eine der vier Grundlagen seiner Methodik – ohne freilich
den Glauben anzutasten: Die Skepsis verkehrt er zum »methodischen Zweifel«, aus dem schließlich der Existenzbeweis entspringt
(Descartes, 1644). David Hume (1779) verlagert den Schwerpunkt
der Philosophie von der Metaphysik, die er – insoweit klassischer
Skeptiker – insgesamt verwirft, zum Erfahrungswissen, dessen
einzige Quellen auf Eindrücke und Reflexion beschränkt werden.
Seine darauf beruhende Kritik am Begriff der Kausalität führt zur
skeptischen Konsequenz, wonach das Alltagswissen zwar für den
Alltagsgebrauch ausreicht, aber nicht für eine allgemeingültige
und objektive Wissenschaft.

Etwa an dieser Stelle ereignet sich eine bedeutsame Gabelung,
die zu beachten ist, weil der Begriff der Skepsis im späten 20. Jahrhundert eine Renaissance erlebt. Stand er bis dahin im Gegensatz zum Dogma, so muss er sich diesen Platz nun mit einem
geschichtsmächtigen Rivalen teilen: dem von Kant neu belebten
Begriff der Kritik. Wie Kant in den »Prolegomena« anschaulich

berichtet, gab erst David Humes Ablehnung der Metaphysik ihm den Anstoß zu seiner kritischen Philosophie: »Ich gestehe frei: Die Erinnerung des David Hume war eben dasjenige, was mir vor vielen Jahren zuerst den dogmatischen Schlummer unterbrach und meinen Untersuchungen im Feld der speculativen Philosophie eine ganz andere Richtung gab« (Kant, 1783, S. 260).

Die Richtung, die Kant ihr gegeben hat, gründet auf dem Nachweis von apriorischen Bedingungen der Erfahrung. Damit zeigt er, dass Metaphysik möglich ist, aber nur als transzendentale Theorie der Erfahrung, nicht als eine über die Erfahrung hinausgehende Wissenschaft. Die apriorischen Formen der Anschauung und reinen Begriffe ermöglichen objektive und allgemeine Erfahrungserkenntnis. Humes Angriff auf die Metaphysik anerkennt er weniger wegen des Ertrags denn als Bewegung: Hume »brachte kein Licht in diese Art von Erkenntniß, aber er schlug doch einen Funken, bei welchem man wohl ein Licht hätte anzünden können, wenn er einen empfänglichen Zunder getroffen hätte, dessen Glimmen sorgfältig wäre unterhalten und vergrößert worden« (Kant, 1783/1968, S. 257).

Kant und Hume verbanden der Zweifel an metaphysischen Glaubenssätzen und die grundsätzliche Befürwortung von Erfahrungswissenschaft. Kant freilich versuchte die Möglichkeit bestimmter erfahrungsunabhängiger Aussagen aufrechtzuerhalten, während Hume sie vollständig verwarf.

Aufbauend auf Kants transzendentalphilosophischer Volte, am Funken des Zweifels also das Licht der Erkenntnis anzuzünden, entfaltete sich die Transzendentalphilosophie zu den Systemen des Deutschen Idealismus und seiner Nachfolger: Von Hegel über Marx bis Adorno und Horkheimer versprach das Aufdecken inhärenter Widersprüche, gewissermaßen die nächste Schicht eines wachsenden Bewusstseins freizulegen und damit auch zivilisatorischen Fortschritt zu ermöglichen. Der Anspruch blieb emphatisch und stand somit im Gegensatz zur antiken Skepsis und ihrem Ziel der Ataraxie, das lebenspraktisch auf ein »Weitermachen wie bisher« hinausläuft (Hossenfelder, 1974, S. 1367). In ihrer letzten Konfiguration, dem Spätwerk der Frankfurter Schule, hat die Kritik freilich den kritischen Optimismus selbst erfasst und mündet in einen kulturpessimistischen Gestus. Psychoanalyse im Nachkriegsdeutschland ist – erkennbar zum Beispiel an der Geschichte des Sigmund-Freud-Instituts in Frankfurt am Main – von dieser Traditionslinie geprägt.

Auf der anderen Seite der Gabelung – und des Ärmelkanals – entfaltete sich im Anschluss an Hume die Skepsis gegenüber der philosophischen Emphase, ohne – wie Kant – auf eine neue, transzendentale Metaphysik durchzugreifen. Man begnügte sich mit der pragmatischen Grundlegung einer neuzeitlichen empirischen Methodologie. Der Zweifel führt nicht zum Licht eines transzendentalen Idealismus, sondern zum Arbeitsauftrag der Forschung. Diese Beschränkung war dem Brücke-Schüler Freud zutiefst vertraut. Freuds Skepsis ist mehr von der angelsächsischen Tradition beeinflusst als vom deutschen Idealismus; Darwin war mehr als Hegel sein geistiges Vorbild. Freuds Übersetzung von John Stuart Mills Essays war zwar eine Lohnarbeit, doch durchaus einflussreich für seine eigene Theoriebildung (vgl. Molnar, 2002). Freud verbindet die Skepsis mit der Hoffnung auf fortschreitende Erkenntnis, er sieht sie als Movens des Forschungsprozesses. Die Freud'sche Psychoanalyse ist einem akkumulativen Forschungsideal verpflichtet. Dennoch sieht sie sich nicht nur als Anwendungsfall von Rationalität, sondern auch als deren Kritik. Als psychische Funktion wird die Vernunft selbst Gegenstand der Analyse, die ihre Abhängigkeit vom Begehren erweist. Ohne einen idealistischen Lösungsweg zu beschreiten, verweigert die Psychoanalyse der Ratio doch die absolute Anerkennung. Dieser skeptische Gestus kann nur als utopisches Moment begriffen werden; die Utopie der fortschreitenden Selbstvergewisserung im analytischen Prozess.

Die Weiterentwicklung der pragmatischen angelsächsischen Philosophie (vgl. Gabriel, 2008, Kap. II) zum Szientismus (vgl. Spahn, 2011) freilich zeigt wenig Resonanz auf das Moment der Utopie, das in Freuds Skepsis noch vernehmlich mitschwingt (und das in den medizinalisierten Weiterentwicklungen der Psychoanalyse weitgehend verstummt). Philosophie, vormals die *ancilla theologiae*, von der Aufklärung aus der Abhängigkeit geführt, schien nach kurzer Selbständigkeit das nächste Dienstverhältnis gefunden zu haben, diesmal als Magd der Naturwissenschaft. In der pragmatischen englischen Aufklärung war die Skepsis gegen vermeintlich erfahrungsunabhängige, dogmatische Begriffe gut angekommen; die Skepsis gegen die naive Annahme, eine hinreichende Erkenntnis über die Welt sei mit physikalisch-empirischen Methoden zu gewinnen, blieb jedoch auf der Strecke.

Dass die Skepsis seit dem 19. Jahrhundert zugleich gegen die Metaphysik gewonnen und dennoch an Schärfe verloren hat, dürfte eine Begleiterscheinung der Moderne sein. Wirksam war Nietzsches Diktum, es sei »endlich an der Zeit, die Kantische Frage ›Wie sind synthetische Urtheile a priori möglich?‹ durch eine andre Frage zu ersetzen, ›Warum ist der Glaube an solche Urtheile nöthig?‹« (Nietzsche, 1873/1980, S. 576). Das Letztbegründungsgeschäft wird im Zeitalter der beginnenden industriellen Produktion pragmatisch auf seine Rendite geprüft, auf seine Handelbarkeit in einer endlichen Menschenwelt. Die Frage nach einer Außenwelt, nach einem Ding an sich, wird als Setzung einer Sprachgemeinschaft, als Sprachspiel betrachtet, ebenso wie der Zweifel daran (Wittgenstein, 1953/1984, § 84; 1970/1984, § 105, 141 f.). Und wie sein Zeitgenosse Sigmund Freud verweist auch Wittgenstein auf die Tatsache, dass wir in diese Sprachgemeinschaft blind hineinwachsen (Wittgenstein, 1970/1984, § 143 f.). Für Richard Rorty (1989; vgl. Gabriel, 2008, Kap. II.2) ist im Anschluss an Wittgenstein das Erzählen das Medium, in dem sich die Entwicklung und Weitergabe dieser sprachförmigen Weltsetzung vollzieht; auch dies ein Rahmen, an den eine moderne Entwicklungspsychoanalyse des Narrativs anschließen kann (vgl. Hamburger, 1998a), ebenso wie die selbstvergewissernde Skepsis des psychoanalytischen Prozesses.

Die Spätfolge der Verabschiedung des emphatischen Gegenstandsbezugs und seiner Ersetzung durch das Sprachspiel lässt sich in der Selbstreferenzialität der Postmoderne besichtigen. Sie nimmt Wittgenstein beim Wort, erlaubt sich ein Spiel mit der schönen Sprache wie weiland die Sophisten. Der Satz vom ausgeschlossenen Dritten, der seit der Antike die Erkenntnistheorie in Atem gehalten hat, kommt aus der Mode. Was in der medialen Gesellschaft Gefallen findet, ist wahr genug; wen kümmert's, wenn zwei hübsche Wahrheiten gegeneinander stehen. Die Menschen sind nicht mehr gewärtig, dass da draußen eine unbekannte Welt sie umgibt, wie in der Antike, als sie noch mit Segelschiffen er-fahren werden musste, oder in der Moderne, als sie mit Instrumenten durchforscht wurde, die zunächst nur noch weitere Tiefen des Mikro- und Makrokosmos eröffneten. Der Globus ist kartiert, die Kulturen sind erfasst und weitgehend eingemeindet, die Mikroteilchen und die Makrowelten sind so abstrakt, dass sie zwar Unterhaltungswert für Wissenschaftssendungen generieren, aber kein quälendes Erkenntnisproblem. Die Utopie scheint buchbar.

… und die Psychoanalyse

Das Interessante an der zweieinhalb Jahrtausende umfassenden Geschichte der Skepsis ist, dass der Zweifel stets überlebt, während die Versuche, ihn zu entkräften, kommen und gehen. Für unsere sehr bescheidene Fragestellung, nämlich ob die Psychoanalyse auf einer klassisch-skeptischen Position begründet werden kann, gibt das einen Hinweis.

Natürlich kann, jedenfalls seit dem Beginn der wissenschaftlichen Arbeitsteilung, eine Einzelwissenschaft nicht unmittelbar auf die Konsequenz einer philosophischen Position verpflichtet werden. Sie arbeitet im seichten Uferwasser des reißenden Stroms der philosophischen Debatte, wo die Strömung ruhig genug ist, um sich mit den eigenen Aufgaben halbwegs konstant zu beschäftigen, in der Nische eines erkenntnistheoretischen Paradigmas, welches das wissenschaftliche Alltagsgeschäft (scheinbar) garantiert. Dem Fachwissenschaftler schwindelt, wenn er versehentlich hinausgerät in die Mitte des Flusses (Umgekehrt kann man auch sagen: Die Philosophen nisten in diesen Ufergewässern, während im Mainstream die Erkenntnis voranschreitet. Ihre Problemstellungen entwickeln sie an Momentaufnahmen der Wissensentwicklung, dem »Faktum«. Erstaunt blicken sie dann und wann aus ihren prinzipiellen Debatten auf und sehen, dass die Wissenschaft schon viel weiter ist, ohne auf ihre Fundierung gewartet zu haben. Sie sagen dann, die Eule der Minerva fliege in der Dämmerung.)

Eine Nähe zur psychoanalytischen Methode ergibt sich, wenn Skepsis das »rustikale«, naive, stets wieder auferstehende Misstrauen gegenüber scheinbar gesicherte Aussagen bezeichnet, nicht aber, wenn aus dem Zweifel eine neue Metaphysik destilliert wird, und sei es die negative des Szientismus. Denn die psychoanalytische Methode kennt keinen highway to heaven (auch keine via regia mehr, seit sie ihre Beziehungsdimension entdeckt und kultiviert hat). Ein Weltbild lässt sich auf ihr nicht errichten. So sehr manch esoterisch Gesinnter die Psychoanalyse als Zuflucht vor der Kälte der Wissenschaft aufsuchen mag, so wenig wird er dort fündig werden. Wer in der Tiefe keine Arbeit, sondern Erleuchtung erwartet, hat schon die Reißleine zur »bequemen Auffahrt« gezogen. Statt des in vielen Arbeitsgängen zu schürfenden Goldes der Analyse findet er bloß das Katzengold der Projektion. Die kleinteilige Empirie der Psychoanalyse besteht auf und aus dem selbstanalytischen Kenntlichmachen solcher selbstversteckten Ostereier. In dieser ideologiekritischen Selbstreflexion bewahrt sie sich den Abscheu der alten Skepsis gegenüber dem Dogma (auch dem selbst erlassenen).

Andererseits zieht sie auch nicht den bequemen Schluss des Szientismus, jede über die empirische Oberfläche hinausgehende Frage als sinnlos auszusortieren. Es wäre auch traurig, wenn zweitausendfünfhundert Jahre Skepsis gerade zu einem Misstrauensvotum gegen Gott ausgereicht hätten, nur um sogleich einer anderen unbegründeten und unbegründbaren Vorannahme, nämlich dass die Welt so sei, wie die Physik sie sieht, das Vertrauen auszusprechen. Die Psychoanalyse verfällt dieser Positionsumkehr nicht, oder jedenfalls nicht völlig. Sie bewahrt etwas von dem Gestus der idealistischen und postidealistischen Kritik: den Anspruch, dass die schrittweise Erkenntnis der Welt – hier: des subjektiven dynamischen Unbewussten, der inneren Außenwelt – Sinn ergeben, zur Welt etwas beitragen könne. Dass dies nicht im Großen gelten kann, ohne neue Ideologien zu verfassen, hat die mühsame Geschichte der philosophischen Kritik gezeigt. Dass es ebenso

wenig im Kleinen aufgegeben werden kann, ohne das Leben sinnlos zu machen, zeigt die Erfahrung jedes einzelnen lebendigen
Menschen. Die Chance der Psychoanalyse ist ihre Beschränkung
aufs Einzelne, auf die analytische Situation. »Das Ganze ist das
Unwahre«, schreibt Theodor W. Adorno (1951, Aphorismus 29).
Psychoanalyse kann kein »Unbewusstes« als gewissen Ort aufrich-
ten – jenseits der mit dem jeweiligen Erkundungsgang erfahrba-
ren, konkret ins Unbewusste gedrückten Figuren des Einzelnen.

Die Vermittlung solcher im Besonderen erhobenen Deutungs-
figuren in einen übergreifenden Diskurs kann, analog der Auffassung von Richard Rorty (1989), nur erzählend erfolgen; eine
Auffassung, die zusammenfällt mit der Aufwertung der Erzählung
als soziales Datum im »Narrative Turn«. Die Psychoanalyse war
die erste Humanwissenschaft, die die Dekonstruktion des Dialogs entdeckte (Racker, 1953) und auch kulturwissenschaftlich
fruchtbar machte (Devereux, 1967). Geht es also der Psychoanalyse nur um »narrative Wahrheit«, ist sie eine Art Literaturkritik,
am Ende selbst Literatur? Gelten ihre Befunde, wenn überhaupt,
nur im Behandlungszimmer, und auch dort nur ästhetisch? Muss
sie letztendlich nur »zu sich selbst kommen« (Reiche, 2011b)? Dem
Anspruch nach nicht. Freud hat zeitlebens darauf bestanden, dass
Psychoanalyse Naturwissenschaft im nomothetischen Sinn sei
oder zumindest lunga vista zu einer solchen hinführen müsse.
Aber faktisch hat er sie so betrieben, als sei sie Literatur.

Zwar hat die Freud'sche Psychoanalyse umfangreiche empirische Forschungen auch im Bereich der quantitativen und qualitativen Forschung angestoßen; für sich selbst muss sie auf einem
empirischen Verfahren sui generis beharren, dem eines in der
analytischen Dyade begonnenen Erzählens, das im disziplinären
und transdisziplinären Diskurs weitere Erzählungen generiert.
Als Meisterdiskurs oder rhetorischer »Stil« (Gergen u. Gergen,
1986) konkurriert sie mit anderen »gesellschaftlich verfügbaren
Erzählstrukturen«, darunter auch mit der an der Physik orientierten exakten Naturwissenschaft. Psychoanalyse lebt genau von der
Spannung zwischen Empirie und ästhetischer Gestalt. »Sie ist Aufklärung und Aufklärungskritik zugleich. Die Spaltung des Diskur-

ses, historisch irreversibel, kann die Psychoanalyse nicht überbrücken, aber sie kann sie benennen. Ihre aufdeckende Arbeit leistet sie im Einzelnen, in der analytischen Rekonstruktion der je einzelnen Lebensgeschichte des Subjekts in seinem Widerspruch. Ihre Methode sperrt sich gegen die Subsumtion des Einzelnen unter das Gesetz der großen Zahl. Die Validierung dieser Rekonstruktion ergibt sich nur durch die präzise ästhetische Stimmigkeit des je einzelnen analytischen Prozesses« (Hamburger, 1998a).

Selbstverständlich wächst bei einem solchen Verständnis die Gefahr der Beliebigkeit, und mit ihr des Verlusts der Glaubwürdigkeit und Überzeugungskraft. Um ihr zu begegnen, ist auch eine diskursiv begründete Psychoanalyse darauf angewiesen, narrative Plausibilitätskriterien zu benennen. Sherwood (1969) hält Kohärenz, Kontinuität und Reichhaltigkeit für Kriterien eines gelingenden Narrativs; ähnlich sieht Spence (1982) Detailreichtum, Vollständigkeit, Kohärenz und Selbstkonsistenz als wesentliche Kriterien, die eine Deutung narrativ stimmig machen (Spence, 1982, S. 219). Diese Binnenkriterien erlauben aber noch immer keinen Transfer über den analytischen Raum hinaus. Die in der Stunde gewonnene Deutungsfigur muss erst »naturalisiert« werden, etwa durch ein mit Anmerkungen über alle implizierten Kontextbezüge versehenes Stundenprotokoll. Dann erst wird die narrative Wahrheit, die nur der »privilegierten Kompetenz« des Analytikers im Moment des Verstehens zugänglich ist, der »normativen Kompetenz« des Außenstehenden zugänglich und prinzipiell überprüfbar (Spence, 1982; vgl. ausführlicher Hamburger, 1998a). Zusätzlich zu den Binnenkriterien und ihrer Darstellung kommen noch weitere narrative Wahrheitskriterien ins Spiel wie die von Brigitte Boothe (1994) beschriebene Selbsttranszendenz, verstanden als Bezugnahme auf die gegenwärtige Sprechhandlung, sowie das Eingeständnis der Lückenhaftigkeit, die Nichtzwangsläufigkeit und der Überraschungseffekt (Hamburger, 1998a).

Beschränkt wird diese narrative Fundierung psychoanalytischer Erkenntnis durch die Tatsache, dass die Psychoanalyse gerade als Ursprungsnarrativ den kritischen Bezug auf den »Originalvorfall«, also die historische Wahrheit (Lorenzer, 1970a, 1970b), nicht aufge-

ben kann. Der psychoanalytische Prozess dreht sich immer um die
Suche nach der verlorenen Zeit und nicht einfach um eine unbe-
queme Erzählperspektive, die mit therapeutischer Hilfe gewechselt
werden soll. Psychoanalyse ist narrativ validiert, aber ihre Deu-
tungsbezüge sind nicht beliebig: Sie kann es nicht vermeiden, auf
die Frage hinauszulaufen, wie es eigentlich gewesen sei, die Frage
nach Lorenzers »Originalvorfall«, selbst wenn sie sie nie mit letzter
Sicherheit zu beantworten vermag. Prinzipiell ist der analytische
Prozess offen. Die Rekonstruktion ist in jahrelanger Arbeit immer
wieder überarbeitet worden und wird in der Zukunft weiter überarbeitet werden. Die Analyse ist nie abgeschlossen, sie mündet in
die »unendliche« Selbstanalyse. »Wahrheit ist niemals die Wahrheit der Fakten, sondern die ständige Begegnung der Fakten mit
dem Gegenwarts-Unbewußten« (Hamburger 1998a, S. 276).

　　Skepsis als der vernünftige Zweifel an dogmatischen Behauptungen – ein Zweifel, der selbst nicht zum Dogma taugt, aber
immer geltend gemacht werden kann (Fogelin, 1994, zit. nach
Gabriel, 2008) – hat sich auf dem Gebiet der Erkenntnisbegrün-
dung teilweise durchgesetzt, nämlich gegen die Metaphysik und
ihre Ausläufer. Jeder Anspruch auf ein nicht aus systematisch
reflektierter und kontrollierter Erfahrung stammendes Weltwis-
sen ist hinfällig; somit auch auf ein Wissen um höchste und letzte
Werte oder Gewissheiten. Dennoch tut Skepsis weiterhin not.
Aus erkenntnistheoretischen Gründen etwa, weil sie den Zweifel wachhält gegen die Verengung auf die gängigen Verfahren.
Wenn die Welt kurzerhand definiert wird als das, was wir mit den
anerkannten Methoden über sie wissen können, so bedeutet dies
eine dogmatische Inthronisation dieser Methoden und ist ihrer
Weiterentwicklung abträglich.

　　Über die erkenntnistheoretischen Gründe hinaus sind es vor
allem ethische und ästhetische, die uns zur Aufrechterhaltung der
Skepsis – nicht als Position, sondern als Methode – veranlassen.
Denn der Verzicht auf die zutiefst menschliche Illusion, es müsse
jenseits des Erkannten noch ein relevantes Unerkanntes, jenseits
des Bewussten ein Unbewusstes geben, dessen Erkenntnis uns das
rätselhafte Leben sinnvoll und lebenswert erscheinen lässt, könnte

dazu führen, dass die Welt ruchloser und hässlicher wird. Ruchloser, weil der Verzicht auf ein Sollen Gleichgültigkeit erzeugt, und hässlicher, weil dieses Sich-Einrichten im Gegebenen zu Abstumpfung des Wahrnehmungsvermögens für die gelungene Form und zur Vernachlässigung führt. Beides aber ist vom Menschen nur wegzudenken unter extrem traumatischen Bedingungen; denn jeder Mensch nimmt die Welt ursprünglich staunend wahr. Daraus weder eine Religion zu machen noch sich stumpf davon abzuwenden, wäre der eingangs erwähnte Balanceakt der Psychoanalyse.

Psychoanalyse als Weltanschauung?

Allgemeingültige Weltbilder sind passé. Weder Kirche noch Politik liefern verbindliche Werte, Wirtschaft und Wissenschaft versprechen stetigen Fortschritt, dessen Ziel jedoch immer weniger greifbar wird, je mehr wir uns ihm zu nähern scheinen. »Fahren Sie mich irgendwo hin!«, ruft der Manager dem Taxifahrer zu, »ich werde überall gebraucht.« Die Entwicklung der säkularen und pluralen postmodernen Gesellschaft hat trotz der Erosion verbindlicher Erklärungskonzepte in der Breite nicht etwa eine nüchterne, rationale Weltsicht gezeugt; vielmehr hat der mit dem mächtigen Aufschwung der industriellen Produktion und Kommunikation einhergehende Antagonismus von Individualisierung und Globalisierung einen neuen Bedarf an Sinnstiftung, an weltanschaulicher Orientierung nach sich gezogen.

Wertbedarf

Der postmoderne Zustand ist ebenso wenig ein Zufall wie der moderne, der vor über einem Jahrhundert die Psychoanalyse hervorgebracht hat, sondern er ist bedingt durch aktuelle wirtschaftliche und soziale Veränderungen. Die technischen und gesellschaftlichen Umwälzungen des vergangenen Jahrhunderts hatten in praktisch allen Regionen der Erde tiefgreifende Veränderungen des Menschenbildes zur Folge. Hierarchien lösen sich auf, Netzwerke entstehen, in denen ein neues aufgespaltenes Subjekt sich multizentrisch organisiert (Beck, 1986; Baumann, 2000). Die Psychoanalyse ist mit der Neubestimmung des Subjekts aufs engste verwoben; in diesem Sinne ist Freud einer der Väter des 20. Jahrhunderts (Zaretsky, 2004).

Der neue Bedarf an Religion in der postmodernen Gesellschaft richtet sich weniger auf eine tragende ontologische Säule denn auf ein Heimatgefühl in der Risikogesellschaft (vgl. Beck, 1986; vgl. Mohr, 1998, S. 77 ff.); weniger auf die Stiftung einer gesicherten Identität denn auf die Hinzufügung eines wärmenden Flickens zum Patchwork der Identitäten (Keupp et al., 1988). Religion ist nicht mehr aufs Ganze bezogen, man kann sie wählen. In welche Kirche man geht, ist Ansichtssache, mit Sicherheit aufgesucht wird nur der Supermarkt.

In einer Epoche, deren sozialer und kultureller Fortschritt vor allem auf der Vernunftfreiheit, der Lizenz zum Hinterfragen beruht, ist eine Erosion von Werten zu erwarten. Tatsächlich hat Religiosität, jedenfalls heftige, mittlerweile Eingang in den Katalog der behandlungsbedürftigen Erkrankungen gefunden. 1996 wurde in die aktuelle Ausgabe des Diagnostischen und Statistischen Manuals Psychischer Störungen (DSM) eine neue V-Codierung (V62.89) mit der Bezeichnung »Religiöses oder Spirituelles Problem« aufgenommen (Saß, Wittchen u. Zaudig, 1996). Diese Zusatzdiagnosekategorie wird dann vergeben, wenn psychische Störungen auf eine existenzielle oder weltanschauliche Frage zurückgeführt werden können. Im ICD-10 besteht eine solche Zusatzkategorie bisher noch nicht. Ist also das religiöse Empfinden dem Zugriff der Rationalität überantwortet? Ist das Innesein der Transzendenz, Jahrtausende lang der letzte Legitimationsgrund der Welterkenntnis, zum Symptom geworden?

Der Anschein trügt. Werte haben wieder Konjunktur (wenn auch ihre Halbwertszeit deutlich rückläufig ist, so dass man sich fragen muss, ob es sich um Werte handelt oder um Moden). Das religiöse Empfinden wird offenbar auch von Fachleuten als eine dem Zugriff der Psychologie enthobene Kategorie betrachtet. In einer Befragung von 1700 Psychotherapeuten in Deutschland zum Zusammenhang von Spiritualität und Psychotherapie (Hofmann, 2009) hielt ein erstaunlich großer Teil der Befragten (allerdings bei einer Rücklaufquote von nur 57 %) das Thema für hoch relevant und wollte es im Psychologiestudium und in spezialisierten Weiterbildungen stärker behandelt sehen. Mehr als die Hälfte der befragten Psychotherapeuten meinten, dass ihre persönliche spirituelle bzw. religiöse Orientierung sich in mittlerem (27 %), ziemlich (21 %) oder sehr hohem Maße (8 %) auf ihre psychotherapeutische Tätigkeit auswirke (Hofmann, 2009, ii ff.). Empirisch scheint also belegt zu sein, dass mindestens ein erheblicher Teil der Psychotherapeuten weniger den trostlosen Wirklichkeitssinn des rationalen Weltbildes vertritt als die Auffassung, dass Orientierung vermittelnde Menschenbilder »Halt in Unsicherheiten und Geborgenheit gegenüber Gefühlen des Ausgeliefertseins« gewähren und »die Vorstellung von Kontrolle angesichts der stets ungewissen Zukunft« vermitteln (Utsch, 2005). Psychologie soll im Entscheidungskonflikt zwischen konkurrierenden Weltanschauungen Hilfestellungen leisten. Der Anteil der Psychoanalytiker lag dabei über den behavioral orientierten und unter dem der humanistischen Psychotherapeuten.

Phänomene wie die Esoterikwelle, neue Glaubensgemeinschaften und die massenmediale Inszenierung der Päpste können freilich nicht darüber hinwegtäuschen, dass eine Orientierung an letzten Werten nicht mehr die Grundlage unseres nachaufklärerischen Weltverständnisses bildet. Der Geist kann nicht zurück in die Flasche. Wenn Spiritualität wieder auflebt, dann spielt das auf einer anderen Ebene. So sehr die entzauberte Welt durch Vorstellungen eines Absoluten erträglich gemacht werden soll, so wenig regieren diese die faktischen Lebensentscheidungen. Wir bauen vielleicht unserem neuen Aberglauben neue Kirchen; aber wir berechnen deren Statik nicht nach dessen Formeln. Kein Gläubiger, dem sein Leben lieb ist (es gibt tatsächlich auch andere), wagt sich unter eine Kuppel, deren Tragwerk nur auf festen Glauben gründet. Das postmoderne Bedürfnis nach Spiritualität mag gewachsen sein; zugleich aber hat sie an Systemrelevanz verloren.

Implizite Werte der Psychoanalyse

Einige Grundannahmen und Verfahrensweisen der Psychoanalyse, etwa die des Unbewussten und der Hermeneutik, haben theologische Wurzeln. Doch sind diese Wurzeln nicht die einzigen – der Begriff des Unbewussten etwa entstammt ebenso der romantischen Philosophie wie der positivistischen Naturwissenschaft, der Freud zeitlebens intensiv verpflichtet war.

Wie ist das mit der reklamierten skeptischen Grundhaltung in Übereinstimmung zu bringen? Hat Freud in seine Theoriegebäude, hat er in sein therapeutisches Handeln Paradigmata aufgenommen, die aus der Religion seiner Väter – seiner Mütter – stammen? Hängen sie von Wertsetzungen ab? War auch Freud, der Neuerer, nur ein Zwerg auf den Schultern metaphysischer Riesen, und würde er die Übersicht verlieren, wenn diese ins Wanken kämen? Die bürgerliche Gesellschaft und ihr Rationalitätskonzept beruht auf Werten bzw. Setzungen, die sie aus sich selbst nicht generieren können. Gehen auch in die aufklärerische Haltung der Psychoanalyse solche impliziten Werte mit ein?

Sicher greift auch die Theoriegeschichte der Psychoanalyse auf religiöse Traditionen zurück. Raguse (1998) verweist auf den Zusammenhang zwischen der psychoanalytischen Methode und der hermeneutischen Tradition von Origenes über Chladenius bis Schleiermacher und Dilthey. Dabei arbeitet er eine spezifische psychoanalytische technische Hermeneutik heraus, die im Wesentlichen auf der Anerkennung der Analyse als übertragungshaltigen, poetischen, polyphonen und auf nachträgliche Symbolisierung gerichteten Prozess hinausläuft. Páramo-Ortega (1998) weist gegenüber der protestantischen Traditionslinie der Hermeneutik auf den Katholizismus hin, dessen Ritualisierung, Betonung des Priesteramts und des gesprochenen Worts Parallelen zur Psychoanalyse aufweisen. Interessanterweise gehen beide Autoren wenig auf die jüdische Tradition ein; gerade dort aber werden in der neueren Diskussion die Wurzeln der psychoanalytischen Interpretationstechnik verortet.

Selbst wenn in Anschlag zu bringen ist, dass das Judentum in seiner Außensicht seit dem christlichen Mittelalter Gegenstand und Projektionsfläche eines Abwehrmythos wurde, dessen Versatzstücke weit weniger über Geschichte, Kultur und Mentalität des Volkes sagen, auf das er projiziert wird, als über jene des Projizierenden (vgl. Marin, 2000), dass es als Container des Abgewehrten der christlichen Mehrheit diente, hat eine vielarmige Debatte zu den jüdischen Wurzeln der Psychoanalyse (Miller, 1981; Salberg, 2007a, 2007b; Gray, 1987; Bergman, 1995; Levenson, 2001 u. a.) dennoch kulturelle Traditionen und soziale Bedingungen kenntlich gemacht, die auf die Entstehung der Psychoanalyse einwirkten.

Für die Wertschätzung des verbalen und rationalen Diskurses als Mittel der Wahrheitssuche, ja auch für den Topos des intellektuellen Heroismus können rabbinische Traditionen zitiert werden. Auch die zentrale technische Regel der Psychoanalyse, die gleichschwebende Aufmerksamkeit, kann damit in Verbindung gebracht werden. Freud empfahl ganz unmedizinisch: »Man höre zu und kümmere sich nicht darum, ob man sich etwas merke« (Freud, 1912e, S. 378), und Bion radikalisierte das zu einer Haltung »without memory and desire« (Bion, 1970, Kap. 3 und 4). Sie erfordert das absichtslose Sich-Überlassen, die »Muße« der analytischen Begegnung (Oevermann, 1993; Reiche, 2000), und sie erfordert die Detailarbeit des vielfach wiederholten, rekursiven Erfassens.

Der Wirksamkeit dieses Arbeitsprogramms war Freud sehr sicher. Als Stekel (in dem verständlichen Wunsch, den Meister aufs Altenteil zu verweisen) die Formel vom Zwerg auf der Schulter des Riesen gebrauchte, der weiter sehen könne als der Riese selbst, bemerkte Freud: »Das mag wahr sein, aber nicht die Laus auf dem Kopfe des Astronomen« (Jones, 1955/1982, Bd. 2, S. 168; Wittenberger u. Tögel, 2003 S. 62; vgl. Bos, 2005). Dieses Diktum erschließt Freuds Verhältnis zur Tradition. Der Begründer der

Psychoanalyse war überzeugt, im Besitz eines einzigartigen Werk-
zeugs zu sein, und dieses Werkzeug hieß: leidenschaftslose Rationalität, so leidenschaftslos, dass sie sogar die eigene Leidenschaft
zu sehen vermochte, objektiv gerade durch die Reflexion ihrer
Subjektivität. Was ihn so sicher machte, war eben die systematisch
erhaltene skeptische Offenheit, feste Überzeugungen hinter sich
zu lassen und neu zu denken. »Man muß [...] bereit bleiben einen
Weg wieder zu verlassen, den man eine Weile verfolgt hat, wenn er
zu nichts Gutem zu führen scheint. Nur solche Gläubige, die von
der Wissenschaft einen Ersatz für den aufgegebenen Katechismus
fordern, werden dem Forscher [...] die Umbildung seiner Ansichten verübeln« (Freud, 1920g, S. 69).

Dieser Satz spiegelt einen deutlichen Affekt gegen den »Katechismus« als Inbegriff des reflexions- und erfahrungsfeindlichen
Glaubenszwangs. Das war auch Hintergrund der einschneidend-
sten Spaltung in der Frühgeschichte der Psychoanalyse. Die Kluft
zwischen der von Freud angestrebten naturwissenschaftlichen
und der von Jung favorisierten geisteswissenschaftlichen Psychologie wurde zum Beispiel am Traum abgehandelt (vgl. Hamburger, 1987). Jung hielt Freud vor, er würde den Kölner Dom bei
der Mineralogie abhandeln, weil er aus Steinen bestehe (Jung,
1913/1969, S. 148) – und Freud konterte (1914d), Jung versuche an
die Stelle eines Verständnisses der Struktur des Traumprozesses
die Bewertung der Inhalte zu setzen, und er wünscht ihm und
allen, »denen der Aufenthalt in der Unterwelt der Psychoanalyse unbehaglich geworden ist«, »eine bequeme Auffahrt« (Freud,
1914d, S. 113).

Freuds skeptisches Forschungsethos ließ nur die Kleinarbeit der
Analyse offen, die zu betreiben auch ohne Glauben an die Erlösung möglich, ja unabdingbar schien. Wenn er sich von Jung mit
dem ironischen Wunsch einer »bequemen Auffahrt« verabschie-
dete, so enthielt dies durchaus eine Anspielung auf einen Grund-
konflikt in der geistigen Haltung: Während Freuds radikale Rationalität in der jüdischen Geisteswelt verwurzelt ist, die die Welt als
unerlösten, problematischen Zustand beschreibt, glaubt Jung in
christlicher Perspektive an die reale Erlösung. Aus seiner geistigen

Haltung heraus musste Freud solcher vorschnellen Versöhnung misstrauen, er hielt sie für eine Vorspiegelung, die die wirklichen Verhältnisse vertuschen sollte. Freud empfand das Affirmative von Jungs Theorie. Sein eigenes Ethos ist das des Zweifels: Freud hatte das apollinische *Gnōthi sautón* (»Erkenne dich selbst«) als Erkenntnismoral tief verinnerlicht. Jeder Versuch, eines Erkenntnisgegenstandes habhaft werden zu wollen, ohne zugleich dessen Konstituiertheit selbstanalytisch auszuleuchten, war ihm zuwider. Diese Einstellung prägt die Psychoanalyse bis heute. Sowohl in der klinischen Praxis als auch in der psychoanalytischen Forschung ist die systematische Reflexion ihr wesentliches Instrument.

Jenseits der aus der rabbinischen Diskursreligion belegbaren und insofern jüdischen Prägung von Freuds Geistigkeit ist diese auch als Reflex auf die historischen Erfahrungen einer schon lang vor dem offen mörderischen Ausbruch des Genozids verfolgten und marginalisierten Gruppe zu beschreiben. Freud und viele seiner Weggefährten waren von ihren Fähigkeiten, ihrer Bildung und ihren Ambitionen her weit über ihre Entfaltungsmöglichkeiten hinaus ausgestattet. Sie waren bereit und in der Lage, kategorisch zu denken, was ihre Zeit ihnen zu denken gab – gerade wegen ihrer Ausgrenzung konnten sie ihre Theorien sogar unbestochener entfalten. »Weil ich Jude war, fand ich mich frei von vielen Vorurteilen, die andere im Gebrauch ihres Intellekts beschränken, als Jude war ich dafür vorbereitet, in die Opposition zu gehen und auf das Einvernehmen mit der ›kompakten Majorität‹ zu verzichten« (vgl. Freud, 1960/1980, S. 381 f.).

Dass ihnen dennoch kein absehbarer Weg zur gesellschaftlichen Anerkennung offenstand, bringt genau jenen Zug von Unbedingtheit in die Theorie, der später als »jüdisches Denken« identifizierbar scheint. Es ist aber das Denken von selbstbewussten Ausgeschlossenen. In diesem Sinne sieht Rosenman (1982) die frühe Psychoanalyse als Theorie einer entwürdigten Minderheit: Freud wollte unter anderem durch die analytische Erforschung des Unbewussten seinen jüdischen Patienten – und sich – eine bewusste Erfahrung der eigenen Identität und dadurch eine reflexive Abgrenzung und Emanzipation von den projektiven Zuschreibungen der (antisemitischen) Umgebung ermöglichen.

Als kulturelle Gegenbewegung war die Psychoanalyse zu Beginn alles andere als ein wissenschaftlich-wertfreies Unternehmen (Rose, 1992) – der Versuch, ein strenges und unbedingt wissenschaftliches System zu errichten, ist auch als gemeinsamer Wert zu verstehen, der Gruppenidentität stiftet.

Psychoanalytische Rationalität als säkularisiertes jüdisches Erbe

Die Abgrenzung der religiösen und sozialen Konstituenten von Freuds Weltbild gewinnt eine weitere Dimension, wenn man bedenkt, dass es nicht um Freuds persönliche Zugehörigkeit zum (religiösen bzw. sozialen) Judentum, ja auch nicht um die Frage geht, wie weit die Psychoanalyse in diese Tradition einzuordnen sei, sondern um die moderne Rationalität selbst (Levenson, 2001). Die Hoffnung auf den rationalen, wissenschaftlichen Diskurs, getrieben vom skeptischen Grundprinzip des Hinterfragens von Vorannahmen, die die Lösung – um es pointiert zu sagen: die Erlösung – von der Religio, der Rückbindung an einen diskursiv nicht ausweisbaren Ersten Grund, bewerkstelligen soll – sie ist selbst im Schoß der Religion gewachsen. Die Rationalität der Moderne war nicht nur aus den logischen Disputen der mittelalterlichen Scholastik, aus der Wiederentdeckung der antiken, skeptisch geprägten Philosophie in der Renaissance und aus der Aufklärung, sondern auch – intim verwoben mit jedem dieser Schritte – aus der talmudischen Tradition inspiriert (vgl. Quinzio, 1995). Blumenberg (1997) führt aus, dass die rabbinische und talmudische Tradition des Judentums in der Tat nicht als präreflexive Setzung zu betrachten sei, auf Glauben gegründet, sondern aus sich heraus Reflexion fordert und systematisch fördert.

Blumenberg (1997) sieht die Grundhaltung der gleichschwebenden Aufmerksamkeit in engem Zusammenhang mit der rabbinischen Tradition. Da die die Schöpfung in sich konflikthaft ist –

eine Tatsache, die auch Gott anerkennen muss –, braucht er den Menschen zu ihrer Vollendung. Im Streitgespräch der Gelehrten, dem Mahloquet, waltet daher ein herrschaftsfreier Diskurs, getragen von dem Prinzip, systematisch dem Standpunkt des Anderen Raum zu geben. Nur so kann die Schöpfung entziffert werden. Die psychoanalytische Erkenntnisabstinenz, das »Man höre zu und kümmere sich nicht darum, ob man sich etwas merke« ist in diesem Sinne eine konstitutive Bedingung der Erfassung des Fremden – und nur in diesem liegt die Möglichkeit von Erkenntnis. Aus diesem Zwang zur diskursiven Wahrheitsfindung entspringt auch das Deuten als Zentrum der psychoanalytischen Methode (vgl. Blumenberg, 1997; ähnlich Huppke, 1997). Blumenberg begründet das im Einzelnen aus der jüdischen Theologie in der Tradition von Rabbi Isaak Luria (1534–1572), in der Gott nicht als lenkender Begleiter des auserwählten Volkes gesehen wird, sondern als der, der sich einmal geoffenbart und einen Bund geschlossen hat, den fortzuschreiben und zu interpretieren dann an den Menschen liegt. Blumenberg veranschaulicht das unter anderem an einer wichtigen und vielzitierten Erzählung aus dem babylonischen Talmud:

> In einem Streitgespräch über die Verunreinigungsfähigkeit eines Backofens wollte R. Eliezer seinen Standpunkt dadurch untermauern, dass er ein Wunder nach dem anderen wirkte, ohne freilich seine Gegner, die beharrlich den Diskurs fortsetzten, dadurch zu beeindrucken. Schließlich rief er Gott selbst zum Zeugen an. »Da erscholl eine Hallstimme und sprach: Was habt ihr gegen R. Eliezer, die Halacha [= das jüdische Gesetz] ist stets wie er. Da stand R. Jehoshua […] auf und sprach: Sie ist nicht im Himmel. – Was heißt: Sie ist nicht im Himmel? R. Jirmela erwiderte: Die Thora ist bereits vom Berge Sinai her verliehen worden […]. Wir achten nicht auf die Hallstimme, denn bereits hast du am Berge Sinai in die Thora geschrieben: nach der Mehrheit zu entscheiden.«
>   Wie hat Gott auf dieses Ignorieren seiner persönlichen Parteinahme reagiert? Der Talmud überliefert auch das: »Er schmun-

zelte und sprach: Meine Kinder haben mich besiegt, meine Kinder haben mich besiegt« (Babylonischer Talmud, Baba Mezia 59a–b, zit. nach Blumenberg, 1997, S. 62).

Psychoanalyse deckt sozialen Legitimationsbedarf – Zur Konstitution des modernen Subjekts

Freud hat mit seiner Konzeption des dynamischen Unbewussten das moderne Subjekt mit begründet. Der Aufbruch der Psychoanalyse steht in Verbindung mit der Moderne als dem Übergang von der Traditionsbindung zum Ideal der Selbstbestimmung. Das Abtragen der religiösen Glaubensgefüge, die vordem die Architektur sozialer Bindung garantiert hatten, war kein Nebengeschäft des neuen Paradigmas der Psychologie, sondern im Kern mit ihrem klinischen Anliegen verbunden. Das persönliche Unbewusste sollte ihr funktionales Erbe antreten, ohne selbst zum Pandämonium überirdischer Mächte zu werden. Es sollte ein »psychischer Apparat« bleiben. Im Inneren des modernen Subjekts wirkt ein Mechanismus, dessen Entdeckung Freud in kantischer Bescheidenheit mit der des Kopernikus verglich: die Erkenntnis, dass das »Ich [...] nicht einmal Herr ist im eigenen Hause, sondern auf kärgliche Nachrichten angewiesen bleibt von dem, was unbewußt in seinem Seelenleben vorgeht« (Freud, 1916–1917a, S. 295).

Als erklärter Naturwissenschaftler brach Freud zur Erkundung dieser Seelenmechanik auf – und gelangte schnell an die Grenzen der naturwissenschaftlichen Methode. Der erhoffte Schaltplan des psychischen Apparats war nicht zu finden. Stattdessen schlug er einen »Umweg« ein: die individuierende Rekonstruktion einzelner Lebensgeschichten. Auf diesem »Umweg« begegnete er der Archäologie, die ihm die Vorstellung einer sedimentierten Kultur- und Baugeschichte des Seelenapparats vermittelte, und der Literatur, die den Begriff des Unbewussten als Narrativ enthielt (vgl. Mertens u. Haubl, 1996). Er kam zu der Einsicht, »daß die Krankengeschichten, die ich schreibe, wie Novellen zu lesen sind« (Freud u. Breuer, 1895d, S. 227). Literatur wurde in dieser Zeit, in

der Geisteswissenschaftler zum engsten Kreis der Psychoanalyse
gehörten, als Argument für die Bestätigung psychoanalytischer
Theorie benützt. Zwischen dem Analytiker und dem »Dichter«
bestand ein kollegialer Bezug. Freud (1909c) spricht vom »Familienroman der Neurotiker« und Fara und Cundo (1981) meinen, in
Millionen psychoanalytischen Sitzungen schreibe eine bürgerliche
Klasse sich ihren eigenen Roman.

Das Konzept eines unbewussten Subjekts, jenes mit einem Willen ausgestattete »Es«, trägt nicht nur die Signatur des assoziationis-
tischen Unbewussten aus dem »Entwurf« (Freud, 1950c) und der
»Traumdeutung« (Freud, 1900a), sondern verdichtet auch philosophische Vorläufer wie Schopenhauer, Nietzsche und Hartmann,
vor allem aber literarische. Das unbewusste Subjekt, das Freud entdeckte, war kein Naturwesen, sondern das Andere der Industrie.
Die Einbettung der psychoanalytischen Theorie des Unbewussten
in den literarischen Diskurs war nicht einseitig; die schöne Literatur seit der Jahrhundertwende hat mittelbar oder unmittelbar
Freuds Theorie des Unbewussten, die ja ein ins Wissenschaftliche
gewendetes Erbstück der Literatur war, rezipiert. Auch im Alltags-
bewusstsein ist das 20. Jahrhundert Freud auf breiter Front gefolgt.
Wir haben die Auffassung des Unbewussten als Subjekt verinnerlicht, stellen uns die Seele wie eine Art Rapunzel vor, eine gefan-
gene Prinzessin, ein nicht selbstverwirklichtes »inneres Kind« und
was dergleichen Metaphern mehr sind. Der Therapiemarkt lebt
davon. Bezeichnend ist, dass bei dieser kulturellen Aneignung eine
weitere theoretische Wende unter den Tisch fällt, die Freud sogar
zeitlich noch vor dem Strukturmodell vollzog: nämlich die Einführung des Todestriebes in »Jenseits des Lustprinzips«. Im Gegensatz
zum populär gewordenen Lustsucher »Es« ist der Todestrieb in der
späten Moderne nicht heimisch geworden. Nicht einmal, nachdem
die Weltgeschichte ihm Recht gegeben hatte.

Schließlich befindet sich die Psychoanalyse auch mit ihrer
Beziehungstheorie im Mainstream des Zeitgeistes. Literatur befasst sich immer mit Interaktion. Nicht erst seit Goethes »Wahl-
verwandtschaften« ist die blinde Bezogenheit der subjektiv unbewussten Tendenzen aufeinander literarisches Motiv.

Psychoanalyse und Kunst vertreten parallele Anliegen. Psychoanalyse ist, pointiert gesprochen, Teil der Literatur des 20. Jahrhunderts. Beide widmen sich der individuierenden Rekonstruktion menschlichen Erlebens und Verhaltens unter bestimmten
Bedingungen. Literatur entwirft Szenarien, in denen Menschen
miteinander umgehen, und sie entwirft sie unter dem ästhetischen
Postulat der Neuschöpfung. Literatur bietet stets neue, über das
Bekannte hinausweisende Lösungen oder Fortschreibungen ihrer
selbstinszenierten Vorwürfe.

Heilungsziele und Menschenbild der Psychoanalyse

In Freuds Strukturmodell steckt das Menschenbild der späten
Moderne. Als »Kalvinismus der zweiten industriellen Revolution«
(Zaretsky, 2004) entwirft es ein naturnahes, aber sozial geformtes
Triebwesen. Es ist zunächst ein im Grunde amoralisches Wesen
(Freud, 1923b, S. 284; 1933a, S. 81), das zwar Spuren der Entwicklungsgeschichte in sich trägt (vgl. Freud, 1926d, S. 179; Freud,
1937c, S. 86; 1940a, S. 131,138), aber keine Außenwelt (Freud, 1923b,
S. 285), keine Lustobjekte (S. 273), ja nicht einmal Raum und Zeit
kennt (Freud, 1933a, S. 80 f.). Es muss gelenkt werden, und weil
das nicht immer gelingt, so lenkt es am Ende gelegentlich doch:
»Wie dem Reiter, will er sich nicht vom Pferd trennen, oft nichts
anderes übrig bleibt, als es dahin zu führen, wohin es gehen will,
so pflegt auch das Ich den Willen des Es in Handlung umzusetzen,
als ob es der eigene wäre« (Freud, 1923b, S. 253).

Das psychoanalytische Subjekt ist allerdings zunächst nicht
so gedacht gewesen, dass es in der Gesellschaft sein Glück fände.
Freuds zunächst sehr bescheidene Heilungsziele weisen es als
Zaungast des Fortschritts aus. Dem »gemeinen Unglück« wird
es niemals entrinnen, in welches sein »hysterisches Elend« bestenfalls zu verwandeln sei (Freud, 1895d, S. 312). Mehr als – topo-
graphisch gesehen – »Bewußtmachen des Unbewußten« (Freud,
1896b, S. 381) ist nicht zu haben. Zwar wurde im Strukturmodell
das Heilungsziel, entsprechend der Neukartierung des inneren

Kosmos, mit den Namen der Homunculi versehen: »Wo Es war,
soll Ich werden« (Freud, 1933a, S. 86; vgl. auch Freud, 1926e). Das
klang für Freud erstaunlich optimistisch. Aber Freuds struktureller
Optimismus hielt nicht lange vor. In »Warum Krieg?« (Freud,
1933b) verzichtete er auf die Hoffnung, auch eine noch so gründliche
psychoanalytische Aufklärung könne je zu einem sicheren
zivilisatorischen Fortschritt führen.

Mehr als die Heilung freilich zielt die analytische Kur auf
Erkenntnis. Heilung erschien Freud als Nebenprodukt eines Forschungsprozesses.
Dem allgemeinen Aufklärungsideal folgend
verstand er den psychoanalytischen Prozess als »Junktim von
Heilen und Forschen« (vgl. Freud, 1927a). Freuds Nachfolger freilich
folgten der Abstinenz des Meisters nicht. Die Absicht der klinischen
Psychoanalyse ist bei Freud noch ganz auf die Aufdeckung
konzentriert, auf den Ausgang aus dem inneren Mythos.
Mit der Modernisierung und Medizinalisierung der Psychoanalyse
begann das Motiv der Autonomie in den Vordergrund zu treten.
Die nach der Emigration aus Nazideutschland in den amerikanischen
Medizinbetrieb stärker eingebundene Ich-Psychologie
verkündete Gesundheitsziele wie die Stärkung der Autonomie
des Ich sowie die Anpassung und die Milderung des Über-Ich.
Auch Freud wurde gern für dieses Anpassungsideal in Anspruch
genommen und mit dem Diktum vom »Lieben und Arbeiten«
zitiert – das freilich ist eine von Erik H. Erikson (1950) kolportierte
mündliche Äußerung, und es bestehen Zweifel daran, ob
Freud selbst das so plakativ gesagt haben kann. Freuds Gesundheitsbegriff
war skeptischer. Die Behauptung, dass Menschen in
der Zivilisation überhaupt Glück finden können, hätte er nicht
umstandslos unterschrieben.

In der Ich-psychologischen Tradition der als Anpassung verstandenen
seelischen Gesundheit steht auch Heinz Kohuts Selbstpsychologie,
die freilich einen Wechsel vom Vater- zum Mutterparadigma
vollzieht und die »umwandelnde Verinnerlichung
des empathischen Objekts« (Kohut, 1984) anstrebt. Schließlich
folgt noch die amerikanische Objektbeziehungstheorie mit der
Annahme, beim gesunden Menschen liege eine gelungene Integra-

tion der Selbst- und Objektrepräsentanzen vor (Kernberg, 1976), einem Gesundheitsideal, das auf der Annahme einer prästabilier-ten Harmonie von Subjekt und Gesellschaft beruht und insofern auf einer »optimistischen Anthroplogie« (Mertens, 2007, S. 224).

Nach dem Abklingen des Ich-psychologischen Kulturoptimis-mus (historisch einhergehend mit dem Vietnamkrieg) setzte sich in der Psychoanalyse wieder eine skeptische, vorsichtige Auffassung von Gesundheit durch. Die britische Schule der Objektbeziehungs-theorie formulierte die Ziele eher immanent als Ermöglichen von Trauer und Erreichen der depressiven Position (vgl. Hinshelwood, 1989/1991, S. 277 ff.). Holmes (1996) reklamiert für die kleinianische Schule noch die Anerkennung der »ästhetischen« Dimension der inneren Welt und der Kreativität, die allein in der Lage sei, den Übergang zur depressiven Position angemessen zu symbolisieren.

Im Kern zielt die klinische Psychoanalyse auf Skepsis. Wer eine Psychoanalyse beginnt, erwartet Heilung – aber die darin enthal-tene Utopie erfährt im Laufe der Arbeit einen Umbau. Das pro-jektive Ziel schmerzloser Gesundheit wird ebenso wie die Illu-sion einer glücklichen Kindheit ersetzt durch die Erfahrung der Realität (vgl. auch Hierdeis, 2011). Die Einpassung des Subjekts in die herrschende Vernunft wird weniger angestrebt als hinterfragt; statt des verdächtigen Kriteriums der Arbeitsfähigkeit scheint eher das der kritischen Überprüfung von Anforderungen am Platz, in Bartlebys Worten: »I would prefer not to« (Melville, 1853).

Skepsis als Methode – Auswirkung auf die Kulturanalyse

Die grundlegende Skepsis, die die psychoanalytische Haltung aus-zeichnet, hat Folgen auch für die Kulturanalyse. Wenn mehr als die Auflösung von Illusionen und die Anerkennung von Grenzen (von Einsicht, Lebenszeit, Nähe, Lustgewinn, Liebe, Glück usf.) als Heilungsziel nicht erreicht werden kann, ist auch das Ziel der kul-turanalytischen Praxis als ein skeptisches zu bestimmen.

Was trägt die Prämisse der Skepsis zur Kulturanalyse more psy-
choanalytico bei, welche Art von Einsicht kann sie gewinnen, welche Art von Überzeugungskraft entfaltet sie? Im Wesentlichen
sind heute vier Ansätze psychoanalytischer Kulturanalyse relevant: die psychopathographische, die hermeneutische, die kulturtheoretische und die postmoderne Position.

Psychopathographie

Die in der psychoanalytischen Literatur- und Kunstanalyse über
Jahrzehnte dominierende Haltung, literarische Figuren als Illus-
trationen von Psychopathologie aufzufassen oder gar an ihnen
die Neurose des Künstlers abzulesen, schien in den 1970er Jahren, der Blütezeit der Lorenzer'schen Kulturanalyse, weitgehend
überwunden. Gegen die Fernanalyse der Autoren hatte bereits
Adorno geltend gemacht: Der Psychoanalyse »gelten die Kunstwerke wesentlich als Projektionen des Unbewußten derer, die sie
hervorgebracht haben, und sie vergißt die Formkategorien über
der Hermeneutik der Stoffe, überträgt gleichsam die Banau-
sie feinsinniger Ärzte auf das untauglichste Objekt« (Adorno,
1970/1973, S. 19). Der Ansatz hat aber neuen Auftrieb gewonnen
durch einen Wechsel des Mediums. Mit demselben Deutungs-
eifer, mit dem die frühen Psychoanalytiker sich literarischer Texte
und Bilder annahmen, zogen die jüngeren ins Kino. Es entstand
eine Fülle von Filminterpretationen, in denen meist in technischer
Gleichsetzung der Protagonisten mit Patienten von der Neurose,
der Angst, der Spaltung etc. einer Filmfigur gesprochen wurde.
Im Gegensatz zur frühen Literatur-Psychopathographie, deren
Analyse sich zumindest auf einen Textkorpus beziehen musste,
wurden die Diagnosen der Film-Psychopathographien oft voll-
ends spekulativ. Film ist im Wesentlichen ein Bildmedium. Bilder
werden zwar intensiv erlebt, sind aber schwer zu beschreiben und
nachzuvollziehen; zudem ist der Film ein flüchtiges Medium. Was
in der Pathologie von Romanfiguren noch mit wörtlichen Zita-
ten belegt zu werden pflegte, wird in der Filmanalyse mit selekti-

ven Reminiszenzen auf Szenen und Handlungen ohne deren bild-
lichen und temporalen Kontext untermauert. Selten wird einmal
ein Still in seinen Details analysiert.

Die methodische Gleichsetzung von Kunstwerk und Analysand
kann trotz ihrer Renaissance immer noch nicht als legitime psychoanalytische Erkenntnis akzeptiert werden. Psychoanalyse ist
kein Repertoire, das als archimedischer Punkt dienen könnte, um
Kunstwerke als Fallberichte zu entziffern (vgl. Reiche, 2000). Solche Deutungen von literarischen oder filmischen Protagonisten
sind für die zuständigen Fachwissenschaften in der Regel wenig
brauchbar, wenn sie auch durchaus Anregungen bieten mögen
(vgl. z. B. von Matt, 1983; Steinbauer, 1987, Kap. 10; Wright, 1985).
Sie stellen erst recht keinen methodischen Rahmen bereit, innerhalb dessen etwa die Persönlichkeit von Autoren bzw. Regisseu-
ren erfasst werden könnte – es sei denn, diese begäben sich in
Analyse, denn aus dem Werk selbst ist das Unbewusste dessen,
der es hervorgebracht hat, nicht zu erschließen. Wenn Filmfigu-
ren im zuschauenden Psychoanalytiker den Wunsch auslösen,
in ihnen ein Unbewusstes auszumachen, so kann er sich diesem
Wunsch wie jedem anderen Ersteindruck überlassen, ihn assoziativ anreichern und introspektiv sichern. Wo er daraus eine Analyse des Werks gewinnen will, muss er den Deutungswunsch als
eigene Übertragung erkennen und reflektieren, was hier das Werk
in ihm hervorgerufen hat. Der Kategorienfehler, dem er sonst ver-
fiele, wäre der gleiche, wie in der klinischen Analyse die Oberfläche der bewussten Äußerungen des Analysanden für die Sache
selbst zu nehmen, ihnen nicht ablauschen zu wollen, was an ihnen
das Ungesagte, Unsagbare in den analytischen Raum bringt. Wo
aber ist dieses Ungesagte in der Kunstanalyse?

Übertragungshermeneutische Kulturanalyse

Im Mittelpunkt der methodischen Kulturanalyse steht nicht der
Autor, sondern das Werk. Sie folgt dem Kooperations- oder Kolle-
genmodell (Rutschky, 1981), das den Text nicht als Symptom deu-

tet, sondern seinerseits als Deutung achtet, zu der der Leser sich
in Beziehung setzt. Einen wesentlichen Aspekt dieser Beziehung
steuert die ästhetische Form (vgl. Pietzcker, 1978).

Im Gegensatz zur Psychopathographie, die deutend auf Kunstwerke wie auf Patienten eingeht, sieht die hermeneutische Kulturanalyse eine kategoriale Unterscheidung des klinischen von
der kulturwissenschaftlichen Anwendung der Psychoanalyse.
Alfred Lorenzer (1986) hat die methodisch zentralen Unterschiede
herausgearbeitet: Der zu analysierende Text ist vom Analytiker
beeinflusst, unwiederholbar, sein Verstehen zielt auf eine Änderung des Patienten. Der »Text« des Kunstwerks dagegen ist fer-
tig und kann nicht mehr vom Analytiker beeinflusst werden. Er
ist in der Regel wiederholt rezipierbar. Und, das ist das Wesentliche: Sein Verstehen zielt auf eine Änderung des Interpreten. Wie
der Text des Analysanden im Behandlungszimmer enthält auch
das Kunstwerk einen verborgenen Hintersinn, eine unbewusste
Bedeutung. Die aber ist nicht ein im Text verstecktes Unbewusstes des Autors – selbst wenn so etwas im Text manifestiert wäre, so
bildete es doch nicht den Gegenstand der Kunstanalyse. Es wäre
dann allenfalls deutbar, wenn sich der Autor privat in Analyse
begäbe und dort seine Werke (dahingestellt, ob analytisch sehr
hilfreich) zum Vortrag brächte. Denn die Kunstanalyse richtet sich
auf das Werk als solches, als ein im kulturellen Raum des Analytikers vorhandenes Objekt, das Teil seiner eigenen Lebenswelt ist,
nicht auf dessen Produktionsgeschichte als Teil der Lebenswelt des
Autors. Der Analytiker sucht sich das Werk zur Analyse, nimmt es
sich vor; es ist nicht der Autor, der ihn aufsucht. Allerdings sucht
ihn das Werk, denn Kunstwerke präsentieren sich aktiv im Feld
der kulturellen Aufmerksamkeit. Dies aber ist nicht anders, wie
auch die Psychoanalyse den Analysanden »sucht«: Sie präsentiert
sich aktiv als mögliches Muster von Selbstverständigung. Das
Werk also bietet sich dem Rezipienten als Analytiker an. Wenn
wir also dem Text einen latenten Sinn unterstellen, dann muss
dies der latente Sinn sein, der auf etwas Wesentliches im Betrachter verweist, nicht nur im Einzelnen, sondern – dem Anspruch
nach – im Ganzen. Der latente Sinn des Textes ist sein utopisches

Potenzial: Kunst behandelt gesellschaftlich notwendige, emanzi-
patorische Interaktionsentwürfe.

Auch die Technik der Psychoanalyse erfährt in der kulturanaly-
tischen Anwendung eine Umkehrung. Die therapeutische Psychoanalyse bezieht das »Wie« des Mitteilens, das szenische Arrange-
ment, mit ein, das durch seine sinnnliche, »präsentative« Symbolik
auf die leibnäheren unbewussten Interaktionsformen verweist.
Durch seine Teilhabe an den evozierten Szenen kann der Analytiker den unbewussten Hintersinn verstehen und verbalisieren, weil
er selbst (theoriegeleitete) lebenspraktische Vorannahmen hat, mit
denen er die angebotenen Szenen lückenfüllend interpretiert und
diese Interpretation in hermeneutischer Zirkelbewegung immer
aufs neue relativiert. Lorenzer (1986) spricht von einem »pulsie-
renden Wechselprozeß«. Auch das Kunstwerk enthält neben seiner vordergründigen Denotation unterschwellige Diskurse, die
sich im »Wie« der Präsentation verraten. Im Fall der Kulturanalyse
kann die Deutungsarbeit allerdings nicht an der privaten Kindheit
ansetzen: An die Stelle des Bezugs auf die Infantilgenese tritt der
Bezug auf geteilte (oder rekonstruierte) gesellschaftliche Erfahrungen, auf die »typische« Sozialisation.

Nach Lorenzer (1986) ist psychoanalytische Interpretation
keine Anwendung von klinischem Wissen auf Kunstwerke oder
Künstlerpsychologie, sondern die Anwendung einer Methode,
die darauf abzielt, unbewusste Interaktionsformen bewusst zu
machen. Auch die heilende Psychoanalyse zielt nicht darauf ab,
»psychoanalytische« Inhalte beim Patienten zu entdecken, wie
etwa den Ödipuskomplex, die narzisstische Wunde oder den
Penisneid. Nicht einmal die Rekonstruktion der äußeren Lebensgeschichte ist ihr Ziel. »Affektloses Erinnern ist fast immer wir-
kungslos« (Freud, 1895d, S. 85). Sie ist keine Tiefenpsychologie
im Sinne eines katalogisierbaren Unbewussten, sondern im Sinne
einer Methode, die die Reflexion auf unbewusste Anteile der psychischen Realität im Hier und Jetzt ermöglicht und erfordert.
Nur wenn und nur insoweit ihr das gelingt, wirkt sie heilsam. Der
Patient wird nicht dadurch gesund, dass er an Deutungen glaubt,
sondern dadurch, dass er introspektiv und in Begleitung des mit

seinem eigenen Bewussten und Unbewussten auf ihn eingestellten
und an der von ihm evozierten Szene teilhabenden Analytikers
bemerkt, was ihn im Moment wirklich bewegt. Deutung ist dann
nichts anderes als die Formulierung dieses Bemerkens. Erfasst sie
es nicht, geht sie fehl (vgl. Hamburger, 1996). Diese Erkenntnis
durch Teilhabe gilt auch, mutatis mutandis, für die Kulturanalyse.
Dies lässt sich verdeutlichen am Beispiel der psychoanalytischen
Textinterpretation. In der Begegnung mit dem Text verdeutlicht
sich der Analytiker seine bewusste und unbewusste Reaktion im
rekursiven Leseverfahren, oszillierend zwischen Teilhabe an der
vom Text in ihm evozierten Szene und ihrer Reflexion. Der Text
evoziert die Szene zum einen durch seinen denotativen Inhalt,
zum anderen durch das Wie seiner stilistischen Mittel.

Erst die Reflexion der Übertragung auf das Werk stellt die
methodische Basis der psychoanalytischen Kulturanalyse her.
Freilich ist dieses reflexive Wahrnehmen noch keine Lizenz zum
Deuten, so wenig wie die Wahrnehmung einer klinischen Szene
schon eine Deutung ist. Sie muss an den Gegenstand vermittelt,
am Werk validiert werden. Das Werk enthält per se kein »Unbewusstes«. Es besteht lediglich aus Zeichen und Kontexten. Dazu
zählt der äußere Rahmen. Unterschiedliche Typen von Kunstarte-
fakten stellen dem Rezipienten verschiedene Übertragungsmög-
lichkeiten bereit. Das Übertragungsangebot der Literatur etwa
enthält die Aufforderung zur Hingabe an einen Text. »Literatur«
wird nur, was einer hinreichenden Zahl von Lesern Gelegenheit
gegeben hat, ihre Übertragungen zu entfalten, was die Gruppen-
übertragung der Leserschaft schlechthin auf sich gezogen hat.
Denn »was Texte zur Literatur macht, ist keine Addition individueller Ereignisse von Textbegehren, sondern ein Gruppenprozess.
Im Feld der sich gegenseitig beeinflussenden Übertragungen der
reading community entstehen kollektive Gruppenübertragungen
auf Texte« (Hamburger, 1996, S. 59).

Spezifische Gattungen einer Kunst spezifizieren auch das Übertragungsangebot: Das Übertragungsangebot der Lyrik erlaubt
dem Leser des Gedichts – noch stärker: dem Hörer –, sich in
einen Zustand zu versetzen, in dem er Worte in sich nachklingen

lässt, ihre Lautgestalt und ihre Melodie, rhythmische und klangliche Wiederholungen und Kontraste. Er »erlebt ein systematisches Wechselspiel von Erwartung und Erfüllung. Die Situation, in die die Lyrik ihre Leser versetzt, ist die des Säuglings in den Vorstadien der Sprachentwicklung, zur Zeit der Plapper- und Lautspiele und Kinderverse. Er wird dieses Setting dazu nützen, seine spezifische Übertragung zu entwickeln, die mit seinem Erleben dieser Entwicklungsphase verknüpft ist. Diese Basisübertragung wird seine Reaktion auf die semantische Textebene bestimmen« (Hamburger, 1996, S. 59).

Die Übertragungsszenarien der Theater- und Filmkunst sind schon formal von denen der Literatur unterschieden. Sie wenden sich nicht an einen Leser. Die Rezeption des Dramas ist an eine Gruppe gebunden (vgl. Hamburger, 2001, Fn. 14; Pietzcker, 1999; Deppermann, 1999; Klotz, 1998). Im Gegensatz zum gelesenen Text kann der Zuschauer den Ablauf nicht beeinflussen, er ist der Zeitregie ausgesetzt (Näheres dazu in Hamburger, 2001, 2006a). Die sukzessive Aktualisierung von Szenen, der dramatische Bogen, erzeugt Spannung; ohne sie springt kein Funke über. Die Stimmung des Publikums wird maßgeblich geprägt von den rhythmischen Eigenschaften des Stückes und seiner Interpretation.

Neben der Analyse der Form umfasst die Validierung der Leserübertragung auf den Text auch die Reflexion der zeitlichen und kulturellen Differenz zum Werk und zur zeitgenössischen Rezeption. Sie muss mit kulturwissenschaftlicher Forschung kooperieren. Selbstreflexiv ist die psychoanalytische Interpretation auch hier, weil sie den eigenen Standort im Strom der Rezeption des Werks ausweisen muss (vgl. die Interpretation von Else Lasker-Schülers Trakl-Epitaph, Hamburger, 2003). Dieses Erfordernis der Kooperation mit den Fachwissenschaften hat zur Folge, dass Interpretieren nicht einfacher wird durch die Hinzuziehung psychoanalytischer Kompetenz, sondern aufwändiger. Es ist etwas Zusätzliches. Aber was hinzukommt, eröffnet vielleicht Blickwinkel, auf die der Literaturwissenschaftler gar nicht verfallen wäre. Die Einbeziehung der Subjektivität des Interpreten und der Szene,

die der Text evoziert, ist nicht das, was die Autoindustrie ein
»Extra« nennt – sondern es ist eine andere Qualität.

Bleibt die Frage: Welche Evidenz kann eine solche psychoanalytische Interpretation entfalten? Das Ergebnis dieses hermeneutischen Verfahrens ist eine strukturell und historisch reflektierte,
aber immer noch persönliche Lektüre. Die psychoanalytische
Leseerfahrung ist nicht zwingend verallgemeinerbar. Sie bildet
einen weiteren Punkt im Netz der Rezeption. Ob sie attraktiv ist
oder nicht, entscheidet sich daran, ob sie fruchtbar wird und weitere Leser anregt (Hamburger, 2001).

Kulturwissenschaft

Reimut Reiche hat in mehreren wichtigen Arbeiten (2000, 2011a,
2011b) mit Bezug auf Adornos Ästhetische Theorie (1970) und
Oevermanns Objektive Hermeneutik (1993) versucht, das Verhältnis von Psychoanalyse zur Kunstinterpretation zu überden-
ken. Dabei wendet er sich nicht nur gegen die in der älteren psychoanalytischen Kunstinterpretation vorherrschenden Modelle
der Psychopathographie und Kreativitätstheorie, sondern mit
gleicher Schärfe gegen die »Gegenübertragungshermeneutik«. Er
ist der Meinung, dass diese dem gleichen Kategorienfehler unter-
liege, der Verwechslung von klinischer Psychoanalyse und Kulturanalyse. »Die große Attraktion dieser Methode [der «Gegenübertragungshermeneutik» nach Lorenzer] für alle Freunde
der Psychoanalyse ist zugleich ihre Achillesferse, die je meinige
Gefühlsantwort auf das Werk wird in den Mittelpunkt gestellt
und als Gegenübertragung deklariert. [...] In der Anwendungs-
praxis betreibt die Tiefenhermeneutik denselben systematischen
Mißbrauch mit der psychoanalytischen Methode, den sie an der
psychobiographischen Methode kritisiert« (Reiche 2000, S. 30).
In seiner Darstellung streift Reiche die oben bereits erörterte
Frage, ob der Gegenübertragungsbegriff für die Wahrnehmung
von Kunstwerken angemessen ist, ohne sie allerdings zu vertiefen.
Dies würde allerdings ein Phänomen klären helfen, das Reiche nur

als »Unfug« abtut (S. 31): dass psychoanalytische Kategorien als Vehikel der Übertragung auf das Werk dazu hergenommen werden, diesem eine Deutung überzustülpen, statt sich ihm auszusetzen, wie es einer Anwendung der Methode als solche entspräche. Das Entstehen von Übertragungen sollte aber nicht verboten, sondern verstanden werden; schon deshalb, weil es durch ein Verdikt möglicherweise nicht aus der Welt zu schaffen ist. Wenn Reiche empfiehlt, »die tiefenhermeneutische Formel *Was macht der Text mit mir?* aufzugeben und die Restmasse in zwei Formeln auseinanderzuziehen: *Was macht der Text?* Und: *Was mache ich mit dem Text?*« (S. 31 f.), so bleibt doch auch hier die Frage nach der Textübertragung bestehen, ja sie wird auf eine reflexive Heuristik und eine formanalytische Validierung zugespitzt.

Reiche (2000) gewinnt seine Position vor allem aus einer Kritik der Rezeption von Freuds Leonardo-Studie (Freud 1910c) in der psychoanalytischen Kunsttheorie. Er weist nach, dass unter dem Druck der postfreudianischen Orthodoxie die Form- und Strukturanalyse zugunsten einer inhaltsbezogenen Deutung vernachlässigt wurde. Die Psychoanalyse verzichtete darauf, sich dem Werk zu konfrontieren, sich in einen analytischen Prozess mit ihm einzulassen, und unterwarf es stattdessen einer konfirmatorischen Subsumtionslogik. In vielen Punkten formuliert Reiche methodische Prinzipien, die auch der übertragungshermeneutischen Kulturanalyse gut anstehen. Er unterscheidet vier Schritte der Kunstanalyse:

(1) Schaffung eines Rahmens/Rekonstruktive Beschreibung und Erfassung der Gestalt des Werks. Diese Präzisierung des Gegenstandes ist nicht nur philologisch korrekt, sondern entspricht nach Reiche auch der klinischen Rahmensetzung. Der erste Schritt anerkennt die Tatsache, dass das Werk nie unmittelbar in die Analyse kommt, sondern nur vermittelt durch eine erste, diskursive Aneignung, die notwendig unterschieden ist vom Werk selbst; »der Betrachter muss das Werk in sich wiedererschaffen« (Reiche, 2011a, S. 308). Über Reiche hinaus erscheint es jedoch aus der Sicht einer rezeptionsorientierten Kulturanalyse zwingend, bei dieser Rahmensetzung explizit die Auswahl-

kriterien für den Text zu nennen, jedenfalls soweit sie zu Beginn der Analyse bereits bewusst sind. »Rahmensetzung« assoziiert die Tätigkeit des Analytikers bei der Paktvereinbarung; in gewisser Weise trifft dies auch zu, denn es ist zum einen in der Tat der Analytiker, der sich für ein kulturanalytisches Unternehmen mit einem bestimmten (kulturellen) Gegenstand entscheidet und sich dafür ein Arbeitsfeld selbst definieren muss. Zum anderen aber ist er ja sozusagen beim Werk in Analyse, er muss sich mit dem Rahmen, den das Werk als solches der Rezeption setzt, auseinandersetzen. Schon die Auswahl des Werks ist ein unbewusster Akt, der bewusst gemacht werden kann.

(2) Fortschreiten »von der Oberfläche zur Tiefe«. Damit meint Reiche nicht das Herausgreifen einzelner signifikanter Elemente, sondern die Betrachtung des Gesamtbildes: »alles beschreiben, was im Rahmen ist«. Dieses Postulat des *close reading* ist unverzichtbar, wenn die Herausforderung des Werkes, genauer die Herausforderung, die ich mir durch die Konfrontation mit dem Werk selbst stelle, überhaupt aufgenommen werden soll. In der Analyse der bildenden Kunst entspricht dem *close reading* die Erfassung des Bildes als Gesamtheit.

(3) Gleichbehandlung aller Bildelemente/Gleichschwebende Aufmerksamkeit. Im zweiten Schritt geht es darum, aus der Beschreibung des Kunstwerks diejenigen »Sinnelemente« des Kunstwerks herauszugreifen, die für die Analyse genutzt werden sollen. Diese liegen an der Oberfläche des Werks, nicht in der hinter diesen vermuteten vermeintlichen Tiefe eines quasipersonalen Unbewussten, in der Reiche ja, wie ausgeführt, mit Oevermann (1993) einen Kategorienfehler der tiefenhermeneutischen Kulturanalyse sieht. Diese am Strukturalismus und der Objektiven Hermeneutik (Oevermann, 1993) geschulte funktionale Gleichbehandlung aller Textelemente stellt eine starke interpretatorische Option dar. In der Praxis kann sie allerdings nicht eingehalten werden. In narrativ vorgetragenen, nicht formalisierten Analysen wird eine implizite Auswahl der kommentierten Elemente getroffen. Das gilt natürlich auch für die von Reiche selbst (2000, 2011b) vorgelegten Werkinterpretationen. Selbst in stärker formalisier-

ten Textanalysen, wie sie im Bereich der qualitativen Forschung üblich sind, muss eine – theoriegeleitete – Komplexitätsreduktion vorgenommen werden, meist durch Identifizierung von spezifischen klassifizierbaren oder codierbaren Textelementen. Reiche »adaptiert« das psychoanalytische Postulat der gleichschwebenden Aufmerksamkeit (Freud, 1912e): »Wir werden also eine Wolke zunächst nicht anders behandeln als einen Menschen – ebenso wie wir in einer Analysestunde einen Einfall über eine Wolke zunächst nicht anders behandeln als einen Einfall über einen Menschen« (Reiche, 2000, S. 36). Der Clou steckt im »zunächst«. Wenn wir Freuds »man höre zu und kümmere sich nicht darum, ob man sich etwas merke« (Freud 1912e, S. 378) befolgen, ist das eben kein Gebot der Gleichbehandlung der Einfälle, sondern eine Lizenz zur unwillkürlichen Ungleichbehandlung. Bion hat diese unbewusst selektive Wahrnehmung als »Rêverie« zu einem dyadischen Wahrnehmungstraum radikalisiert (Grabska, 2000). Der Analytiker trifft also immer eine unbewusste Auswahl. Seine Arbeit besteht darin, die unbewussten Tendenzen dieser Auswahl möglichst in statu nascendi zu erfassen – dabei hilft ihm seine Erfahrung mit sich selbst – und sie als persönliche Antwort auf das unbewusste (assoziative) Angebot des Analysanden zu verstehen. Die Benennung dieser zweipoligen Szene ist sein Beitrag zur Deutung. Im Fall der Kulturanalyse liegen die Dinge anders: Hier geht es nicht um ein Unbewusstes eines Werks, sondern um das des Rezipienten. Der Analytiker handelt als prototypischer Vertreter des »impliziten Lesers«, an den sich das Werk richtet. Die selbstanalytische Fundierung bleibt aber erhalten; als Psychoanalytiker kann der prototypische Rezipient eben nicht davon absehen, dass seine Lektüre eine persönliche ist.

(4) Deutung des Werks durch systematische Verknüpfung der Oberflächenelemente. Das Gegenmodell zur Tiefenhermeneutik, das Reiche (2000) für den methodisch-psychoanalytischen Zugang zum Werk empfiehlt, ist das der »Strukturhomologie von Traum und Kunstwerk« (Reiche, 2000). Dabei soll nicht das Werk dem Traum, sondern vielmehr die Kunstanalyse der Traumanalyse prozessual verglichen werden. Die Traumanalyse orientiert

sich dabei an der Methode von Fritz Morgenthaler (1986) sowie von Moser und von Zeppelin (1996), die die manifesten Traumbilder als Ausdruck eines Affektregulierungsprozesses verstehen. Reiche unterscheidet verschiedene zeitliche Ebenen des Traums: vom geträumten zum manifesten Traum (= dem erzählten Traumtext) und von diesem wieder zurück über die Mechanismen der Traumarbeit zum latenten Traumgedanken mit seinem Anschluss an den Triebkonflikt. Parallel zu dieser Abfolge zählt Reiche verschiedene zeitlich aufeinander folgende Manifestationen des Kunstwerks und seiner Analyse auf, vom gemalten Bild zur Bildbeschreibung, die zur Formanalyse und schließlich zum latenten Sinn führt (Reiche, 2000, S. 34). Diese Vergleichskette erscheint freilich nicht in allen Punkten schlüssig: Wenn Reiche den geträumten Traum dem gemalten Bild gleichgesetzt, so übergeht er die Tatsache, dass das gemalte Bild ja bereits stark symbolischen Charakter trägt. Eine Ebene der vorsymbolischen Entstehung des Bildes wird übergangen, wie sie etwa Peter von Matt als »Opusphantasie« beschrieben hat (von Matt, 1979), aus der das Werk erst als erste »Beschreibung« entsteht. Eine solche Ebene wäre durchaus auch dann beschreibbar, wenn man sie nicht subjektivistisch im Künstler lokalisiert, sondern als eine in der Luft liegende, nach Ausformung heischende Formforderung betrachtet. Auch die unhinterfragte Gleichsetzung von erinnertem manifestem Traum und erzähltem Traum wirft ein Problem auf, denn sie klammert die Beziehungsdimension des Traumerzählens aus (Hamburger, 1987, 1998b). Das gemalte Bild ist ja bereits ein kommunizierbarer, festliegender, ikonischer Text, den wir wiederholt und in unterschiedlicher Sequenzierung betrachten können, während es den geträumten Traum kennzeichnet, dass er sich entzieht. Jedes Erinnern, jedes Erzählen verändert ihn, unterzieht ihn einer »sekundären Bearbeitung«. Wenn wir die Kunstanalyse dem Prozess der Traumanalyse vergleichen, so wäre durchaus auch die weitere Parallele zu ziehen: Auch der Traum ist kein intrapsychisches Phänomen, sondern von vornherein in Beziehungserfahrungen eingesponnen (vgl. Hamburger, 1987, 1998a, 1998b, 2000a, 2000b, 2006b, 2010). Die Psychoanalyse der Traumerzäh-

lung geht ebenso wie die der freien Assoziation von der Teilhabe
des Zuhörers aus; sie beansprucht kein privilegiertes Deutungs-
wissen, sondern stützt sich auf die Reflexion der Szene. Wenn
dem so ist, dann muss auch Reiches Verdikt nicht weiter gelten,
die Rezeptionsanalyse sei in der Analyse von Kunstwerken fehl
am Platz; ist doch auch der Analytiker ein Rezipient, ob er sich
nun mit Träumen oder mit Kunstwerken befasst (so unterschiedlich auch deren Status ist: denn im letzteren Fall setzt er sich mit
der Deutung auseinander, die das Werk ihm und seinem eigenen
Unbewussten entgegenbringt). Er hat keinen privilegierten meta-
rezeptiven Zugang. Lediglich die Tatsache, dass er seine Teilhabe
reflexiv überarbeitet, macht ihn zum analytisch Tätigen.

In der neueren Darstellung seines Ansatzes hat Reiche (2011a,
2011b) den theoretischen Hintergrund schärfer gezeichnet und
dadurch noch einmal bekräftigt, dass er die kulturanalytische
Arbeit tatsächlich auf einem kategorial anderen Niveau ansiedelt als die klinisch-psychoanalytische. Ausgehend von einer Kritik des »Tabus der Schönheit« im Kunstdiskurs der Gegenwart
führt er aus, dass es sowohl im analytischen Prozess als auch in
der Kunst um die Gestaltung eines Dritten gehe, »ein Subjekt-Ob-
jekt, das vom Analytiker und vom Analysanden zwar ins Leben
gerufen wird, aber eine von beiden unabhängige Gestalt annimmt,
die nicht willkürlich gesteuert oder verändert werden kann« (Reiche, 2011a, S. 293). Diese »Sache«, das Dritte hinter dem Prozess, bringt auch die Kunst hervor: »Von dieser *Sache* als *dem zu
Gestaltenden* geht demnach eine Aufforderung aus, an den Künstler ebenso wie an das analytische Paar« (S. 293). Kraft dieses eigenen Zugangs zur ästhetischen Erfahrung kann sich die Psychoanalyse auch mit dem Werk auseinandersetzen; wobei methodisch
mit Adorno (1970) der »Vorrang des Objekts« zu respektieren ist.
Im Einzelnen bedeutet das, dass das Werk in seiner eigenen Form
zu beachten ist, dass Person und Intention des Künstlers nicht
Gegenstand der Analyse sind und vor allem, dass »im Zentrum
des Interesses das Werk und nicht das Verhältnis Werk/Betrachter
steht« (Reiche, 2011a, S. 301). Damit fällt Reiche hinter den in der
intersubjektiven oder relationalen Auffassung des psychoanalyti-

schen Prozesses erreichten Stand der Technik zurück; denn wenn der Psychoanalytiker in objektivistischer Weise deutet, unter Ausklammerung des subjektiven Anteils, so wird er dadurch den Analysanden oder das Werk nicht weniger verfehlen, sondern er wird dieses Verfehlen nur weniger bemerken. Reiche (2007) selbst hat dies an seiner Kritik des postkleinianischen Ansatzes von Meltzer und Harris gezeigt. Meltzer und Harris (1988) vertreten eine psychoanalytische Ästhetik, die sowohl die psychische Entwicklung als auch die psychoanalytische Technik von der Figur der überwältigenden Schönheit der Mutterbrust her zu deuten versucht. Reiche weist diesem Unterfangen kritisch eine Menge von auf die Brust projizierten Klischees nach, eine Ästhetik der Erfüllung, die sowohl die psychoanalytische Erfahrung als auch das entwicklungspsychologische Konfliktkonzept verfehle; vor allem aber jede Anschlussfähigkeit an einen modernen Kunstbegriff. Aus der psychoanalytischen Ästhetik des Mangels mache sie eine verklärende Kitsch-Apotheose der guten Brust. Freilich kann Reiches Kritik auch gegen sein eigenes Verdikt der Selbstreflexion gewendet werden; ist es doch gerade die Meltzer-Schule, die den ehemals reflexiven Ansatz der Gegenübertragungsanalyse (Racker, 1953) durch einen objektivierenden Deutungsgestus ersetzte (vgl. Hamburger, 2010).

Postmoderne Lektüren

Diese Forderung, die basale ästhetische Erfahrung, auf die Kunst verweist, in der Lücke zu suchen, könnte eine Entsprechung finden in Jacques Lacans Konzeption des »Dings« (Lacan, 1956). In seinem Seminar zur Ethik der Psychoanalyse (Lacan, 1986) definiert er das Kunstwerk als Ausdruck der Leerstelle, des »Realen« – das heißt der undenkbaren, ungedachten Welt jenseits des symbolisch Geordneten und Fassbaren, des Dings an sich, das Lacan oft als das »Schreckliche« bezeichnet.

Dieser Zugang ist heute einer der am weitesten verbreiteten Schlüssel zu einer psychoanalytisch verstandenen Interpretation

von Kunstwerken geworden. Auch an diesen Schlüssel wird freilich die skeptische Frage zu stellen sein, ob er schließt oder ob er
öffnet. Das ist deshalb schwierig, weil der Gestus, in dem Analysen dieser Provenienz vorgetragen werden, oftmals und mit
Bedacht vom Herausgreifen singulärer Fakten aus dem Werkkon-
text, ihrer assoziativen Verknüpfung und intertextuellen Parallelisierung geprägt ist. Eine Forderung nach der Setzung eines Rah-
mens und der vollständigen Zurkenntnisnahme seines Inhalts,
wie sie von Reiche (2000, 2011a, 2011b) erhoben wird, ist dem
postmodernen, sich auf Lacan berufenden Interpretationsansatz
fern. Wenn aber – eine Tendenz dazu hatten wir sogar bei Reiche bemerkt – psychoanalytische Lektüre sich davon dispensiert,
den eigenen Arbeitsprozess offenzulegen, weil sie über einen vermeintlich privilegierten Zugang zum Unbewussten verfügt – sei
es das des Analysanden, das latente Dritte in der Gesellschaft,
das sie als Kunstform zum Vorschein zu bringen vermöchte, oder
das »Reale« –, so erliegt sie leicht der Versuchung, das skeptische
Prinzip der »Arbeit in der Tiefe« dem schnellen Glanz der Deutung zu opfern.

In zahlreichen, sehr populären Filminterpretationen hat der
slowenische Kulturphilosoph Slavoj Žižek Lacans Begriff des
»Dings« zum filmtheoretischen Konzept der »Naht« weiterent-
wickelt. Darunter versteht er die filmische Technik, das aufbre-
chende Unbewusste in der Filmkunst durch die Erzeugung eines
Phantasmas, im Film eines zeitlich konstruierten Phantasmas,
etwa durch die Mittel des Schnitts zu »vernähen« (Žižek, 2001).
Selten wird bei Žižek dieses Verfahren in aller Ausführlichkeit
gezeigt, nie eigentlich nachgewiesen; die Rhetorik der Postmoderne sucht nicht den Nachweis, sondern den Hinweis, lässt auch
dem Leser die Freiheit, solche Nahtstellen selbst zu finden. Ein
signifikantes Detail wird herausgegriffen und liefert den Schlüssel
zur Interpretation, die – ganz im Gegensatz zu den klassisch-psy-
choanalytischen Deutungsmustern – nicht Affekt- oder Konflikt-
muster aufweist, sondern in der Regel immer wieder Bruch- und
Nahtstellen, also immer die Konstitution des Bewusstseins selbst
thematisiert. Das Herausgreifen des signifikanten Details ist ein

Erbe der strukturalistischen Lektüre, die vom materialen Text ausgeht. Die Erben verzichten freilich auf den – bei Reiche noch erhobenen – Anspruch der Vollständigkeit und begnügen sich gern
mit der Trouvaille. Immerhin ist diese poststrukturalistische Position darauf verpflichtet, Textbelege zu bringen, auch wenn diese in
ihrer Bedeutung für den Text bisweilen überschätzt werden.

In seinen Filmanalysen greift Žižek konsequent auf die
Zuschauerperspektive zurück, in der das gesamte Gesche-
hen auf der Leinwand als Chiffre seiner Weltaneignung gelesen
wird. Gelegentlich ist, wie in »Passage to India« (David Lean,
GB 1984) oder »Forbidden Planet« (Fred Wilcox, USA 1956), ja
auch in »Psycho« (Hitchcock, USA 1960), die Konstellation, in die
der Film den Zuschauer einführt, eine ödipale (vgl. Žižek, 2001,
S. 293 f.; 2006); meist aber konfrontiert uns Žižeks Kino mit dem
Lacan'schen »Ding« oder eben der »Nahtstelle« als der dyadischen
Begegnung mit dem Schrecken des nichtsymbolischen Realen, wie
etwa in seiner Analyse von Tarkowskijs »Solaris« (UdSSR 1974;
vgl. Hamburger, 2012).

Wie deutlich der Drang zur Mustererkennung den Werkbezug
überwältigt, kann zum Beispiel an Žižeks Behauptung (natürlich
Lacan folgend) abgelesen werden, eine beliebige Gliederung von
Hitchcocks Gesamtwerk in chronologische Dreiergruppen (wobei
man »die Filme ausschließt, die nicht Teil des ›Hitchcock'schen
Universums‹ sind«) führe zu einer erhellenden Typisierung
(Žižek, 1988, S. 182 f.). Das ist wahrscheinlich vor allem dann so,
wenn man (Lacan folgend) die Drei besonders bedeutend findet.

Entwickelt wurde dieses Verfahren der poststrukturalistischen
Lektüre von Nicolas Abraham und Maria Torok (1976), aufbauend auf der strukturalen Textinterpretation. Die strukturalistische Wende nahm ihren Ausgang von der linguistischen Einsicht,
dass (sprachliche) Zeichen keine eingeborene Bedeutung haben,
sondern diese nur als Teil eines Systems erhalten; im Schach-
spiel kann man jede einzelne Figur durch ein Holzklötzchen
ersetzen. Durchdrungen von der im Strukturalismus begründe-
ten Erkenntnis, dass die Welt, wir selbst, vollkommen konstruiert sind durch ein System sprachförmig konstruierter, arbiträ-

rer Zeichen, dass also alles, was uns als Ding, Selbst, Objekt, Ich,
Du erscheint, lediglich eine Setzung ist, die allerdings ohne weiteres geglaubt und wie eine Münze gehandelt wird, hat die Postmoderne systematisch begonnen, scheinbar feststehende Opposi-
tionen aufzubrechen und zu dekonstruieren, ihre Konstruiertheit
aufzuzeigen.

Der zentrale Diskurs, in dem dies geschehen ist, war der Gen-
derdiskurs, der die scheinbar feststehenden Geschlechterdifferen-
zen in ihrer kulturellen Determiniertheit kenntlich machte. Mit
der dekonstruktivistischen Methode entfaltet sich eine neue Lust
am Textdetail; mit einem Mal eröffnet der geronnene Text Zugang
zu einer Fülle von möglichen Dekonstruktionen. Als besonders
ergiebig erwies es sich, Texte der klassischen Psychoanalyse selbst,
die die aus der talmudischen Tradition inspirierte Methode des
Entzifferns aufgebracht hatte, einer Neulektüre zu unterziehen.
In der »Kryptonymie – Das Verbarium des Wolfsmannes« dokumentieren Abraham und Torok (1976) unter dem (allerdings kaum
verständlichen) Beifall von Jacques Derrida einen fünfjährigen
Lese- und Analyseprozess mit den Texten von Freud (1918b) und
weiteren Quellen. »In unserem einzigartigen Experiment wurde
die fortgesetzte Wiederholung der Sitzungen durch zahlreiche
wiederholte Lektüren, durch einen immer neuen Rückgang zu den
immer gleichen Dokumenten ersetzt« (Abraham u. Torok, 1976,
S. 61). Im Gegensatz zur analytischen Dyade beschreiben sie die
»psychoanalytische Theoretisierung von Dokumenten [als] Übersetzung. Übersetzung eines gegebenen Textes in einen *erfundenen*
Text (in dem doppelten Sinn dieses Wortes als Auffindung und
Schöpfung)« (S. 63 f.). Was sie finden, ist eine (hypothetische) Ein-
verleibung der Schwester, manifestiert in die Einschreibung von
deren Namen in ein russisches Wort. Obwohl die Autoren wiederholt versichern, dass es sich bei ihrer Arbeit um ein bewusst nicht
rekonstruierendes, sondern phantasmatisch konstruierendes Verfahren handelt, das »den Wolfsmann nur als eine mythische Person visiert«, dass sie »vollkommen fiktiv – aber nicht beliebig«
sei (Abraham u. Torok, 1976, S. 99), werden ausführlich Quellen
herangezogen, Texte, Wörterbücher.

Ein Beleg dafür, wie weit diese Methode, den Text durch die
bewusste Hinzufügung eines phantasierten Schlüssels zu öffnen,
ausufern kann, wenn dabei auf Skepsis gegenüber den eigenen
Interpretationsfiguren und infolgedessen auf Textbelege verzichtet wird, sei eine neuere »Hamlet«-Interpretation herangezogen,
die »den klassischen Konflikt Hamlets in einen völlig neuen Sinn-
zusammenhang« zu stellen beansprucht (Schauder, 2008, S. 452).
Die Autorin präsentiert die Hypothese, Hamlets Vater sei einem
Mordkomplott zum Opfer gefallen, an dem Hamlets Mutter beteiligt gewesen sei (das ist zwar eher Macbeth, wäre aber im »Hamlet« als Subtext und präödipales Phantasma der mörderischen
Mutter wohl lesbar). Nun ist die Schuld Gertrudes ein seit Jahr-
zehnten diskutierter Aspekt – im Stück selbst wird sie angedeu-
tet und kaum je wirklich bestritten (das Verbot des Muttermor-
des durch den Geist ist keine Exkulpierung, sondern lediglich die
Anerkennung eines Tabus: »Befleck dein Herz nicht; dein Gemüt
ersinne/Nichts gegen deine Mutter; überlaß sie/Dem Himmel und
den Dornen, die im Busen/Ihr stechend wohnen«). Auch Hamlet selbst klagt seine Mutter an. Pikant ist nur Schauders Hypothese – und hier sehen wir die Interpretationsmethode am Werk,
für die dieser Aufsatz beispielhaft stehen soll –, dass der Mord,
von Claudius im Auftrag der Mutter vollzogen, auf einem sprachlichen Missverständnis beruhte: Sie verortet im Zentrum des Stückes einen unausgesprochenen, »fehlenden« Satz, den Gertrude
dem Claudius ins Ohr flüstert: »Tu es le roi pour moi« (Du bist
für mich der König). Eine Quelle für dieses Zitat wird nicht angegeben; was auch nicht möglich wäre, denn es steht nicht im Text.
Es wurde von der Interpretin unterstellt, und zwar aufgrund
einer quasi natur- oder universell lustgesetzlichen Annahme:
»Unter dem Zugriff der Leidenschaft spricht man so« (Schauder,
2008, S. 460). Ein folgenreicher, geradezu explosiver Satz für das
Stück und die Weltliteratur: Denn durch seinen Gleichklang mit
einem – ebenfalls unausgesprochenen – »Tuez le roi pour moi«
(Töte den König für mich) wird Claudius als Killer mobilisiert,
und zwar, wie wir (nun wieder aus dem Original) wissen, ebenfalls durchs Ohr. Spricht also das Unbewusste Französisch (in

einem englischen Stück über einen dänischen Prinzen)? Nein,
versichert die Autorin selbstkritisch. Sie sei sich »im Klaren darüber, dass das Wortspiel am besten im Französischen funktioniert,
das bei fast gleicher Aussprache eine völlig andere Bedeutung des
Satzes erschließt. […] Aber in allen Sprachen ließe sich eine solche Akzent- und Bedeutungsverschiebung reproduzieren, wenn
nur dieselbe phonetische, semantische und pragmatische Doppel-
sinnigkeit beibehalten wird« (Schauder, 2008, 461, Fn. 12). (Vorschlag fürs Deutsche: »Claudi, du Schlechter!« [neckisch-drohend;
Folge von durch Leidenschaft bedingter Infantilisierung; kann bei
Frauen als ubiquitär vorausgesetzt werden] wird zu »Claudi, du
Schlächter!« [leidenschaftsbedingter Verhörer mit negativer Gran-
diosität; kann bei Männern ubiquitär angenommen werden; hier:
nimmt illusionären Auftragscharakter an, führt zu Brudermord].)

Kühnheit ist ja was Schönes, es ist aber sehr die Frage, ob die
methodische Kühnheit nennenswert neue Erkenntnisse hervor-
bringt. Auch die weitere, interessante Idee, Hamlet könnte Claudius' Sohn sein, wird nicht am Text fundiert – nicht einmal an
einem imaginären. Allerdings wird sie nett ausgedrückt: »identi-
täres Ver-rücktsein«. Das Feuerwerk von Hypothesen mündet im
spielerischen Finale. Leicht und zart wird der Schluss aus allem
gezogen: nämlich keiner. »Geben wir ihm [Hamlet] seine Freiheit
wieder, die die Freiheit des Zweifels ist« (Schauder, 2008, S. 469).
So landet der Begriff der Skepsis als krönendes Sahnehäubchen
auf einer Wolke von Pirouetten.

Hier schließt sich der Kreis. Aus Skepsis den Setzungen gegenüber ist neue, selbstreferenzielle Setzung geworden. Da im Selbstverständnis der postmodernen Interpretationsmethode nicht
eine dem Werk inhärente Struktur anhand seiner durch Belege
erhärteten Beschreibung aufgewiesen werden soll, sondern Belege
nur durch die autonome Konstruktion des Interpreten heraus-
gehoben werden und als Kristallisationspunkte seiner Lektüre
erscheinen, kann man sie ebenso gut auch erfinden, ohne diese
Lektüre weniger erhellend zu machen. Zu fragen bleibt, ob dies
als Methodik einer psychoanalytischen Literaturinterpretation
durchgehen kann – selbst wenn wir auf jede Gegenstandsfundie-

rung von Erkenntnis verzichten und alles am Diskurs festmachen, der sich selbst erneuert. Auch im Diskurs muss ja irgendwie überzeugt werden, muss Gewinn versprochen werden, damit etwas »gekauft« wird – solche hoch verzinslichen Kurzläufer aber kauft nur, wer fest mit der Pleite rechnet.

Da aber eines der wesentlichen Kennzeichen des psychoanalytischen Diskurses seine Vielfalt ist und Einfälle nach dem Prinzip der gleichschwebenden Aufmerksamkeit nicht verworfen, sondern zugelassen und analysiert werden sollten, sollte auch dieser Beitrag zur »Hamlet«-Interpretation zunächst jedenfalls als freier Einfall gelten. Was Schauder als Methode beansprucht, die »magische Wirkung [...] einer absolut subjektiven Wahrheit« (Schauder, 2008, S. 473) als Hebel der Dekonstruktion eines kanonisierten Textes, sagt vielleicht nicht viel über den »Hamlet«; es sagt aber etwas über die Gegenwart. Das weit über Abraham und Torok (1976) hinausgehende Verfahren der »absoluten subjektiven Wahrheit« zielt nicht mehr darauf, ein dem Text selbst inhärentes Anderes zum Vorschein zu bringen, sondern begnügt sich mit der ästhetischen Faszination des Lesers der Analyse. Es lässt sich vom Werk inspirieren, ein neues zu schaffen. Der Verzicht auf ein Werkverstehen, der Übergang zur Hinzufügung einer weiteren Lesart verweist auf einen spezifischen Zustand des Lesers selbst.

Das Paradigma der Postmoderne ist die Oberfläche als solche. Möglicherweise war es die Fotografie, die dieses Paradigma als Erstes zur Anschauung brachte (Benjamin, 1939). Als reproduzierte Ablichtung, als reproduzierbarer Abzug verweist sie nicht mehr wie die auratischen Bilder der versunkenen, nicht mechanisch aufgezeichneten Welt auf eine ungreifbare Substanz hinter den Erscheinungen, sondern als Ab-Bild immer auf sich selbst. Die Möglichkeit, den Augenblick festzuhalten, hat unsere Welterfahrung radikal verändert (vgl. Hamburger, 2009). Seit die Welt irreversibel ins Bild gebannt ist, steht jedes Kunstwerk im Verhältnis zur geronnenen Oberfläche. In deren Spiegelgarten ereignet sich Wahrnehmung immer und nur noch als Konstruktion; in jedes Bild ist seither diese Allmacht eingeschrieben. Wo ein Bild als Kunst auftritt, weiß es das. Das Kunstschöne, das Reiche (2000,

2011a, 2011b) mit Hegel noch sozusagen dicht hinter dem Werk
vermutet, liegt nun im Betrachter-Konstrukteur. In der postmodernen Kunstrezeption löst dieser sich ganz von dem Anspruch,
etwas im Werk selbst zu erkennen. Das Werk wird zum Spielraum, in dem der Betrachter seine Konstrukte erproben kann. Das
Begehren des Interpreten hat sich unmerklich in Lacans »Jouis-
sance«, das Genießen des Kunstkonsumenten, verwandelt (vgl.
Hamburger u. Pramataroff-Hamburger, 2010).

Dennoch, das Bild des Konsumenten, der sich an bunten Bildern erquickt, geht nicht auf. Der Medialisierung der Welt zum
Trotz bleiben wir in unseren Körpern gefangen; sie begleiten uns
überallhin, beeinflussen die affektive und kognitive Verarbeitung
jeder Erfahrung, bestimmen unsere Gedächtnisbilder. Es bleibt
immer ein Rest. Auch in der medial schöngesungenen Welt bleibt
die Ahnung der Inkompatibilität des Menschen erhalten. Das
heißt: Auch aus der industriell repoduzierten Oberfläche des Hol-
lywood-Kinos versuchen wir immer noch das Besondere abzulesen, unser eigenes Leben. So sehr uns die Tausksche Maschine
einsaugen kann, so wenig kann sie uns doch erfüllen. Was wir im
Kino unter der Regie der drängenden Bilder phantasieren, bleibt
im Kern immer selbstgemacht.

Die postmoderne Lektüre, auch von Hamlet, wird also dem
kulturellen Zustand des 21. Jahrhunderts gerecht; aber sie vernachlässigt, dass auch heute noch Menschen es sind, die lesen.
»Wenn ihr uns stecht, bluten wir nicht? Wenn ihr uns kitzelt,
lachen wir nicht? Wenn ihr uns vergiftet, sterben wir nicht? Und
wenn ihr uns beleidigt, sollen wir uns nicht rächen?« – Shylocks
Fragen möchten wir manches Mal den postmodernen Capricen
entgegenhalten, die Subjektivität vor allem als Spielmünze ausge-
ben. Subjektive Evidenzen, gewebt aus assoziativen Verknüpfun-
gen, eingeschrieben in die Textvorlage oder – wie bei Schauder
(2008) – in imaginäre Texte, wollen ihr Publikum gerade mit den
unwahrscheinlichsten Volten der Argumentation bannen. Neu
und gerade deshalb bestechend im doppelten Wortsinn, ist, dass
hier das den Strukturalismus generierende Prinzip der Texttreue,
der Primat der Lektüre, transzendiert wird durch Bezug auf einen

fiktiven Schlüsselsatz. Dieses Herantragen des Schlüssels an den Text reproduziert aber getreulich den Kategorienfehler, den Reiche der »Gegenübertragungshermeneutik« vorgehalten hat: die Gepflogenheit klinisch orientierter Textanalyse, den eigenen Einfall schon als Deutung auszugeben. Was sie aus dem kunstanalytischen Prozess herauskürzt, ist die Auseinandersetzung mit dem sperrigen Text. Zum ersten Mal erscheint einem Hamlet, der Prinz des Zweifels, der die Jahrhunderte seiner Rezeption hindurch so jung wie undurchsichtig geblieben war, müde, alt und ausgelutscht. Ein Textgewebe aus feinsten Assoziationen; man ist versucht zu sagen: Er hat ja gar nichts an.

Aber vielleicht war ja Andersens Kaiser ein weiser Regent, der mit Bedacht nackt durch die Stadt schreitet – eine männliche Lady Godiva – auf der Suche nach dem, der die Wahrheit wagt: nach dem Kind? Ist Lacan ein weiser Meisterdenker, der die Selbstbezüglichkeit seines Modells ganz offen präsentiert, ein Narr am eigenen Hof, um uns über die Eitelkeit des Erkennens zu unterrichten? Das würde ihn zugleich zum Meisterskeptiker machen und Abraham, Torok und Schauder zu seinen wahren Aposteln.

Pyrrhons Schwein

Es mag der Gipfel der philosophischen Skepsis sein, dem Zufall das Einsehen zu überlassen – und zu dem Schluss zu kommen, dem Einzigen, dass alles eitel und Gleichmut das Beste sei, was man sich bewahren könne. G. W. F. Hegel beschreibt diesen Trick am Beispiel des von den Pyrrhonisten (Sextus Empiricus um 180, Nr. 28) gern zitierten Malers Apelles: »Wie Apelles, als er ein Pferd malte und die Darstellung des Schaums nicht herausbringen konnte, sie aufgebend, den Schwamm, woran er die Farben des Pinsels ausgewischt hatte, an das Bild warf und damit die Abbildung des Schaums traf, so finden in der Vermischung alles Erscheinenden und Gedachten die Skeptiker das Wahre, jene durch Vernunft erworbene Gleichmütigkeit, welche von Natur zu haben den Unterschied des Tiers von dem Menschen ausmacht und die Pyrrhon einst zu Schiffe seinen Gefährten, die in dem heftigen Sturm zagten, mit ruhigem Gemüte an einem Schwein, das im Schiffe fraß, mit den Worten zeigte: der Weise müsse in solcher Ataraxie stehen« (Hegel, 1802/1979, S. 239 f.).

Die Skepsis, die als Zweifel am Behaupten begonnen hatte, wird selbst zur Behauptung, vollendet in der Behauptung des Beliebigen: Das Wahre ist der Zufall, der Schwamm, der an die Leinwand geworfen wird. Demgegenüber bleibt Skepsis, die sich des Behauptens enthält, eine Forschungshaltung, ermöglicht die Öffnung eines Erfahrungsraums, ohne Absicht und Festlegung. Wir wissen nicht, was Pyrrhon wirklich am Schwein so gefesselt hat. Vielleicht seine Ataraxie, vielleicht aber auch, dass es fraß. Das Schwein – wahrscheinlich war das seine Art, mit dem Geschaukel im Sturm umzugehen – versuchte einfach weiterzuleben. Die Psychoanalytiker, sofern sie mit einem Menschen durch dessen Stürme leibhaftig segeln, versuchen das auch. Sie nehmen sogar Honorar für jene »sinnlosen« Sitzungen, die sie mit Recht für Arbeit halten, in denen beide nicht wissen, wie man da wieder herauskommen soll. Das eben ist der Sinn. Aber darin erschöpft er sich nicht. *Without memory and desire,* jedenfalls wenn *desire* ein Zukunftsentwurf sein soll, frisst das Schwein einfach weiter. Es tut, was man tut, wenn man leben will.

Das Gold der Analyse ist, so gesehen, nicht der Meisterdiskurs der Deutungsraffinesse. Es ist die Bereitschaft, sich dem Unbekannten, dem Schrecken auszusetzen. Von Freud über Lorenzer, Lacan und Reiche waren alle kulturanalysierenden Psychoanalytiker an der Front des Schreckens tätig, hatten im Behandlungszimmer mit echten Menschen zu tun, nicht nur mit Artefakten. Anders diejenigen, die aus der Etappe deuten. Psychoanalytische Kulturanalyse stellt ihre Noten auf die Goldreserve der klinischen Erfahrung aus. Was aber, wenn die Goldreserve – wie seit der Sterlingkrise 1931 im Währungssystem – nicht mehr als deklarierte Deckung gilt? Wenn Währungen letztlich nur aus sich selbst gedeckt sind, aus dem Vertrauen, dass sie nicht verfallen werden? Ist dann auch der Intellekt mit seinen Produkten nur eine schwimmende Insel? Ja und nein. Es gibt keine Säulen mehr, die das Firmament tragen. Der Globus ist, wir wissen das jetzt, tatsächlich eine schwimmende Insel im »Raum«, den wir uns nicht einmal vorstellen können. Aber auf diesem Inselglobus leben Menschen, Schweine, andere Wesen, die daran arbeiten, weiterzuleben und dieses Leben so gut wie möglich entlang ihrer Möglichkeiten zu entwickeln; die, ein erstaunlich universaler Fakt, ihre Kinder lieben und ihnen die Welt erhalten möchten. Ob aus der Einsicht in diese Selbstbezüglichkeit der Gattung, wie Kant es hoffte, je ein Ewiger Friede wird, scheint unsicher. An manchen neuralgischen Punkten des Globus ist immerhin ein langer Frieden daraus geworden. An anderen nicht. Am weit umfassenderen Schauplatz der Umwelt hat die Gattung dem Globus, und damit sich selbst, einen vermutlich ewigen Krieg erklärt (wenn Ewigkeit die Zeit ist, die jemand noch als solche wahrnehmen kann).

Die Unterwelt zu bewegen durch das Wahrnehmen dessen, was von den Begriffen ausgesondert wurde, war (und ist) der Aufbruch in die psychoanalytische Feldforschung. Es ist auch die Reise, auf die die Kunst sich immer wieder macht. Wenn Psychoanalytiker sich dem Verstehen der Werke aussetzen, die dies wiedergeben, ist das natürlich ein Spiel – denn es hat keine Balken – und zugleich kein Spiel, denn es geht ums Leben. Mit Freud können wir »nur mit dem Wunsche schließen, daß das Schicksal allen eine bequeme Auffahrt bescheren möge, denen der Aufenthalt in der Unterwelt der Psychoanalyse unbehaglich geworden ist. Den anderen möge es gestattet sein, ihre Arbeiten in der Tiefe unbelästigt zu Ende zu führen« (Freud, 1914d, S. 113).

Literatur

Abraham, N., Torok, M. (1976/1979). Kryptonymie. Das Verbarium des Wolfsmannes. Frankfurt a. M.: Ullstein.
Adorno, Th. W. (1951/2008). Minima Moralia. Reflexionen aus dem beschädigten Leben. Frankfurt a. M.: Suhrkamp.
Adorno, Th. W. (1970/1973). Ästhetische Theorie. Frankfurt a. M.: Suhrkamp.
Albrecht, M. (1995). Skepsis, Skeptizismus II: Neuzeit. In J. Ritter, K. Grün-

der, G. Gabriel (Hrsg.), Historisches Wörterbuch der Philosophie, Bd. 9 (Sp. 950–974). Basel: Schwabe.

Baumann, Z. (2000). Flüchtige Moderne. Frankfurt a. M.: Suhrkamp 2003.

Beck, U. (1986). Risikogesellschaft. Auf dem Weg in eine andere Moderne. Frankfurt a. M.: Suhrkamp.

Benjamin, W. (1939/1955): Das Kunstwerk im Zeitalter seiner technischen Reproduzierbarkeit (dritte, autorisierte letzte Fassung, 1939). In W. Benjamin, Gesammelte Schriften. Bd. I, Werkausgabe, Bd. 2 (S. 471–508). Frankfurt a. M.: Suhrkamp.

Bergman, M. (1995). The Jewish and German roots of psychoanalysis and the impact of the holocaust. American Imago, 52, 243–259.

Bion, W. F (1970). Attention and Interpretation. A scientific approach to insight in psycho-analysis and groups. London: Tavistock.

Blumenberg, Y. (1997). »Freud – ein gottloser Jude?« Zur Frage der jüdischen Wurzeln der Psychoanalyse. Luzifer-Amor, 10 (19), 33–80.

Bohleber, W. (2011). Die intersubjektive Geburt des Selbst. Editorial zum Sonderheft. Psyche – Z. Psychoanal., 65 (9–10), 769–777.

Boothe, B. (1994). Der Patient als Erzähler in der Psychotherapie. Göttingen: Vandenhoeck & Ruprecht.

Bos, J. (2005). Marginal Historiography: On Stekel's Account of Things. Psychoanal. Hist., 7, 181–197.

Crites, S. (1986). Storytime: Recollecting the past and projecting the future. In T. R. Sarbin (Ed.), Narrative psychology. The storied nature of human conduct (pp. 152–173). New York, Westport, London: Praeger.

Descartes, R. (1637/1870). Abhandlung über die Methode, seine Vernunft gut zu gebrauchen und die Wahrheit in den Wissenschaften zu suchen. In René Descartes' philosophische Werke. Abt. 1 (S. 19–20). Berlin: Verlag von L. Heimann.

Descartes, R. (1644/1870). Die Prinzipien der Philosophie. In René Descartes' philosophische Werke. Abt. 3 (S. 6). Berlin

Deppermann, M. (1990). »Durch die Freudsche Tiefenlinse«. Zum Verhältnis von Ideologie und Psychoanalyse im Filmstil Sergej Eisensteins – Psychologische Aspekte der ästhetischen Kommunikation im Film. In J. Cremerius, W. Mauser, C. Pietzcker, F. Wyatt (Hrsg.), Zur Psychoanalyse der literarischen Form(en) (S. 178–199). Würzburg: Königshausen & Neumann.

Deutsch, H. (1926). Okkulte Vorgänge während der Psychoanalyse. Imago, 12, 418–433.

Devereux, G. (1967/1973). Angst und Methode in den Verhaltenswissenschaften. München: Hanser.

Dornes, M. (1993). Der kompetente Säugling. Die präverbale Entwicklung des Menschen. Frankfurt a. M.: Fischer.

Dornes, M. (2008). Die Seele des Kindes. (2. Aufl.). Frankfurt a. M.: Fischer.

Erikson, E. H. (1950/1953). Wachstum und Krisen der gesunden Persönlichkeit II. dt.: Psyche – Z. Psychoanal., 7 (2), 112–139.

Fara, G., Cundo, P. (1981/1983): Psychoanalyse, ein bürgerlicher Roman. Basel, Frankfurt a. M.: Stroemfeld/Roter Stern.

Fogelin, R. J. (1994). Pyrrhonian reflections on knowledge and justification. Oxford: Oxford University Press.

Freud, S. (1896b). Weitere Bemerkungen über die Abwehr-Neuropsychosen. G. W. Bd. I. (S. 379–403). Frankfurt a. M.: Fischer.

Freud, S. (1900a). Die Traumdeutung. G. W. Bd. II/III. Frankfurt a. M.: Fischer.

Freud, S. (1905e). Bruchstück einer Hysterie-Analyse. G. W. Bd. V (S. 161–286). Frankfurt a. M.: Fischer.

Freud, S. (1909c). Der Familienroman der Neurotiker. G. W. Bd. VII (S. 227–231). Frankfurt a. M.: Fischer.

Freud, S. (1910c). Eine Kindheitserinnerung des Leonardo da Vinci. G. W. Bd. VIII (S. 127–211). Frankfurt a. M.: Fischer.

Freud, S. (1912e). Ratschläge für den Arzt bei der psychoanalytischen Behandlung. G. W. Bd. VIII (S. 376–387). Frankfurt a. M.: Fischer.

Freud, S. (1914d). Zur Geschichte der psychoanalytischen Bewegung. G. W. Bd. X (S. 43–113). Frankfurt a. M.: Fischer.

Freud, S. (1917). Vorlesungen zur Einführung in die Psychoanalyse. G. W. Bd. XI. Frankfurt a. M.: Fischer.

Freud, S. (1918b): Aus der Geschichte einer infantilen Neurose. G. W. Bd. XII (S. 27–157). Frankfurt a. M.: Fischer.

Freud, S. (1920g). Jenseits des Lustprinzips. G. W. Bd. XIII (S. 3–69). Frankfurt a. M.: Fischer.

Freud, S. (1923b). Das Ich und das Es. G. W. Bd. XIII (S. 237–289). Frankfurt a. M.: Fischer.

Freud, S. (1925d). Selbstdarstellung. G. W. Bd. XIV (S. 33–96). Frankfurt a. M.: Fischer.

Freud, S. (1926e). Die Frage der Laienanalyse. Unterredungen mit einem Unparteiischen. G. W. Bd. XIV (S. 207–284). Frankfurt a. M.: Fischer.

Freud, S. (1926d). Hemmung, Symptom und Angst. G. W. Bd. XIV (S. 111–205). Frankfurt a. M.: Fischer.

Freud, S. (1927a). Nachwort zur »Frage der Laienanalyse«. G. W. Bd. XIV (S. 278–296). Frankfurt a. M.: Fischer.

Freud, S. (1933a). Neue Folge der Vorlesungen zur Einführung in die Psychoanalyse. G. W. Bd. XV. Frankfurt a. M.: Fischer.

Freud, S. (1933b). Warum Krieg? G. W. Bd. XVI (S. 13–27). Frankfurt a. M.: Fischer.

Freud, S. (1937c). Die endliche und die unendliche Analyse. G. W. Bd. XVI (S. 59–99). Frankfurt a. M.: Fischer.

Freud, S. (1940a). Abriß der Psychoanalyse. G. W. Bd. XVII (S. 63–138). Frankfurt a. M.: Fischer.

Freud, S. (1950c). Entwurf einer Psychologie. Texte aus den Jahren 1885–1938. G. W. Nachtragsband (S. 387–477). Frankfurt a. M.: Fischer.

Freud, S. (1960/1980). Briefe 1873–1939. Frankfurt a. M.: Fischer.

Freud, S., Breuer, J. (1895d). Studien über Hysterie. Leipzig und Wien: Deuticke (wiederabgedruckt ohne Breuers Beiträge in G. W. Bd. I [S. 77–312]. Frankfurt a. M.: Fischer).

Gabriel, M. (2008). Antike und moderne Skepsis zur Einführung. Hamburg: Junius.

Gast, L. (1992). Libido und Narzissmus. Vom Verlust des Sexuellen im psychoanalytischen Diskurs. Tübingen: edition diskord.

Gergen, K. J., Gergen, M. M. (1986). Narrative form and the construction of psychological science. In T. R. Sarbin (Ed.), Narrative psychology. The storied nature of human conduct (pp. 152–173). New York, Westport, London: Praeger.

Grabska, K. (2000). Gleichschwebende Aufmerksamkeit und träumerisches Ahnungsvermögen (Rêverie). Forum Psychoanal., 16, 247–260.

Gray, P. (1987/1999). »Ein gottloser Jude«. Sigmund Freuds Atheismus und die Entwicklung der Psychoanalyse. Frankfurt a. M.: Fischer.

Grimm, J. u. W. (Hrsg.) (1854 ff./1984). Deutsches Wörterbuch. München: dtv.

Hamburger, A. (1983/1993). Übertragung und Gegenübertragung. In W. Mertens (Hrsg.), Schlüsselbegriffe der Psychoanalyse (S. 322–329). Stuttgart: Verlag Internationale Psychoanalyse.

Hamburger, A. (1987). Der Kindertraum und die Psychoanalyse. Ein Beitrag zur Metapsychologie des Traums. Regensburg: Roderer.

Hamburger, A. (1995). Entwicklung der Sprache. Stuttgart: Kohlhammer.

Hamburger, A. (1996). Goldne Träume kommt ihr wieder. Bericht über eine Lektüre. In J. Cremerius, G. Fischer, O. Gutjahr, W. Mauser, C. Pietzcker (Hrsg.), Methoden in der Diskussion (S. 47–81). Würzburg: Königshausen & Neumann.

Hamburger, A. (1998a). Traumnarrativ und Gedächtnis. In M. Koukkou, M. Leuzinger-Bohleber, W. Mertens (Hrsg.), Erinnerung von Wirklichkeiten. Psychoanalyse und Neurowissenschaften im Dialog. Bd. 1: Bestandsaufnahme (S. 223–286). Stuttgart: Verlag Internationale Psychoanalyse.

Hamburger, A. (1998b). Solo mit Dame. Traumgeschichten einer Psychoanalyse. In M. Leuzinger-Bohleber, W. Mertens, M. Koukkou (Hrsg.), Erinnerung von Wirklichkeiten. Psychoanalyse und Neurowissenschaften im Dialog. Bd. 2: Folgerungen für die psychoanalytische Praxis (S. 96–127). Stuttgart: Verlag Internationale Psychoanalyse.

Hamburger, A. (2000a). Traumnarrative. Interdisziplinäre Perspektiven einer modernen Traumtheorie. In. J. Körner, S. Krutzenbichler (Hrsg.), Der

Traum in der Psychoanalyse (S. 29–48). Göttingen: Vandenhoeck & Ruprecht.

Hamburger, A. (2000b). Traumerzählung und interaktives Gedächtnis. Zur Psychoanalyse der Identität. In M. Neumann (Hrsg.), Erzählte Identitäten. Ein interdisziplinäres Symposion (S. 253–279). München: Fink.

Hamburger, A. (2001). Zur Konstruktion der Pubertät in Wedekinds »Frühlings Erwachen«. In O. Gutjahr (Hrsg.), Frank Wedekind (S. 55–92).Würzburg: Königshausen & Neumann.

Hamburger, A. (2003). Erinnerter Abschied. Zur psychoanalytischen Interpretation des Trakl-Epitaphs von Else Lasker-Schüler nebst Anmerkungen zum Übertragungsangebot der Lyrik. In W. Mauser, J. Pfeiffer (Hrsg.), Trauer (S. 185–226). Würzburg: Königshausen & Neumann.

Hamburger, A. (2005). Das Motiv der Urhorde. Erbliche oder erlebte Erfahrung in Totem und Tabu. In W. Mauser, J. Pfeiffer (Hrsg.), Kulturtheorie (S. 45–86). Würzburg: Königshausen & Neumann.

Hamburger, A. (2006a). »Setzt einen Krug, und schreibt dabei: Dem Amte wohlbekannt.« Lachen in Heinrich von Kleists »Zerbrochnem Krug«. In W. Mauser, J. Pfeiffer (Hrsg.), Lachen (S. 133–175). Würzburg: Königshausen & Neumann.

Hamburger, A. (2006b). Traum und Zeit. Traumerzählungen als Elemente der Spannungsdramaturgie. Forum Psychoanal., 22, 23–43.

Hamburger, A. (2006c). Der Kindertraum als Paradigma der Traumauffassung. Analytische Kinder und Jugendlichenpsychotherapie 37 (3), 321–363.

Hamburger, A. (2009). Zeitfenster – für eine Metapsychologie der Gegenwart. Forum Psychoanal., 25 (3), 199–218.

Hamburger, A. (2010): Traumspiegel. Gegenübertragungsträume in der Beziehungsanalyse. In H. Hierdeis (Hrsg.), Der Gegenübertragungstraum in der psychoanalytischen Theorie und Praxis (S. 23–50). Göttingen: Vandenhoeck & Ruprecht.

Hamburger, A. (2012). Soljaris – Regie: Andrej Tarkowskij. In P. Laszig (Hrsg.), Blade Runner, Matrix und Avatare. Psychoanalytische Betrachtungen virtueller Wesen und Welten im Film (S. 1–23). Heidelberg, New York: Springer.

Hamburger, A. Pramataroff-Hamburger, V. (2010): Sexuelle Besessenheit in Lous Malles »Damage«. In H. Möller, S. Döring (Hrsg.), Batman und andere himmlische Kreaturen. Nochmal 30 Filmcharaktere und ihre psychischen Störungen. (S. 195–212). Heidelberg: Springer.

Hegel, G. W. F. (1802/1979). Verhältnis des Skeptizismus zur Philosophie. Darstellung seiner verschiedenen Modifikationen und Vergleichung des neuesten mit dem alten. In G. W. F. Hegel, Werke, Bd. 2 (S. 213–273). Frankfurt a. M.: Suhrkamp.

Hierdeis, H. (2011). Gesundheit als Idealfiktion. Psychologische Medizin, 22 (4), 22–26.

Hinshelwood, R. D. (1989/1991). A dictionary of Kleinian thought. London: Free Associations.

Hofmann, L. I. (2009). Spiritualität und Religiosität in der psychotherapeutischen Praxis. Eine bundesweite Befragung von Psychologischen Psychotherapeuten. Diss. Uni Oldenburg. oops.uni-oldenburg.de/volltexte/2009/976/pdf/hofspi09.pdf (Zugriff 11.8.2011)

Holmes, J. (1996). Values in psychotherapy. Am. J. Psychother., 50 (3), 259–273.

Hossenfelder, M. (1974). Skepsis. In H. Krings, H.-M. Baumgartner, C. Wild (Hrsg.), Handbuch Philosophischer Grundbegriffe. Bd. 5 (S. 1359–1367). München: Kösel.

Hume, D. (1779/1986). Dialoge über natürliche Religion. Stuttgart: Reclam.

Huppke, A. (1997). Versuch einer Positionsbestimmung: Was ist jüdisch an der Psychoanalyse? Luzifer-Amor, 10 (19), 81–97.

Jones, E. (1955/1982). Das Leben und Werk von Sigmund Freud. Bd. 2: Jahre der Reife 1902–1919. Bern: Huber.

Jung, C. G. (1913/1969). Versuch einer Darstellung der psychoanalytischen Theorie. G.W. Bd. 4 (S. 107–255). Düsseldorf: Patmos.

Kanitscheider, B. (2000). Skepsis, Dogmatismus und Aufklärung. Aufklärung und Kritik. Zeitschrift für freies Denken und humanistische Philosophie 7/1 (Heft 13). http://www.gkpn.de/kanit.pdf (Zugriff am 1.6.2011).

Kant, I. (1783/1968). Prolegomena zu einer jeden künftigen Metaphysik, die als Wissenschaft wird auftreten können. In Kants Werke. Akademie-Textausgabe. Unveränderter photomechanischer Nachdruck der von der Preußischen Akademie der Wissenschaften 1902 begonnenen Ausgabe von Kants gesammelten Schriften. Bd. IV (S. 253–383). Berlin: Walter de Gruyter.

Kern, I. (1975). Idee und Methode der Philosophie. Leitgedanken für eine Theorie der Vernunft. Berlin: de Gruyter.

Kernberg, O. (1976/1979). Objektbeziehungen und Praxis der Psychoanalyse. Stuttgart: Klett-Cotta 1992.

Keupp, H., Ahbe, T., Gmür, W. et al. (1988). Identitätskonstruktionen: Das Patchwork der Identitäten in der Spätmoderne. Reinbek: Rowohlt.

Klotz, V. (1998). Dramaturgie des Publikums. Wie Bühne und Publikum aufeinander eingehen: Insbesondere bei Reimund, Büchner, Wedekind, Horváth, Gatti und im politischen Agitationstheater. Würzburg: Königshausen & Neumann.

Kohut, H. (1984). Wie heilt die Psychoanalyse? Frankfurt a. M.: Suhrkamp.

Kunzke, D. (2011). Grundmerkmale interpersonaler, intersubjektiver und relationaler Ansätze in der Psychoanalyse. Psyche – Z. Psychoanal., 65 (7), 577–616.

Lacan, J. (1956/2011). Das Freudsche Ding oder der Sinn einer Rückkehr zu
    Freud in der Psychoanalyse. Hrsg. v. Lacan-Archiv Bregenz. Wien: turia
    + kant.
Lacan, J. (1986/1995). Das Seminar, Buch 7: Die Ethik der Psychoanalyse. Ber-
    lin: Quadriga.
Levenson, E. A. (2001). Freud's dilemma: On writing Greek and thinking Jew-
    ish. Contemp. Psychoanal., 37, 375–390.
Lorenzer, A. (1970a). Kritik des psychoanalytischen Symbolbegriffs. Frank-
    furt a. M: Suhrkamp.
Lorenzer, A. (1970b). Sprachzerstörung und Rekonstruktion. Vorarbeiten zu
    einer Metatheorie der Psychoanalyse. Frankfurt a. M.: Suhrkamp.
Lorenzer, A. (1986). Tiefenhermeneutische Kulturanalyse. In A. Lorenzer
    (Hrsg.), Kultur-Analysen (S. 11–98). Frankfurt a. M.: Fischer.
Marin, B. (2000). Antisemitismus ohne Antisemiten. Autoritäre Vorurteile
    und Feindbilder. Wien: Europäisches Zentrum Wien/Campus.
Matt, P. von (1979). Die Opus-Phantasie. Psyche – Z. Psychoanal., 33 (3), 193–
    212.
Matt, P. von (1983). Die Herausforderung der Literaturwissenschaft durch die
    Psychoanalyse. Eine Skizze. In W. Schönau (Hrsg.), Literaturpsychologi-
    sche Studien und Analysen. Amsterdam: Rodopi.
Meltzer, D. (1983/1988). Traum-Leben. Eine Überprüfung der psychoanalyti-
    schen Theorie und Technik. München: Psychologie Verlags Union – Ver-
    lag Internationale Psychoanalyse.
Meltzer, D., Harris Williams, M. (1988). The apprehension of beauty. The role
    of aesthetic conflict in development, violence and art. Strath Tay, Scotland:
    Clunie Press.
Melville, H. (1853). Bartleby, the scrivener. Putnam's Monthly. A Magazine of
    Literature, Science, and Art. New York: G. P. Putnam & Co., Bd. II, Nr. XI,
    S. 546–557 und Nr. XII, S. 609–615.
Mertens, W. (1996). Entwicklung der Psychosexualität und der Geschlechts-
    identität, Bd. 2: Kindheit und Adoleszenz. Stuttgart: Kohlhammer.
Mertens, W. (1997). Entwicklung der Psychosexualität und der Geschlechts-
    identität, Bd. 1: Geburt bis 4. Lebensjahr. Stuttgart: Kohlhammer.
Mertens, W. (2007). Einführung in die psychoanalytische Therapie, Bd. 3.
    Stuttgart: Kohlhammer.
Mertens, W., Haubl, R. (1996). Der Psychoanalytiker als Archäologe. Stutt-
    gart: Kohlhammer.
Miller, J. (1981). Interpretations of Freud's Jewishness, 1924–1974. J. Hist.
    Behav. Sci., 17 (3), 357–374.
Mohr, Th. (1998). Dialog und Erneuerung in der römisch-katholischen Kir-
    che: eine beziehungsanalytische Untersuchung im Rahmen des Pastora-
    len Forums der Erzdiözese München-Freising. Phil. Diss. LMU München.
Molnar, M (2002). John Stuart Mill translated by Sigmund Freud. In G. van

de Vijver, F. Gerardyn (Hrsg.), Freuds pre-psychoanalytic writings (S. 112–123). London: Karnac.

Morgenthaler, F. (1986). Der Traum. Frankfurt a. M: Campus.

Moser, U., v. Zeppelin, I. (1996). Der geträumte Traum. Wie Träume entstehen und sich verändern. Stuttgart: Kohlhammer.

Nietzsche, F. (1873/1980). Die Philosophie im tragischen Zeitalter der Griechen. In F. Nietzsche, Werke in sechs Bänden. Hrsg. v. Karl Schlechta. Bd. 5 (S. 349–413). München: Hanser.

Nunberg, H., Federn, E. (1977). Protokolle der Wiener Psychoanalytischen Vereinigung Bd. 2. Frankfurt a. M.: Fischer.

Oevermann, U. (1993). Struktureigenschaften supervisorischer Praxis. In B. Berdé, D. Mattke (Hrsg.), Therapeutische Teams. Theorie – Empirie – Klinik. Göttingen: Vandenhoeck & Ruprecht.

Páramo-Ortega, R. (1998). Psychoanalyse und Weltanschauung. In P. Kutter, R. Páramo-Ortega, Th. Müller (Hrsg.), Weltanschauung und Menschenbild. Einflüsse auf die psychoanalytische Praxis (S. 19–60). Göttingen: Vandenhoeck & Ruprecht.

Pietzcker, C. (1978/1985). Zur Psychoanalyse der literarischen Form. In S. Goeppert (Hrsg.), Perspektiven psychoanalytischer Literaturkritik. In C. Pietzcker, Trauma, Wunsch und Abwehr (S. 192–215). Würzburg: Königshausen & Neumann 1985.

Pietzcker, C. (1999). Literarische Form – eine durchlässige Grenze. In J. Cremerius, W. Mauser, C. Pietzcker u. Frederick Wyatt (Hrsg.), Psychoanalyse der literarischen Form(en). (S. 64–91). Würzburg: Königshausen & Neumann.

Quinzio, S. (1995). Die jüdischen Wurzeln der Moderne. Frankfurt a. M., New York: Campus.

Racker, H. (1953/1978). Die Gegenübertragungsneurose. In H. Racker, Übertragung und Gegenübertragung. München: Reinhardt.

Raguse, H. (1998). Psychoanalytische Hermeneutik – Weltanschauung oder Regelcorpus? Psyche – Z. Psychoanal., 52 (7), 648–703.

Reiche, R. (2000). Mutterseelenallein. Kunst, Form und Psychoanalyse. Frankfurt a. M.: Stroemfeld

Reiche, R. (2007). Buchbesprechung zu Donald Meltzer und Meg Harris Williams: Die Wahrnehmung von Schönheit. Psyche – Z. Psychoanal., 61 (2), 176–179.

Reiche, R. (2011a). Das Tabu der Schönheit und der Vorrang des Objekts in der Analyse von Kunstwerken. Psyche – Z. Psychoanal., 65 (4), 289–317.

Reiche, R. (2011b). Mutterseelenallein 2. Das Tabu der Schönheit in Kunst und Psychoanalyse. Frankfurt a. M.: Stroemfeld.

Rorty, R. (1989). Kontingenz, Ironie und Solidarität. Frankfurt a. M.: Suhrkamp.

Rose, L. (1992): The moral journey of the first Viennese psychoanalysts. Psychoanal. Q., 61 (4), 590–623.

Rosenman, S. (1982). Psychoanalytic knowledge, Jewish identity, and Germanic anti-semitic legends. Am. J. Psychoanal., 42 (3), 239–248.

Rutschky, M. (1981). Lektüre der Seele. Eine historische Studie über die Psychoanalyse der Literatur. Frankfurt a. M., Berlin, Wien: Ullstein.

Salberg, J. (2007a). Hidden in Plain Sight: Freud's Jewish identity revisited. Psychoanalytic Dialogues, 17, 197–217.

Salberg, J. (2007b). The Vanishing Mother: Reply to Commentaries. Psychoanalytic Dialogues, 17, 239–245.

Saß, H., Wittchen, H., Zaudig, M. (1996). Diagnostisches und Statistisches Manual Psychischer Störungen. DSM-IV (4. Aufl.). Göttingen: Hogrefe.

Schauder, S. (2008). Befreit Hamlet! Eine neue Sicht der «Sphinx der modernen Literatur». Psyche – Z. Psychoanal., 62 (5), 452–475.

Sextus Empiricus (um 180 n. Chr./2000). Grundriß der pyrrhonischen Skepsis. Frankfurt a. M.: Suhrkamp.

Sherwood, M. (1969). The logic of explanation in psychoanalysis. New York: Academic Press.

Spahn, C. (2011). Alte, neue und ganz neue Skepsis. Hegels Begründung der Philosophie und Wege ihrer Aktualisierung. In E. Ficara (Hrsg.), Die Begründung der Philosophie des Deutschen Idealismus (S. 107–120). Würzburg: Königshausen & Neumann.

Spence, D. (1982). Narrative truth and historical truth. Meaning and interpretation in psychoanalysis. New York: Norton.

Steinbauer, H. (1987). Die Psychoanalyse und ihre geisteswissenschaftlichen Zusammenhänge mit besonderer Berücksichtigung von Freuds Theorie der Literatur und seiner Deutung dichterischer Werke. Zugleich ein Beitrag zur philosophischen Anthropologie. Basel, Boston: Birkhäuser.

Stern, D. N. (1985/1992). Die Lebenserfahrung des Säuglings. Stuttgart: Klett-Cotta.

Stern, D. N. (1995/1998). Die Mutterschaftskonstellation. Stuttgart: Klett-Cotta.

Utsch, M. (2005). Religiöse Fragen in der Psychotherapie. Psychologische Zugänge zu Religiosität und Spiritualität. Stuttgart: Kohlhammer.

Winnicott, D.W. (1971/1979). Vom Spiel zur Kreativität. Stuttgart: Klett-Cotta.

Wittenberger, G., Tögel, Ch. (2003). Die Rundbriefe des Geheimen Komitees. Bd. 3. Tübingen: edition diskord.

Wittgenstein, L. (1953/1984). Philosophische Untersuchungen. In L. Wittgenstein Werkausgabe, Bd. 2 (S. 225–580). Frankfurt a. M.: Suhrkamp.

Wittgenstein, L. (1970/1984). Über Gewißheit. In L. Wittgenstein Werkausgabe, Bd. 8 (113–258). Frankfurt a. M.: Suhrkamp.

Wright, E. (1985). Klassische und strukturalistische Ansätze der psychoanalytischen Literaturforschung. In J. Hörisch, G. Tholen (Hrsg.), Eingebildete Texte. Affären zwischen Psychoanalyse und Literaturwissenschaft (S. 26–48). München: Fink.

Zaretsky, E. (2004). Freuds Jahrhundert. Die Geschichte der Psychoanalyse. Wien: Zsolnay.

Žižek, S. (Hrsg.) (1988). Was Sie schon immer über Lacan wissen wollten und Hitchcock nie zu fragen wagten. Frankfurt a. M.: Suhrkamp.

Žižek, S. (2001). Die Furcht vor echten Tränen. Krzysztof Kieslowski und die »Nahtstelle«. Berlin: Volk & Welt.

Johann August Schülein

Wut und Skepsis

Über Problemlagen psychoanalytischer Gesellschaftskritik

Freud und die »wissenschaftliche Weltanschauung«

Freud hat in seinen Arbeiten stets versucht, sehr unterschiedlichen Facetten einer engagierten bürgerlichen Position unter einen Hut zu bringen. Bekanntlich wohnten von Anfang an zwei Seelen in seiner Brust: Einerseits identifizierte er sich schon früh mit dem Idealbild, welches er in den Naturwissenschaften seiner Zeit realisiert sah, andererseits fühlte er sich auch als Abenteurer, als Eroberer neuer Welten und auch als Verbesserer der alten. Beides waren Identifikationsangebote, die ihren Ursprung in der Aufklärung und ihrer Weiterentwicklungen hatten. Die Aufklärung war ihrerseits eine spezifische Form der Verbindung von Reflexion und Politik. Ihre primäre Waffe war Erkenntnis, wo sie objektives Wissen gegen irrationale Vorstellungen setzte und damit direkt die Grundlagen traditioneller Herrschaft bekämpfte. Und ihr psychodynamischer Antrieb waren Hoffnung und Wut – Wut über das Bestehende und Hoffnung darauf, dass sich das Bestehende abschaffen und/oder verändern lässt. Dabei war die Reflexion des gesellschaftlichen Status Quo bereits Gift für (bzw. gegen) jede Form kognitiver, psychischer und sozialer Abhängigkeit und Unmündigkeit. Reflexion war automatisch eine politische Waffe, brauchte sich eigentlich nicht politisch zu positionieren, weil sie es immer schon war – sozusagen eine Waffe, die sich nicht als solche deklarieren musste und die Hoffnung auf Heilung vom kognitiven und damit sozialen Elend versprach.

Trotzdem (oder deswegen) war (und ist!) Aufklärung auch
ein Kampf, der persönliches Engagement und Mut verlangt. Sie
ist eine Bewegung, die die Emanzipation des Bürgertums aktiv
betreibt. Kants »sapere aude!« ist ein Aufruf, der das Überwinden
von Widerständen – inneren wie äußeren – impliziert. Zu Freuds
Zeiten hatte sich jedoch bereits herausgestellt, dass das nicht so
einfach funktionierte. Die Vorstellungen der frühen Aufklärung
hatten sich als zu einfach erwiesen. Ihre Ideale hielten sich jedoch
in wichtigen Lebensbereichen in entsprechend adaptierter Form.
Angesichts der sozialen, politischen und ökonomischen Entwicklung war es nicht mehr so leicht, für sich in Anspruch zu nehmen, (nur) durch besseres Wissen eine bessere Welt realisieren
zu können. Es gab im Grund nur *eine* Institution, in der sich die
Identifizierung mit dem Selbstverständnis der frühen Aufklärung
fast bruchlos halten konnte. Die Wissenschaften, insbesondere die
neuen Naturwissenschaften, sahen sich nach wie vor als Pioniere,
die den Weg nicht nur zum besseren Verständnis der Welt, sondern dadurch auch zu einer besseren Welt bahnten. Sie konnten
dies, weil zu diesem Zeitpunkt das voranschreitende Verständnis
natürlicher Prozesse nach wie vor Licht ins Dunkel und potenziel-
len Fortschritt, sprich: generell Verbesserung der Lebenschancen
mit sich brachte. Zwar wurde auch schon daran gearbeitet, bei-
spielsweise physikalisches Wissen in Waffentechnik umzusetzen,
aber der eigentliche »Sündenfall« der Entwicklung von Vernich-
tungswaffen usw. stand den Naturwissenschaften noch bevor.
   Man konnte als Naturwissenschaftler also relativ ungebrochen
sich als Erbe und Verwirklicher der Aufklärungsideale verstehen.
Allerdings gehörte zu den Bedingungen dieser Identifizierung von
Erkenntnis und Fortschritt, dass Wissenschaft und Politik deutlicher und strikter getrennt werden mussten als in der frühen Aufklärung. Nicht nur die voranschreitende Arbeitsteilung und die
Professionalisierung der Berufstätigkeit führten zu dieser Trennung. Um die Vorstellung einer »unbefleckten« Wissenschaft auf-
rechterhalten zu können, musste sie sich konsequent distanzieren
von den Kontingenzen und Aporien der Politik. Das Festhalten
am Ideal der Aufklärung nach dem Ende ihres naiven Optimis-

mus gelang nur um den Preis der Verleugnung des realen politischen Charakters von Wissenschaft. Die Fortsetzung der Aufklärung in Form von Wissenschaft ging daher zur Idealisierung von Nüchternheit und Abstinenz. Damit konnte Freud sich gut identifizieren. Das Selbstbild des Forschers, der sich um nichts kümmert als um seine Arbeit – und in gewisser Weise auch den damit verbundenen stolzen Habitus und die heldenhafte Selbstinszenierung des (Natur-)Wissenschaftlers seiner Zeit –, übernahm Freud gern. Aber dies konnte weder seinen mundanen Ehrgeiz noch seine Abenteuerlust befriedigen. In den Jahren der Entwicklung der Psychoanalyse hielt er sich zwar immer im Rahmen dessen, was er als nüchterne wissenschaftliche Forschung verstand, aber was ihn trieb, war nicht zuletzt die Suche nach dem Un-Gewöhnlichen, dem Durchbruch in neue Welten.

Spätestens mit der »Traumdeutung« war ihm dies auch gelungen. In einem Brief an Fließ stellt er mit Genugtuung fest, dass seine Theorie des Traums einen »Sturz aller Werte« darstelle (Jones, 1984, Bd. 1, S. 413). In der »Traumdeutung« kommen auch beide Seiten (wieder) zusammen, und die Relation kehrt sich gewissermaßen um. Musste er bis dahin seine Ambitionen ins Format der Wissenschaft bringen, so konnte er jetzt seine Ergebnisse nutzen, um seine Ambitionen zu realisieren. Freud schreibt kurz nach dem Erscheinen des Buches in einem Brief: »Ich bin eigentlich gar kein Wissenschaftler, kein Beobachter, Experimentator oder Denker. Dem Temperament nach bin ich nichts als ein Konquistador, ein Abenteurer, mit der Neugier, Kühnheit und Hartnäckigkeit, die diesem Menschentyp eignen« (Freud u. Pfister, 1963a, Umschlag).[1] Tatsächlich erlaubte ihm die Psychoanalyse, abenteuerliche Reisen durch die Welt zu unternehmen und sich mit allem, was ihn interessierte, auf neue Weise zu beschäftigen. Ob Kultur oder Sexualmoral, ob Geschichte oder Literatur, ob Religion oder Krieg, ob Armee oder Marxismus – es gab kaum ein Thema, zu dem er (bzw. die Psychoanalyse) nichts zu sagen hatte.

---

1 Kurioserweise findet sich das Zitat im Band selbst nicht wieder.

Damit konnte Freud Reflexion und Politik auf kreative Weise
wieder verbinden. Allerdings hatten ihn seine Wege zu einer Art
der Reflexion geführt, die in gewisser Weise in Gegensatz zur klassischen Aufklärungshoffnung stand. Die Hoffnung, die Welt verändern und verbessern zu können, basierte auf der impliziten
Annahme, dass die bis dato unaufgeklärten Akteure durch Aufklärung – wenn man so will: durch Steigerung ihrer kognitiven
Leistungen – zu vernünftigem und kompetentem Handeln fähig
werden. Damit wird der von Restriktionen befreite Verstand zum
Hoffnungsträger der Entwicklung.

Im Prinzip widersprachen Freuds Erkenntnisse dem nicht.
Auch und gerade psychoanalytische Erkenntnis braucht einen
Referenzpunkt, das heißt bestimmte Freiheitsgrade der Kogni-
tion, ohne die sie nicht nachvollziehbar ist. Eines ihrer Kernargu-
mente betrifft jedoch die Bedingungen der Möglichkeit kognitiver Autonomie. Das Funktionsmodell der Psyche, welches Freud
entwarf, sah Kognitionen als weitgehend abhängige Variable eines
Prozesses, der von Trieben und Konflikten sowie deren Bewältigung bestimmt wird. In diesem Kontext sind Kognitionen im
wesentlichen Teil der Gesamtlogik und nur begrenzt autonomie-
fähig. Sie werden in ihrer Entwicklung gehemmt durch unbewäl-
tigte Konflikte und sind eingespannt in deren (neurotische) Verarbeitung; dienen also auch (gelegentlich fast ausschließlich) der
Verleugnung, der Uminterpretation und Ähnlichem und sind in
ihrer Reichweite begrenzt durch systematische Thematisierungs-
schranken.

Je weiter Freud sein Konzept ausarbeitete, desto deutlicher
wurde also, dass und wie Kognitionen systematisch in ihren
Möglichkeiten beschränkt sind. Mehr noch: Kognitive Autonomie erschien im Rahmen psychoanalytischer Theorie in gewisser
Weise als Illusion, als Selbsttäuschung im Dienste der Bewältigung
neurotischer Konflikte – der tatsächlichen Autonomie sind in dieser Perspektive vergleichsweise enge Grenzen gesetzt. Auf seinem
Gebiet führte gerade die konsequente Fortsetzung der Aufklärung dazu, dass die Grundannahmen der Aufklärung in einem
skeptischen Licht erscheinen. Zwar will auch die Psychoanalyse

als Therapie eine Art von Aufklärungsarbeit leisten. Freud nennt als Ziel für psychoanalytische Therapie das Motto »Wo Es war, soll Ich werden« (Freud, 1916–1917a, S. 85). Das ist im Prinzip nichts anderes als die Ersetzung von Heteronomie durch Autonomie, wobei Freud die Spielräume prinzipiell als begrenzt ansah. Und dies nicht nur, weil die Möglichkeiten von Therapie eingeschränkt sind, sondern vor allem, weil auch »Gesunde« – psychodynamisch gesehen – von ihren Triebimpulsen getrieben und von ihren Konflikten gesteuert werden.

Die Psychoanalyse ist also Aufklärung, aber skeptische, um nicht zu sagen: misstrauische Aufklärung, die davon ausgehen muss, dass der Kontrolle des Weltgeschehens vergleichsweise enge Grenzen gesetzt sind. Was sich an der Psychoanalyse (aber nicht nur an ihr) zeigt, ist, dass die Gleichsetzung von Wissen und Fortschritt naiv ist. Mehr Wissen verdeutlicht immer auch die Komplexität und Heterogenität der Verhältnisse. Dadurch unterminiert besseres Wissen jedoch die psychodynamischen Grundlagen von Hoffnung, weil Skepsis dem Vorschuss an Optimismus, den sie braucht, den Boden entzieht. Wie viele Spätaufklärer stand Freud daher vor dem Problem, seine Weltverbesserungsambitionen mit der Einsicht verbinden zu müssen, wie schwierig – wenn nicht gar unrealistisch – Fortschritt ist und wie wenig er voluntaristisch hergestellt werden kann.

Freud hat sich schrittweise der Beschäftigung mit dieser Aporie genähert. Seine ersten gesellschaftskritischen Texte (z. B. in »Die ›kulturelle‹ Sexualmoral und die moderne Nervosität«, 1908d) beschränken sich noch auf die Identifizierung eines irrationalen und daher dysfunktionalen Sachverhalts, dessen Beseitigung ohne Einschränkung eine Verbesserung der Verhältnisse darstellt. Je mehr er sich mit der Thematik beschäftigte, desto mehr drängte sich ihm die Auseinandersetzung mit Frage auf, wer denn Adressat und Träger psychoanalytischer Aufklärung sein könnte, wenn sie davon ausgehen muss, dass »der Mensch nicht Herr im eigenen Haus« ist, also nur begrenzt rational handeln kann und adressierbar ist. Er bearbeitet das Problem schließlich evolutionstheoretisch. Mit Blick auf die Entwicklung der Menschheit und unter

vager Anlehnung an die Dreistadientheorien, die Turgot, Comte
und viele andere verwendet hatten, entwirft er eine Entwicklungstheorie, die von substanziellen Fortschritten auch der Psyche ausgeht. In »Totem und Tabu« (Freud, 1912–1913a) behandelt er die
Anfänge der gesellschaftlichen Entwicklung. Seine (keineswegs
abwegige) Idee: Die Implementierung von stabiler Moral ist die
Bedingung für soziale Integration. Er meint damit vor allem das
Problem der Bändigung von primär asozialen Triebimpulsen und
bietet eine Art psychodynamische Urknalltheorie an: Ein realisier-
ter ödipaler Konflikt habe qua Schuldgefühle zur Verinnerlichung
von Normen geführt. Die so pazifizierte Welt habe dann eine fortschreitende Autonomie sowie differenzierte Anpassungsfähigkeit
ermöglicht. In »Die Zukunft einer Illusion« (Freud, 1927c) präzi-
siert er den aktuellen Stand dieser Evolution. Danach sei die frühe,
noch schwache Kultur noch darauf angewiesen gewesen, das individuelle Über-Ich durch ein externes zu stützen. Religion ist in
dieser Sicht vor allem ein Stück externalisiertes Stück interner
Kontrolle, das vor Unterfunktionen schützt – allerdings um den
Preis der Beeinträchtigung von individuellen Entwicklungschan-
cen. Mit der Entstehung der modernen Kultur und Wissenschaft
stünden nun Mittel zur Verfügung, die es erlauben, die Autonomie der individuellen Moral auf eine reflexive Basis zu stellen.
Dadurch wird Religion überflüssig und obsolet.

Freud sieht also eine Entwicklung vom bloßen (vorkulturel-
len) Agieren von Triebimpulsen über die Frühphase der Kultur,
in der Kultur auf einer kollektiven Neurose (Religion) basiert hin
zur kulturellen Vollendung auf der Basis von systematischer (psychoanalytischer) Erkenntnis. Was leistet diese Evolutionstheorie? Sie bietet eine Erklärung dafür, warum die Entwicklung so
schwierig ist, und sie erlaubt es, gewissermaßen unabhängig von
aktuellen Schwierigkeiten an einem generalisierten Optimismus
festzuhalten. Trotz aller Skepsis besteht Hoffnung darauf, dass die
kulturelle Evolution weitergeht. Dabei zeigt »Die Zukunft einer
Illusion« noch einen im Sinne der kulturellen Evolution engagierten und zuversichtlichen Freud. Das zeigen die bekannten Zeilen:
»Wir mögen noch so oft betonen, der menschliche Intellekt sei

kraftlos im Vergleich zum menschlichen Triebleben, und Recht damit haben. Aber es ist doch etwas Besonderes um diese Schwäche; die Stimme des Intellekts ist leise, aber sie ruht nicht, ehe sie sich Gehör geschafft hat. Am Ende, nach unzählig oft wiederholten Abweisungen, findet sie es doch« (Freud, 1927c, S. 377).

Die Hoffnung beruht hier, wenn man so will, auf der Sublimierungsfähigkeit der Libido. In seinen späteren Schriften kippt das Bild allerdings. In der wenig später erschienenen Arbeit »Das Unbehagen in der Kultur« (Freud, 1930a) tritt das Problem stärker in den Vordergrund, dass der Mensch auch unter günstigen Bedingungen ein Stück weit »kulturfeindlich« ist und bleibt und der Erhalt der Kultur davon abhängt, »ob und in welchem Maße es […] gelingen wird, der Störung des Zusammenlebens durch den menschlichen Aggressions- und Selbstvernichtungstrieb Herr zu werden« (Freud, 1930a, S. 506). Damit erscheint kultureller Fortschritt nicht mehr als Automatismus, sondern als ständig bedrohter Prozess – zu dessen Verteidigung Freud auch wieder voraufklärerische Mittel und Mächte aufrufen muss. Am Ende zögerte Freud sogar, seine Arbeit über »Moses« zu publizieren, um nicht die Kirche als letzten Hoffnungsträger (!) gegen den Nationalsozialismus zu verärgern (vgl. Freud, 1939a, S. 159). – Wie auch immer: Die Evolutionstheorie versöhnt Nüchternheit und Hoffnung, sie relativiert den Ärger über reale Gegebenheit durch die Versicherung langfristigen Fortschritts.

Es gab jedoch noch ein zweites Problem, das Freud zu lösen hatte: Er überschritt mit seinen kulturtheoretischen Schriften deutlich das formale Neutralitätsgebot der Wissenschaft; er mischte sich ein und nahm Partei. Das kam seinem (moderaten) Konquistadorentemperament entgegen, brachte ihn aber auf Kollisionskurs mit dem Wissenschaftlerstatus, der für ihn von zentraler Bedeutung war. Freud reagierte darauf mit zwei verschiedenen »Strategien«. Aus der Not fehlender Akzeptanz im herrschenden Wissenschaftsbetrieb machte er die Tugend einer eigenständigen Organisationsform, die er ausdrücklich als »Bewegung« (Freud, 1914d, S. 44 ff.) verstand. Eine Bewegung ist von Anfang an mehr als nur ein Verein oder eine Interessengemeinschaft. Die psycho-

soziale Aura einer Bewegung unterscheidet sich erheblich von
der einer (staatlichen) Institution. Bewegungen wollen bestimmte
Ziele erreichen und sind sich ihrer Sache sicher; sie verlangen
mehr persönlichen Einsatz und bieten dafür Sendungsbewusst-
sein (und entsprechend starke Identifikationsangebote) sowie
soziale Kohärenz. – Das scheint auf den ersten Blick nicht ganz
zur Geschichte der »psychoanalytischen Bewegung« zu passen,
die ja von einer Fülle von Sezessionen und Ausgrenzungen begleitet war. Aber ganz abgesehen davon, dass dies gerade wegen des
hohen Verbindlichkeitsgrades und des Leistungsdrucks typisch
für »Bewegungen« ist, muss man die Institutionalisierungsprobleme der Psychoanalyse vor allem damit in Verbindung bringen,
dass sie eine außerordentlich exzentrische Art von Praxis in einer
frühen Phase ihrer Entwicklung auf Dauer zu stellen hatte – was
unvermeidlich mit erheblichen Friktionen verbunden ist.

Die Definition der Psychoanalyse als »Bewegung« erlaubte
Freud, sie dezidiert als Möglichkeit zur Realisierung von Zielen
zu beauftragen. Sie sollte also, so sein Verständnis, wissenschaftlich fundiert agieren, aber über den üblichen Aktionsradius von
Wissenschaft hinausgehen. Damit stellte sich jedoch auf doppelte Weise das Problem, die Zugehörigkeit zur Wissenschaft aufrechtzuerhalten: Sowohl die Exzentrik von Freuds Methoden und
Theorien als auch ihr politisches Engagement bedurften einer
ausführlicheren Begründung. Den ersten Teil dieser Aufgabe
löste Freud durch eine Neuakzentuierung des Wissenschaftsbe-
griffs. Vor allem hob er – gegen die Fixierung auf einen festen
Methodenkanon und die ausschließliche Akzeptierung feststehen-
der Ergebnisse – den Such- und Experimentcharakter, das Unab-
geschlossene von Forschung hervor. Näher an Feyerabend als an
Popper argumentiert er, dass die Spezifität des Gegenstands die
Auswahl angemessener Methoden verlangt. In den »Studien über
Hysterie« schrieb er dazu: »Ich bin nicht immer Psychotherapeut
gewesen, sondern bin bei Lokaldiagnosen und Elektroprognos-
tik erzogen worden wie andere Neuropathologen, und es berührt
mich selbst noch eigentümlich, dass die Krankengeschichten,
die ich schreibe, wie Novellen zu lesen sind, und dass sie sozu-

sagen des ernsten Gepräges der Wissenschaftlichkeit entbehren. Ich muß mich damit trösten, dass für dieses Ergebnis die Natur des Gegenstandes offenbar eher verantwortlich zu machen ist als meine Vorliebe; Lokaldiagnostik und elektrische Reaktionen kommen bei dem Studium der Hysterie eben nicht zur Geltung, während eine eingehende Darstellung der seelischen Vorgänge, wie man sie vom Dichter zu erhalten gewohnt ist, mir gestattet, bei Anwendung einiger weniger psychologischer Formeln doch eine Art von Einsicht in den Hergang der Hysterie zu gewinnen« (Freud u. Breuer, 1895d, S. 227). Damit verlagert sich die Leistung des Wissenschaftlers in Richtung auf kreativen Umgang mit Methoden bzw. Methodenkreativität. Parallel dazu argumentiert Freud, dass die Grundbegriffe einer Theorie unvermeidlich unklar sind, weil sie zunächst noch nicht definitiv ausgearbeitet sein können und vorrangig eine Leitfunktion haben (vgl. Freud, 1933a, S. 188; 1940b, S. 143) – ein nicht unproblematischer Vergleich, aber nützlich bei der Suche nach erkenntnistheoretischem Halt (vgl. dazu Schülein, 1999).

Auf diese Weise versucht Freud eine Assimilation seiner Methoden und Theorie und der Normen der Naturwissenschaft seiner Zeit: Psychoanalyse ist in seiner Sicht nichts anderes als die Fortsetzung der (Natur-)Wissenschaft mit anderen/neuen Mitteln. Für diese Mittel ist nicht die Psychoanalyse, sondern der Gegenstand verantwortlich. Und was die Validität dieser Mittel betrifft, so berief sich Freud auf die Erfahrung mit dem Material, die er gemacht habe und die jeder nachvollziehen könne, der sich auf das Material einlässt, und die Seriosität der Schlüsse, die er aus diesen Erfahrungen gezogen hat. Es kommt also – so das Argument – wesentlich auf die *Haltung* des Wissenschaftlers an.

Den zweiten Teil der Problematik behandelt Freud mit dem Konzept der »Wissenschaftlichen Weltanschauung«. Der Titel bezeichnet das Programm: Freud versucht, die Normen der Wissenschaft mit normativem Engagement zu verbinden. Der Begriff selbst taucht in seinen Schriften relativ spät auf; die Vorstellung selbst ist älter. In vielen Variationen betont er immer wieder, dass Wissenschaft per se neutral, »tendenzfrei« sei (Freud, 1923a,

S. 228 f.), dass sich aber, wenn sie objektive Ergebnisse gefunden habe, sich aus dem Wissen auch Können ergäbe (Freud, 1916–1917a, S. 262 f.), das dann zweifellos praktische Auswirkungen habe. Diese Einheit von Wissensproduktion und Effekt trennt er scharf von »Weltanschauung« und »Spekulation«, die er Philosophen (und, mit Heine, »den Spatzen«) zuordnet. In der »Neuen Folge der Vorlesungen« (Freud, 1933a) bringt er beides zusammen, aber auf eine Weise, durch die eine exklusive Sonderform von Weltanschauung entsteht. Eine »Weltanschauung« definiert er als »intellektuelle Konstruktion, die alle Probleme unseres Daseins aus einer übergeordneten Annahme einheitlich löst, in der demnach keine Frage offen bleibt« (Freud, 1933a, S. 170). Vor diesem Hintergrund erscheint die Psychoanalyse »ganz ungeeignet, eine eigene Weltanschauung zu bilden, sie muß die der Wissenschaft annehmen« (S. 170 f.). Und die sieht so aus: »Die Einheitlichkeit der Welterklärung wird zwar auch von ihr angenommen, aber nur als ein Programm, dessen Erfüllung in die Zukunft verschoben ist. Sonst ist sie durch negative Charaktere ausgezeichnet, durch die Einschränkung auf das derzeit Wißbare und die scharfe Ablehnung gewisser, ihr fremder Elemente. Sie behauptet, dass es keine andere Quelle der Weltkenntnis gibt als die intellektuelle Bearbeitung sorgfältig überprüfter Behauptungen, also was man Forschung heißt, daneben keine Kenntnis aus Offenbarung, Intuition oder Divination« (S. 171).

Wissenschaftliche Erkenntnis ist für Freud einzig und als einzige objektiv gültig. Deshalb kann sie zwar keine Werte setzen, aber Verhältnisse kritisieren. Wissenschaftliche Weltanschauung hat daher das Privileg, eine nüchterne Weltsicht darzustellen, die nicht relativ und nicht relativierbar ist. Sie wirkt allein über Gültigkeit, nicht über affektive Bindungen und/oder moralische Imperative. Damit kommt Freud wieder zurück zu der ursprünglichen Einheit von Wissen und Engagement – in reduzierter Form, aber mit der Evolution auf seiner Seite. Und damit können seine kulturtheoretischen Analysen als angewandte Wissenschaft für sich beanspruchen, nichts als der Versuch zu sein, objektives Wissen zu verwenden und zu gewinnen.

Damit hatte der späte Freud eine Balance gefunden, die ihm plausibel erschien. Er konnte seine Skepsis beibehalten, ohne seine Hoffnungen aufgeben zu müssen; seine themenspezifische Skepsis dazu verwenden, seine Hoffnung in reduzierter Form aufrechtzuerhalten und seinen Ärger über das Geschehen in eine Form bringen, die die Affekte gewissermaßen sublimierte.

Psychoanalyse und politische Hoffnungen nach Freud

Wer sich heute mit psychoanalytischer Forschung beschäftigt, findet wenig bis keinen Rekurs auf Freuds Kulturanalysen – sie sind in vieler Hinsicht mehr Dokument einer Epoche und einer Entwicklungsphase der Psychoanalyse als nach wie vor verwendbare Interpretation. Auch von »wissenschaftlicher Weltanschauung« ist in der psychoanalytischen Literatur nach Freud nicht mehr die Rede gewesen. Seine Lösung der Problematik findet bei seinen Nachfolgern keine Zustimmung mehr. Schon der erste große Kanonisierungsversuch (Hartmann, 1927) sieht die Psychoanalyse als »strenge Wissenschaft«. Dies ist ein Pleonasmus, der das Problem eher betont als löst, aber er kappt alle Verbindungen, die in Freuds ambitioniertes Werk noch selbstverständlich sind. Von »Weltanschauung« ist nicht mehr die Rede.

Waelder (1962) unterteilt Freuds Werk schließlich in verschiedene Ebenen mit unterschiedlicher Relevanz. Das Herz der Psychoanalyse sind für ihn klinische Beobachtungen und Interpretationen; sie bedienen sich dazu psychoanalytischer Theorien (die erforderlich sind). Dagegen ist bereits die Metapsychologie für Waelder eben Meta-Psychologie – ein allgemeiner Rahmen, auf den man sich beziehen kann oder auch nicht, der jedoch nicht zum Kern der Psychoanalyse gehört und daher auch in keiner Weise verbindlich ist. Erst recht sind Freuds kulturtheoretische Schriften für Waelder Ausdruck von Freuds persönlichen Präferenzen und daher ein eindrucksvolles, aber irrelevantes Hobby von Freud.

Die offizielle Psychoanalyse zog sich also mehr oder weniger zurück auf Therapie und entwickelte vor allem therapeutische Praxis und klinische Theorie weiter. Gleichzeitig »professionalisiert« sich jedoch auch die psychoanalytische Gesellschaftskritik – allerdings außerhalb ihrer offiziellen Einrichtungen. Und dies nicht nur, weil die klinifizierte Psychoanalyse mit dieser Art der Fortsetzung von Freuds kulturtheoretischen Ambitionen nichts mehr anfangen konnte oder wollte, sondern auch, weil dabei die Grenzen psychoanalytischen Denkens überschritten wurden bzw. werden mussten. Reich, Bernfeld, Fromm, Fenichel – sie alle vollzogen eine Wendung von der auf Kultur angewandten Psychoanalyse zur Verwendung von Psychoanalyse zur Kritik der Gesellschaft, das heißt: zur Verwendung psychoanalytischen Denkens im Rahmen von Gesellschaftskritik. Damit hatten diese Autoren ein Problem prinzipiell gelöst: Die Identifizierung mit dem klassischen Bild der Wissenschaft stand nicht (mehr) im Mittelpunkt. Wissenschaft ist Mittel zum Zweck. Für Gesellschaftskritik ist es legitim, sich die erforderlichen Mittel aus den Möglichkeiten der Wissenschaft herauszusuchen und sie so zu verwenden, wie dies im Rahmen einer kritischen Perspektive sinnvoll erscheint. Statt also darauf zu hoffen, dass gute Wissenschaft per se kritisch wirkt, wird hier dezidiert Wissenschaft für die Zwecke der Kritik genutzt.

Entsprechend finden sich bei diesen Autoren ebenfalls keine Verweise auf die »wissenschaftliche Weltanschauung«. Für sie ist Kritik angesichts der Umstände legitim und notwendig, und wo sich ihre Leistung methodisch wie theoretisch verbessern lässt, greift sie entsprechende Angebote auf. Was immer man von den frühen Weiterentwicklungen der Freud'schen Kulturkritik halten mag – sie sind bekanntlich im Niveau sehr unterschiedlich: Sie emanzipieren sich vom Freud'schen Neutralitätsgebot und erweitern zugleich den Horizont dessen, was mit psychoanalytischen Mitteln thematisierbar ist. Und zwar vor allem dadurch, dass sie nicht »angewandte Psychoanalyse« betreiben, sondern Psychoanalyse in anderen Kontexten verwenden, was die Freiheitsgrade der Kombination und Integration deutlich erhöht.

Die Einheit, die Freud für »Wissenschaft« und »Politik« gefunden hatte, zerfiel also bei seinen Nachfolgern. Die »unpolitische« Psychoanalyse wurde dadurch zunächst befreit von den expliziten Ambitionen, die Freud mit der Begründung einer »Bewegung« verband. Für diejenigen, die das gesellschaftskritische Potenzial der Psychoanalyse verwenden und entwickeln wollten, bot die Trennung dagegen unmittelbar den Vorteil, nicht mehr an die Zwänge einer klinischen Institution gebunden zu sein. Längerfristig wurde diese Trennung für beide Seiten zum Problem. Die Beschränkung auf Therapie bedeutete für die Psychoanalyse eine Art institutionelle Ich-Einschränkung und führte dazu, dass die Kompetenzen im Umgang mit nichtklinischen Fragestellungen unterentwickelt blieben. Die Trennung von klinischen Erfahrungen implizierte für die gesellschaftskritischen Anwendungen dagegen das doppelte Risiko, einerseits den Anschluss an (Weiterentwicklungen der) psychoanalytische(n) Theorie zu verlieren, andererseits in das zu verfallen, was Freud als »wilde Psychoanalyse« (1910k, S. 91 ff.) kritisiert hatte.

Es wäre ein Thema für sich, die Dynamik, die sich daraus innerhalb wie außerhalb der institutionalisierten Psychoanalyse ergab, zu diskutieren. Hier geht es um die Frage, was denn aus der anderen Problemlage wurde, die mit dem kritischen Potenzial der Psychoanalyse verbunden war. Psychoanalyse blieb und bleibt inkarnierte Skepsis und verkörpert die Seite der Aufklärung, die warnt und enttäuscht. Psychoanalytisches Wissen stellt sich gegen naive und irrationale Vorstellungen und Hoffnungen. Sie ist Aufklärung, aber Aufklärung, die auch deren Grundlagen kritisiert und in Frage stellt. Damit mussten auch und gerade die Autoren umgehen, die ihr kritisches Potenzial nutzen wollten und wollen.

Für *einen* Typ der Verwendung von psychoanalytischen Einsichten im Rahmen von Gesellschaftskritik stellt(e) sich diese Problematik allerdings nicht oder nicht in dieser Schärfe: Überall da, wo es vorrangig darum ging und geht, bestimmte Verhältnisse nicht nur zu kritisieren, sondern mit Mitteln der Theorie zu bestrafen, wo also Wut oder Verzweiflung über sie die Kritik treibt, wird (auch) psychoanalytisches Denken pejorativ und zum

Vernichtungsmittel. Das gilt in gewisser Weise für Adorno an den Stellen, wo er das Projekt der Aufklärung für gescheitert und ins Gegenteil gekippt erklärt: Die Kultur ist nicht mehr zu retten. Was auch immer geschieht, verschlimmert die Verhältnisse. In diesem Zusammenhang trägt Psychoanalyse dazu bei, das Verhängnis besser zu verstehen, aber auch sie wird Teil des Verblendungszusammenhangs. Psychoanalyse kann daher nur die Aufgabe haben, den Zerfall des Speziellen im Untergang des Allgemeinen zu dokumentieren (Adorno, 1955) – was ihn im Übrigen nicht davon abhielt, mit Hilfe psychoanalytischer Theorien weiter Aufklärung zu betreiben.

Hier ist der Konflikt zwischen Skepsis und Hoffnung nach einer Seite aufgelöst. Ohne Hoffnung wird Skepsis allerdings hybrid. Und der Umgang mit Psychoanalyse bleibt dadurch in gewisser Weise – pointiert formuliert – Missbrauch auf hohem Niveau. Wesentlich niedriger im Niveau waren die meisten Texte der neo-freudo-marxistischen Diskussion der Jahre 1968 ff. So sinnvoll die Idee war, das Instrumentarium von Gesellschaftskritik mit Hilfe psychoanalytischer Perspektiven zu verbessern, so improvisiert und dilettantisch waren die meisten der oft eilig produzierten Texte. Einerseits waren manche Autoren sich (zu) schnell sicher in der Einschätzung der Psychoanalyse als »bürgerliche Ideologie«, andererseits wurde recht freihändig mit ihren Kategorien jongliert. Da der Schurke – der Kapitalismus – in den meisten Fällen ohnehin feststand, wurde Psychoanalyse zu oft nur dazu genutzt, ihn auch noch mit deren Mitteln zu geißeln. Anders gesagt: In Bezug auf die eigene Aktivität war von Skepsis nichts mehr zu bemerken; in Bezug auf den Umgang mit dem Gegenstand auch nicht. Es ging mehr oder weniger ums Agieren der Wut auf den Kapitalismus (z. B.: Duhm, 1972; Schneider, 1973).

Auch hier wurde also das prekäre Verhältnis von Skepsis, Kritik und Affekt nach einer Seite aufgelöst. Dies geschieht (in genauem Gegensatz zu Adorno) durch die Unterstellung, dass das inkriminierte System keine großen Überlebenschancen hat: Der Kapitalismus ist zum »Spät«-Kapitalismus geworden und steht kurz vorm Aussterben. Es muss also nicht gehofft werden, sondern man ist sicher, dass bestimmte Entwicklungen unvermeidlich sind. Der mehr oder weniger stabile Glaube an den sicheren Sieg erleichterte in gewisser Hinsicht den Umgang mit der Psychoanalyse, weil die Komplikationen von Aneignung und Anwendung ausgeblendet werden – ob es der Kritik (und der Psychoanalyse) gut bekommen ist, ist fraglich.

Anders liegen die Dinge bei Autoren, die mit der Psychoanalyse besser vertraut sind und an ihren Leitmotiven festhalten oder sich intensiver mit ihr auseinander gesetzt haben. Zu den Letzteren gehört Herbert Marcuse. Zwar sind auch die Texte, die sich dezidiert mit Psychoanalyse beschäftigen oder mit psychoanalytischen Kategorien arbeiten (Marcuse, 1955, 1967), aus heutiger Sicht selbst ein Stück weit das, was er der Psychoanalyse bescheinigte, nämlich »veraltet« (Marcuse, 1965). Aber sie basieren auf gründlicher Rezeption des Werkes von Freud (und nicht ganz so gründlicher Auseinandersetzung mit den sog. »Revisionisten«) und bemühten sich um eine aktive Weiterentwicklung bestimmter Vorstellungen. Das Gesellschaftsbild, das auf diese Weise (vor allem in »One Dimensional Man«) entstand, basierte nicht zuletzt auf dem Argument, moderne Herrschaft operiere durch die Unterminierung der individuellen Fähigkeit, die Bedrohungen des Systems zu erkennen und sich dagegen zu wehren. Unterminiert wird sie durch »repressive Entsublimierung«, durch die Fixierung auf pathologische Bedürfnisse und ein niedriges Funktionsniveau. Ein durchrationalisiertes System der Kontrolle und Verarbeitung verhindert, dass sich aus erlebtem Leiden Widerstandspotenzial bilden kann – »jedes Entrinnen [ist] vereitelt« (Marcuse, 1967/1970, S. 91).

Angesichts einer solchen Diagnose stellt sich die Frage, wie denn dann noch eine Überwindung der Verhältnisse möglich sein soll. Marcuse setzt seine Hoffnung auf Marginale und Marginalisierte, die dem Sog der repressiven Entsublimierung weniger ausgesetzt seien. Und Marcuse hofft auf die »Große Weigerung«; darauf, dass von den Geächteten und Außenseitern, die nicht mitspielen können, eine Bewegung ausgeht, die mitreißt und das System aufbricht. Hoffnung spenden ihm dabei ausdrücklich entsprechend interpretierte psychoanalytische Einsichten und Methoden. Psychoanalyse beruhe auf der »Einsicht einer spezifischen Rationalität des Irrationalen [...]; umgeleitet, wird die begriffene Phantasie zu einer therapeutischen Kraft« (Marcuse, 1967/1970, S. 260).

In der Studentenrevolte und den Befreiungsbewegungen der »Dritten Welt« schien sich eine Zeitlang die Umwandlung von Elend in Emanzipation tatsächlich zu realisieren. Die undialektische Vorstellung eines Ausbruchs aus der Systemlogik durch Negation hat sich aus heutiger Sicht jedoch nicht bestätigt. Im Gegenteil: Eigentlich hat sich bestätigt, was Marcuse über die Assimilationsfähigkeit einer bestimmten Systemlogik schrieb.

Auch in Marcuses Modell tritt das Problem auf, dass psychoanalytische Perspektiven die Problemlage besser verständlich machen, damit jedoch zugleich naive Hoffnungen torpedieren und prima vista aussichtslos erscheinen lassen. Wenn man in dieses Fahrwasser gerät, ohne die Hoffnung ganz aufgeben zu wollen (Adorno) oder keine zu brauchen, weil sie als Gewissheit enttäuschungsfest vorausgesetzt wird, bleibt nur noch die Hoffnung auf Programmfehler und/oder Nischen im System. Man könnte sagen: In dem Maße, wie die Skepsis in Richtung Verzweiflung wächst – wie sollen Entmündigte sich emanzipieren können? –, wird auch die Hoffnung verzweifelter. Dieser Sog hat auch mit der Radikalität der Kritik zu tun. Wenn man dem System gewissermaßen nichts zutraut (oder aus Enttäuschung über die Zustände der Wut auf das System freien Lauf lässt), findet Kritik im System auch keinen Halt mehr und muss Hoffnung aufgeben oder utopisch werden.

Daher stellt sich die Problematik etwas anders dar, wo Kritik zwar systematisch, aber nicht fundamentalistisch angelegt ist. Ein Beispiel dafür ist Mitscherlichs Auseinandersetzung mit der »vaterlosen Gesellschaft« (1963). Sie kommt in vieler Hinsicht zu vergleichbaren Befunden wie Marcuse und Adorno, aber sie ist anders fundiert und akzentuiert. Auch für Mitscherlich steht »der Wunsch nach Emanzipation« (1963/1973, S. 368) am Anfang, aber er wird fokussiert durch den Bezug auf therapeutische Erfahrungen als empirisches Material: »Insgesamt sind rund 30.000 Stun-

den der Erfahrung (in der Beziehung Analysand/Analytiker) der
Rohstoff dieses Buches« (Mitscherlich, 1963/1973, S. 371), welches
er in einen anthropologischen und soziologischen Rahmen ein-
bettet.

Mitscherlich geht dabei von einem modifizierten Freud'schen
Exposé aus und identifiziert als ein Problem, dass auf der Basis
der humanen »Trieboffenheit« Sachbildung sich leichter entwickeln lässt als Sozial- und Affektbildung. Diese allgemeine Problematik bringt er in Verbindung mit einer sozialpsychologischen
Interpretation säkularer Entwicklungen und aktueller Zustände.
Er beschreibt den Zerfall der traditionellen Vater-Sohn-Beziehung
als Risiko, wo an die Stelle von Bindung und Auseinandersetzung
Struktur- und Orientierungslosigkeit tritt. Die bloße Ersetzung
von autoritären Abhängigkeiten durch gesichtslose und unkon-
trollierbare Sachlogik korrespondiert mit einer zunehmenden
und »Domestizierung durch Lusterfahrung«, also die Verführung
zur Regression in präödipale Beziehungsmuster und Abhängigkeiten. Mitscherlich geißelt in scharfen Worten die darauf basie-
rende Entwicklung der Nachkriegsgesellschaft in Deutschland: die
Fixierung auf Arbeit und Konsum, die Unfähigkeit und Unwillig-
keit zur politischen Auseinandersetzung und, komplementär, die
Entwicklung eines Systems technisierter Steuerung und Kontrolle.
Zum Beispiel so:

»Sosehr sich Politiker und Unternehmer darum bemühen, das
paternitäre Prinzip am Leben zu erhalten [...], die Millionen der
Untergebenen sind an ihm nicht mehr interessiert, sie leben in
andere Stimmungen. Ihrer Erwartungshaltung ist selbständiges
Leisten, kämpferische Konkurrenz als Ziel des Lebens fremd; und
die Verhältnisse sind so, dass das ein Ziel mit wenig realen Chancen geworden ist. Deshalb haben auch zum Beispiel Lohnkämpfe
nicht mehr den Charakter der harten Auseinandersetzung mit
einem harten Vater; die Regression geht tiefer, sie lässt die Struktur des Über-Ichs, der Pflicht, der Verantwortung, der Beschränkung hinter sich. Es wird reichlich produziert und reichlich an
der Brust getrunken. Was erstrebt wird, ist die Dämmerhaltung
der Sattheit. Ansprüche werden auf einer Ebene vertreten, die

das differenzierte Welterleben überflüssig macht« (Mitscherlich, 1963/1973, S. 307).

Es geht hier nicht um die Stimmigkeit und um die Frage der methodischen Angemessheit von Mitscherlichs Diagnosen (auch das ist ein – interessantes – Thema für sich, vgl. Schülein, 2009), sondern um die Frage, wie Mitscherlich das Problem des Verhältnisses von (psychoanalytischer) Skepsis und notwendigen bzw. unvermeidlichen Affekten behandelt. Erkennbar sind seine Analysen getrieben vom Ärger über die Nachkriegsentwicklung. Der kritische Intellektuelle hätte sich gewünscht, dass die Katastrophe der NS-Diktatur Lern- und Entwicklungsprozesse zur Folge hat. Stattdessen entwickelte sich (aus seiner Sicht) eine neue Katastrophe, oberflächlich friedlicher, aber strukturell noch bedrohlicher, weil und wo sich »Vaterlosigkeit« in Regression, Infantilisierung und Abhängigkeit umsetzt. Und diesem Ärger lässt er ziemlich freien Lauf. Auf der anderen Seite hält er an der Möglichkeit von Sozial- und Affektbildung fest; skizziert (abstrakt), wie ein zeitgemäßes väterliches Prinzip aussehen könnte und was dazu erforderlich wäre. Auch bei ihm ist der Adressat seiner Wünsche nicht deutlich – schließlich sind die Väter unfähig und die Söhne regrediert. Aber die Heftigkeit des Pamphlets zeugt von dem energischen Wunsch, sich einzumischen und der Gesellschaft ihre Probleme zu spiegeln.

Auch Mitscherlichs Theorie ist zunächst dadurch gekennzeichnet, dass sie durch die Einbeziehung psychoanalytischer Perspektiven eine vertiefte Einsicht in die sich abspielenden Dramen bietet. Das bessere Verständnis der Vermittlung von sozialem und psychischem Geschehen verdeutlicht das Bild und zwingt zugleich dazu, von der Hoffnung Abschied zu nehmen, man müsse nur den Schleier der Verblendung wegreißen und fände dann automatisch den Weg zu Vernunft und Rationalität. Der genauere Blick verdeutlicht, dass »sapere aude« bereits vieles voraussetzt, was nicht selbstverständlich, sondern eher unwahrscheinlich ist. Insofern gerät Mitscherlichs Analyse in ein vergleichbares Dilemma: Psychoanalytische Aufklärung verdüstert jede Hoffnung auf einfache Lösungen. Was bleibt dann? Auch Mitscherlich geht davon aus, dass –

ähnlich wie in psychoanalytischer Therapie – unter bestimmten Bedingungen Selbstheilungskräfte aktiviert werden können. Das klingt so: »Die Aufgabe der Emanzipation liegt […] in der Analyse des Zirkels von sozialen Bedingungen und seelischen Reaktionsbildungen auf diese. Um uns befreien zu können, müssen wir erst die Bedingungen namhaft machen, die sich die Gesellschaft selbst erschaffen hat, die sie aber in ihrem Bewusstsein vorerst nicht zuzulassen bereit ist. Erst die sorgfältige Durcharbeitung dieses Feldes […] schafft einen Ansatz, von dem aus Zustände sich zur Ordnung strukturieren lassen« (Mitscherlich, 1963/1973, S. 370).

Mitscherlich hält also auch auf der Stufe fortgeschrittener und entsprechend skeptischer Aufklärung an deren Möglichkeit fest. Die Orientierung an psychoanalytischer Praxis (»Durcharbeitung«) ist evident, und in der Tat ist denkbar, dass hier die praktische Erfahrung der Veränderbarkeit versteinerter Verhältnisse durch Therapie eine Rolle spielt. Das, was die (theoretische) Hoffnung belastet, stabilisiert sie zugleich in gewisser Weise – auch ohne die Sicherheit, die Gesetze der Evolution hinter sich zu haben. Dazu gehört allerdings auch, dass er selbst den schwer belasteten Vätern und Söhnen doch noch die Fähigkeit zutraut, bei entsprechender Behandlung sich weiter entwickeln zu können.

Im Prinzip also eine ähnliche Konfiguration, aber die Erdung durch psychoanalytische Praxis und die (etwas) stärkere Bindung an die bestehenden Verhältnisse halten ihn auf dem schmalen Grat zwischen Hoffnungslosigkeit und Utopie. Und auch hier will beides trotzdem nicht so recht zusammenpassen: Die Analyse gibt wenig bis keinen Anlass zu Optimismus, und therapiebezogener Optimismus ist keine Anlass für gesellschaftspolitische Hoffnung. Andererseits: Die Geschichte ist weitergegangen. Bestimmte Diagnosen wären heute noch pointierter zu formulieren. Aber auf der anderen Seite hat die Jugend, der Mitscherlich Über-Ich-Schwäche und Unfähigkeit zu politischem Handeln attestierte, kurz darauf (nicht zuletzt unter Berufung auf Mitscherlich und mit seiner wohlwollenden Unterstützung!) die herrschenden Verhältnisse heftig attackiert und dabei einiges erreicht (wenn auch nicht unbedingt das, was sie erreichen wollte …).

Zur Dialektik von Reflexion und Affekten

Damit stellen sich zwei Fragen, die zumindest indirekt miteinander verbunden sind. Die erste betrifft die Gültigkeit: Wie valide sind eigentlich die Zeitdiagnosen? Die zweite greift den roten Faden der bisherigen Diskussion auf: In welchem Verhältnis stehen die Entstehungsbedingungen und die verwendeten Mittel der Diagnosen zum Ergebnis? Lassen sich Skepsis, Wut und Hoffnung überhaupt auf einen (sinnvollen) Nenner bringen? Die Antwort auf die erste Frage ist klar: Auch für psychoanalytisch inspirierte Gesellschaftsdiagnosen und Prognosen gilt, dass sie schwierig sind, weil sie eine komplexe, mehrdeutige Gegenwart und die Zukunft betreffen (»Prognosen sind schwierig, besonders, wenn sie die Zukunft betreffen« – so bereits Mark Twain). Sie bearbeiten auf der Basis von riskanten Selektionen und Verallgemeinerungen einen sich entwickelnden, das heißt nicht kalkulierbaren Möglichkeitshorizont und bleiben daher zwangsläufig unzulänglich. Es kommt immer anders. Das ändert nichts an der Notwendigkeit, dieses Risiko einzugehen; es steht nichts Besseres zur Verfügung und nur aus dem Scheitern von Versuchen ergeben sich Verbesserungsmöglichkeiten. Mehr noch: Die Einseitigkeit zeitgebundener Perspektiven, die Schärfung der Sinne durch Affekte kann dazu beitragen, die Tiefenschärfe der Analysen zu erhöhen, was es ermöglicht, die Grenzen des Wahrnehmungshorizonts zu erweitern.

Insofern sind unter widersprüchlichen Bedingungen die Versuche ihrer Reflexion selbst widersprüchlich; die Auseinandersetzung mit diesen Widersprüchen ist auf der einen Seite das Medium der Entwicklung von theoretischen Leistungen. Auf der anderen Seite ist Wut ein riskanter Antrieb, weil sie die Perspektive zugleich verengt und vereinseitigt. Das zeigt sich schon daran, dass alle die (hier nur flüchtig erwähnten) Beispiele der Nutzung psychoanalytischer Kategorien für Gesellschaftsanalysen das Entwicklungspotenzial des von ihnen kritisierten Systems unterschätzen. Die Kritik tendiert dazu, abstrakt normativ zu werden und zu übersehen, dass die inkriminierten Probleme in gewisser Weise der Preis für bestimmte Errungenschaften bzw. notwendige Folgeerscheinungen einer spezifischen Entwicklungslogik sind. Von daher lässt sich Wut auch nicht bändigen – und wenn, dann fehlt der Druck, der von ihr ausgeht. Ähnliches gilt auch für das Verhältnis von Skepsis und Hoffnung. Sie müssen sich widersprechen: Konsequente Skepsis ist das Gegenteil von Optimismus, von dem die Hoffnung lebt.

Insofern *kann* die Gleichung von Skepsis, Wut und Hoffnung nicht aufgehen – es bleibt bei einem chronischen Ungleichgewicht, aus dem Unausgewogenes entsteht. Auch deshalb gelingt es den Versuchen einer psychoanalytischen Sozialpsychologie von Freud bis Mitscherlich nicht, ein unversöhntes Nebeneinander von Depression und kontrafaktischer Überschätzung von Möglichkeiten zu überwinden. Genau damit muss jedoch fortgeschrittene Aufklärung rechnen. Je mehr man weiß, desto mehr wird Wissen auch zur Last. Dies gilt auch und gerade für psychoanalytische Aufklärung, die die volle Konfrontation mit den Zerstörungen der Psyche und dem damit verbundenen Destruktionspotenzial verlangt. Aber allein schon das Aushalten dieses Blicks in die Abgründe stellt einen Reifegrad von Aufklärung dar, die angesichts ihrer Einsichten eben auf alle Naivität und Sicherheit verzichten muss – und letztlich nur darauf hoffen kann, dass ihre Leistungen zum richtigen Zeitpunkt an der richtigen Stelle zur Verfügung stehen.

Literatur

Adorno, T. W. (1955). Zum Verhältnis von Soziologie und Psychologie. In T. W. Adorno Sociologica I. Frankfurt a. M.: Fischer.

Duhm, D. (1972). Angst im Kapitalismus. Wiesbaden: Kübler.

Freud, S. (1908d). Die »kulturelle« Sexualmoral und die moderne Nervosität. G. W. Bd. VII (S. 143–167). Frankfurt a. M.: Fischer.

Freud, S. (1910k). Über »wilde« Psychoanalyse. Bd. VIII (S. 118–125). Frankfurt a. M.: Fischer.

Freud, S. (1912–1913a). Totem und Tabu. G. W. Bd. IX. Frankfurt a. M.: Fischer.

Freud, S. (1914d). Zur Geschichte der psychoanalytischen Bewegung. G. W. Bd. IV (S. 407–480). Frankfurt a. M.: Fischer.

Freud, S. (1916–1917a). Vorlesungen zur Einführung in die Psychoanalyse. G. W. Bd. XI. Frankfurt a. M.: Fischer.

Freud, S. (1923a). »Psychoanalyse« und »Libidotheorie«. G. W. Bd. XIII (S. 209–233). Frankfurt a. M.: Fischer.

Freud, S. (1927c). Die Zukunft einer Illusion. G. W. Bd. XIV (S. 323–380). Frankfurt a. M.: Fischer.

Freud, S. (1930a). Das Unbehagen in der Kultur. G. W. Bd. XIV (S. 419–506). Frankfurt a. M.: Fischer.

Freud, S. (1933a). Neue Folgen der Vorlesungen zur Einführung in die Psychoanalyse. G. W. Bd. XV. Frankfurt a. M.: Fischer.

Freud, S. (1940b). Some elementary lessons in psycho-analysis. G. W. Bd. XVII (S. 139–147). Frankfurt a. M.: Fischer.

Freud, S. (1939a) Der Mann Moses und die monotheistische Religion: Drei Abhandlungen. G. W. Bd. XVI (S. 101–246). Frankfurt a. M.: Fischer.

Freud, S., Breuer, J. (1895d). Studien über Hysterie. G.W. Bd. I (S. 75–312). Frankfurt a. M.: Fischer.

Freud, S., Pfister, O. (1963a). Briefwechsel. Frankfurt a. M.: Fischer.

Hartmann, H. (1927/1972). Grundlagen der Psychoanalyse. Stuttgart: Klett-Cotta.

Jones, E. (1984). Sigmund Freud – Leben und Werk. 3 Bde. München: dtv.

Marcuse, H. (1955/1968). Triebstruktur und Gesellschaft. Frankfurt a. M.: Suhrkamp.

Marcuse, H. (1964/1970). Der eindimensionale Mensch. Studien zur Ideologie der fortgeschrittenen Industriegesellschaft. Neuwied, Berlin: Luchterhand.

Marcuse, H. (1965). Das Veralten der Psychoanalyse. In H. Marcuse, Kultur und Gesellschaft 2 (5. Aufl.). Frankfurt a. M.: Suhrkamp.

Mitscherlich, A. (1963/1973). Auf dem Weg zur vaterlosen Gesellschaft. München: Piper.

Schneider, M. (1973). Neurose und Klassenkampf. Reinbek: Rowohlt.

Schülein, J. A. (1999). Die Logik der Psychoanalyse. Gießen: Psychosozial.

Schülein, J. A. (2011). Was ist aus der »Vaterlosen Gesellschaft« geworden? In J. A. Schülein, H.-J. Wirth, (Hrsg.), Analytische Sozialpsychologie (S. 141–163). Gießen: Psychosozial.

Waelder, R. (1962). Psychoanalysis, scientific method, and philosophy. Journal of the American Psychoanalytic Association 10 (3), 617–637.

Helmwart Hierdeis

Sinneswelt und Wunschwelt

Überlegungen zu Sigmund Freuds Religionskritik

> Warum müssen wir glauben?
> Um nicht zu verzweifeln.
> Wenn wir allerdings nicht verzweifeln –
> daran nämlich, dass wir sterben und zu nichts werden –,
> dann müssen wir auch nicht glauben.
>
> *Imre Kertész (1992, zit. nach Retzer, 2002, S. 203)*

Vorbemerkung

Wenn Skepsis unter anderem den Vorbehalt gegen die Behauptung von absoluter (reiner, letzter, höchster, einziger, uneinholbarer …) Wahrheit zum Ausdruck bringt, dann richtet sie sich damit auch gegen Religionen, die eine solche Wahrheit für sich beanspruchen. Sähe die Psychoanalyse als Theorie ihre Hauptaufgabe ausschließlich darin, sich an diesem Aufklärungswerk zu beteiligen, dann wäre sie nur eine Stimme unter anderen im Konzert der Kritiker an »Letztbegründungen«. Sie ist jedoch nicht primär an Argumentationslogiken interessiert. Für bedeutsamer hält sie die Frage, was Menschen dazu bewegen kann, eine transzendente Wirklichkeit anzunehmen, den Sinn ihres Lebens in der Suche nach der »einen Wahrheit« zu sehen oder die Suche nach der »einen Wahrheit« mit der Behauptung, sie gefunden zu haben, ein für allemal zu beenden und sich ihr zu unterwerfen. In vielen Fällen fügen sie sich damit auch jenen Personen und Institutionen, die den Anspruch erheben, die »eine Wahrheit« zu verwalten und sie, als einzig Beauftragte und Berechtigte, zu interpretieren und zu vertreten. In besonderer Weise gilt ihre Aufmerksamkeit den Über-Ich-Funktionen der Religion und der Art und Weise, wie ihre Vertreter und Institutionen die Einhaltung religiöser Normen überwachen und damit individuelle wie kollektive Neurosen begünstigen.

Skepsis gegenüber allem an der Religion, was die Psyche deformieren kann oder den Menschen seiner Autonomie beraubt – das wäre zumindest die Haltung einer Psychoanalyse, die sich in der Gefolgschaft ihres Gründers sieht. Dass Sigmund Freud zu den exponierten Religionskritikern im ersten Drittel des 20. Jahrhunderts gehört hat, kann als bekannt vorausgesetzt werden. Die Katholische Kirche hatte ihn sogar auf den »Index« jener Schriften gesetzt, deren Lektüre den Gläubigen unter Androhung der Exkommunikation verboten war. Dass er mit seiner Kritik nicht in erster Linie das Christentum, sondern die jüdische Vater-Religion und damit auch die Religion seiner Väter im Auge hatte, bekennt er seinem Freund, dem Schweizer Pfarrer Oskar Pfister, um ihn auf seine Schrift »Die Zukunft einer Illusion« (1927c) einzustimmen (vgl. Toegel, 2006).

In den vergangenen fünfzig Jahren hat die Psychoanalyse allerdings ihr Verhältnis zur Religion überdacht (vgl. u. a. Scharfenberg, 1970; Schreiber, 1977; Henseler, 1995; Henseler, 2002, S. 610 ff; Leuzinger-Bohleber u. Klumbies, 2010, S. 11 ff.) und begonnen, in der Religion im Allgemeinen und in der jüdisch-christlichen Religion im Besonderen auch Elemente zu entdecken, die ihrem Selbstverständnis entgegenkommen. Auf der anderen Seite ist auch der Ton der christlichen Theologie gegenüber der Psychoanalyse moderater geworden und ihr Verständnis für die Anthropologie, die Beziehungs- und Deutungsarbeit und die kulturkritische (auch kirchenkritische) Funktion psychoanalytischer Theorie ist gewachsen (vgl. Küng, 1987). Die gegenseitige Toleranz mag auch durch die Einsicht in die »Grenzen des eigenen disziplinären Denkens« (Leuzinger-Bohleber u. Klumbies, 2010, S. 14) bewirkt worden sein. Nicht zuletzt können Theologie und Psychoanalyse ein gemeinsames Schicksal darin sehen, dass sie von der »harten« Empirie als »unwissenschaftlich« oder zumindest als wissenschaftlich fragwürdig in die gleiche Ecke gestellt werden.

Fallvignetten

– Eine etwa fünfzigjährige, auf dem Land in einem katholischen Milieu aufgewachsenen *Patientin* berichtet mir, sie habe nach Albträumen, in denen sie immer wieder von ihrer Mutter verflucht worden sei, das Kreuz von der Wand genommen und mit dem Korpus nach unten auf einen Schrank gelegt. Wenn »er« ihr trotz ihrer Gebete schon nicht helfe, dann solle er ihr in ihrem Elend auch nicht zuschauen.

– Ein etwa dreißigjähriger *Patient,* der sein Vorhaben, Priester zu werden, wegen der Beziehung zu einer Frau aufgegeben hat, erzählt mir folgenden Traum: Er sei unter vielen Menschen auf einem Platz gestanden, auf dem Jesus in einem langen weißen Gewand die Kommunion ausgeteilt habe. Je näher ihm Jesus gekommen sei, desto größer sei seine Angst geworden. Dann sei Jesus vor ihm gestanden und habe ihn gefragt: Liebst du mich? Und obwohl er eigentlich gewusst habe, dass die Antwort hätte »nein« lauten müssen, habe er »ja« gesagt und die Kommunion empfangen. Mit dem Gefühl, wegen dieser Lüge nun auf ewig verdammt zu sein, sei er mit einem Schrei aufgewacht.

– Ein etwa fünfzigjähriger *Wissenschaftler* erzählt in der Analyse diesen Traum: »Ich sehe mich in einer gotischen Kathedrale mit dem Rücken zum Altar, links im Chorgestühl alte Männer, Juden mit wunderschönen Gesichtern. Ich weiß, dass diese Gesichter durch Leiden so schön geworden sind. In der ersten Reihe sitzt die Gemeinde mit Ehrengästen, ich selbst stehe an einem Pult, einem Ambo, von dem aus Predigten gehalten werden, und sage: ›So ein Tag, so wunderschön wie heute.‹ Mein geplanter ernster Nachsatz wird durch einen blonden Gecken unterbrochen, der mir die Berechtigung zur Rede abspricht mit dem Hinweis, dass ich ›ein Feind der Verfassung‹ sei. Ich bleibe unbeirrt und sehe, wie eine große metallene Kugel hereingetragen wird. Auf dieser Kugel ist ein Kreuz plastisch aufgeschmiedet, auf dessen Längsbalken Namen eingetragen sind von Leuten, die sich um die Errettung von Juden verdient gemacht haben. Die Namen werden vorgelesen, ich höre auch meinen Namen, und ein zwiespältiges Gefühl wie ›von noch nicht berechtigt sein dazu‹ oder ähnlich stellt sich ein« (Frank-Rieser, 1994, S. 190).

Unbestreitbar geht es in allen drei Fällen um Resonanzen auf die Verinnerlichung von Religion. Kreuz, Kommunion, Kathedrale stehen für Symbole, Inhalte, Rituale und Orte christlich-religiösen Lebens. Sie bilden den Rahmen für Szenen, die für die Betroffenen vordergründig religiöse Fragen aufwerfen, die sie darüber hinaus aber mit ihrer Genese und ihrem Selbstverständnis konfrontieren:

- Die *Patientin,* die in der religiösen Unterweisung gelernt hat, dass sie sich in ihrer Not an den Gekreuzigten wenden kann, lädt sein Abbild magisch auf, personalisiert es und geht mit ihm pädagogisch-sanktionierend um: »Schau weg, wenn du mir schon nicht hilfst.« Einen bloßen Beobachter, und sei er Gott selbst, will sie nicht in der Nähe haben.
- Der *Patient,* der »eigentlich« glaubt, dass er auf die Liebe Gottes nur mit einer bedingungslosen Gegenliebe antworten kann, hat offenbar Angst vor einer solchen Radikalität. Ihm wäre ein Leben in einer gewissen Distanz zu Gott lieber, aber er hat nicht den Mut, sich dazu zu bekennen. Vom Objekt der geforderten Liebe im Traum unmittelbar angesprochen, sagt er, wie er bekennt, die Unwahrheit und »isst sich«, da »unwürdig«, »das Gericht« (1 Kor 11, 24).
- Beim *Wissenschaftler* ist dieser persönliche Gottesbezug nicht erkennbar, aber der Ort der Handlung, die anwesenden Personen und der Zweck der Feier werfen für ihn die Frage auf, ob er auch unter bedrohlichen Bedingungen dem zentralen Gebot seiner Religion gerecht werden und »den Nächsten lieben« könnte »wie sich selbst«. Er fühlt, dass er dazu noch nicht in der Lage (»Verfassung«) ist. Er dürfte also weder zu den Ret-

tern gezählt, noch dürfte sein Name »ins Buch des Lebens« eingetragen werden (z. B. Phil 4,3; Offb 3,5). Schon gar nicht hätte er das Recht zu einer öffentlichen Laudatio, in der er sich indirekt mitpreisen müsste.

Die drei Genannten sind in ihren Therapien an einer Stelle angekommen, an der sie das Gewicht ihrer religiös geprägten Biographie spüren und an der eine Entscheidung über deren Fortsetzung ansteht. Beziehungsabbruch, Schreckstarre und die Einsicht, nicht zu den »Gerechten« zu gehören, markieren Übergänge in ein Neuland. Auf dem Weg dorthin ist herauszufinden, inwieweit die Konflikte, in denen sie gefangen sind, religiöser Art sind oder ob sie nicht vielmehr für die jeweils unterschiedlich ausgeprägte Unfähigkeit stehen, »Traurigkeit und Gefühle von Wertlosigkeit anzuerkennen und zu begreifen, dass es sich lohnt, an diese Gefühle heranzukommen, die zur persönlichen inneren oder psychischen Realität gehören« (Winnicott, 2008, S. 217). Ob der analytische Prozess gelingt, hängt auch davon ab, welchen Widerhall religiöse Erfahrungen in der Gegenübertragung des Analytikers erfahren, ob sie dort auf eine Leerstelle stoßen, auf Gegnerschaft, auf die Bereitschaft zur religiösen Affirmation oder auf skeptische Offenheit (vgl. Hofmann, 2009).

Zur Subjektivität des Autors

Wenn ich mich argumentativ auf jemanden beziehe, der sich über Ursprung und Inhalte der Religion äußert, dann bin ich als Mitglied meiner Kultur nicht Rezipient einer beliebigen Information (so als ob mir jemand seine Theorie zum Phänomen der Schwarzen Löcher darlegen wollte), sondern in doppelter Weise Betroffener: in phylogenetischer Hinsicht, weil die kulturelle Evolution bis in die Gegenwart hinein auch Religionsgeschichte ist; in ontogenetischer Hinsicht, weil meine Lebensgeschichte und damit meine Identität in vielfacher Weise durch Religion mitbestimmt worden

ist und wird, gleichgültig ob ich mich mit ihr identifiziere, ob ich
ihr skeptisch oder ablehnend gegenüberstehe oder ob sie mich
kalt lässt. Außerdem stecken ihre »Abkömmlinge« in zahlreichen
Erscheinungen meiner Gegenwart: in religiösen Organisationen,
im Bildungssystem, in den Zeitmarkierungen, in Architektur und
Kunst, in Verfassungen und Gesetzen, in unserer Alltagssprache,
in gesellschaftlichen Diskursen, in der Symbolik von Gelöbnissen,
politischen Machtdemonstrationen, Totengedenken und Gesel-
lungsformen.

Es gibt Mitmenschen, denen die religiösen Elemente ihrer Kultur nicht mehr sind als eine Ansammlung von Relikten; anderen
bieten sich diese Zeugnisse eher als wissenschaftliche Objekte zum
Verständnis von Kultur und Gesellschaft an; wieder andere sehen
Religion in ihren Ausprägungen als Lehre, Ritual oder Kunst als
Teil ihres Lebens an, weil sie ihnen eine sinnvolle Lebensdeutung,
Stütze, Erhebung und Trost bietet; noch einmal andere verbinden
mit Religion bild- und wortlose Gefühle des Staunens, der Ehrfurcht, des Geborgenseins, der Abhängigkeit – nicht zu vergessen
die Menschen mit leidvollen, wenn nicht gar krank machenden
religiösen Erfahrungen. Zwischen den Ekstasen der Mystiker und
dem Gefühl der »Gottesvergiftung« (Moser, 1976) spannt sich ein
weiter Bogen. Unter diesen Umständen bin ich als jemand, der in
Auseinandersetzung mit Sigmund Freud über Religion nachdenkt,
zumal katholisch sozialisiert, ob ich will oder nicht, in besonderer Weise Teil des Erkenntniszusammenhangs, den ich untersuche
(vgl. Habermas, 1973, S. 227).

Zum wissenschaftshistorischen Ort von
Freuds Religionskritik

In den »Vorlesungen zur Einführung in die Psychoanalyse«
(Freud, 1916–1917a) beschreibt Sigmund Freud, wie sich die wissenschaftlichen Entwicklungen der Neuzeit auf das Selbstbewusst-
sein des Menschen ausgewirkt haben:

»Zwei große Kränkungen ihrer naiven Eigenliebe hat die Menschheit im Laufe der Zeiten von der Wissenschaft erdulden müssen. Die erste, als sie erfuhr, daß unsere Erde nicht der Mittelpunkt des Weltalls ist, sondern ein winziges Teilchen eines in seiner Größe kaum vorstellbaren Weltsystems. Sie knüpft sich für uns an den Namen *Kopernikus,* obwohl schon die alexandrinische Wissenschaft ähnliches verkündet hatte. Die zweite dann, als die biologische Forschung das angebliche Schöpfungsvorrecht des Menschen zunichte machte, ihn auf die Abstammung aus dem Tierreich und die Unvertilgbarkeit seiner animalischen Natur verwies. Diese Umwertung hat sich in unseren Tagen unter dem Einfluß von *Ch. Darwin, Wallace* und ihren Vorgängern nicht ohne das heftigste Sträuben der Zeitgenossen vollzogen. Die dritte und empfindlichste Kränkung aber soll die menschliche Größensucht durch die heutige psychologische Forschung erfahren, welche dem Ich nachweisen will, daß es nicht einmal Herr ist im eigenen Hause, sondern auf kärgliche Nachrichten angewiesen bleibt von dem, was unbewußt in seinem Seelenleben vorgeht« (Freud, 1916–1917a, S. 294 ff.).

Bei der hier angesprochenen »heutige[n] psychologische Forschung« ist nicht irgendeine Persönlichkeits- oder Lernpsychologie gemeint, die es zu Freuds Zeit auch schon gab, sondern die von ihm entwickelte Psychoanalyse. Sie »stört den Frieden dieser Welt« (Freud, 1916–1917a, S. 295), weil sie den Menschen gleichsam sich selbst enteignet, indem sie ihm sinngemäß sagt: »Du weißt nicht, wer du bist. Wenn du aber etwas über dich wissen willst, dann musst du andere als die bisher üblichen Wege der Selbsterkenntnis gehen. Ich kann dir sagen, welche.«

Dass das Selbstverständnis des Menschen – zumindest in unserem Kulturkreis – überhaupt so tief gekränkt werden konnte, hing einerseits mit der bis in die Neuzeit hinein gepflegten grandiosen Vorstellung zusammen, er lebe in einer von Gott auf wunderbare Weise durch ein »Es werde!« geschaffenen Welt im Mittelpunkt des Kosmos und er selbst sei, ins Leben gerufen durch den Atem Gottes, die Krone dieser Schöpfung und als ihr Herr mit dem Auftrag versehen, sie zu bevölkern und zu beherrschen.

Selbst der »Sündenfall« und die »Erlösung« durch Jesus Chris-
tus gerieten noch zu seiner Erhöhung: Denn offenbar war der
Mensch Gott dieses Opfer wert. Dafür, dass dieses Bewusstsein
von der Sonderrolle des Menschen in der Welt nicht mehr verloren ging, sorgten die religiösen Institutionen mit ihrer Pasto-
ral, ihrem Unterricht, ihrem Gemeindeleben und ihren Riten –
zunächst allein, dann zunehmend mit der Unterstützung
weltlicher Macht. Das ging gut, solange das Glaubenswissen von
einer deduktiv argumentierenden Ratio unterstützt wurde, und
es konnte nicht mehr gut gehen, als Empirie und Induktion ins
Spiel kamen.

Auf der anderen Seite war die durch Descartes und seine Nachfolger vorgetragene Begründung des Menschseins in der Fähigkeit zu denken in der Aufklärung zwar gegen Offenbarungswis-
sen und Dogmatik gerichtet, aber sie bot ihrerseits genügend Stoff
zur Selbstverherrlichung des Menschen. Es waren ja beileibe nicht
nur die Kirchen, die mit Freuds Theorie von der heimlichen Herrschaft des Unbewussten lange nicht zurechtkamen und sie heftig attackierten, sondern auch die sich für aufgeklärt haltenden
Bürger bis in die damalige Universität hinein. Ihr vor allem wirft
Freud »die allgemeine Auflehnung gegen unsere Wissenschaft,
die Versäumnis aller Rücksichten akademischer Urbanität und
die Entfesselung der Opposition von allen Zügeln unparteiischer
Logik« (Freud, 1916–1917a, S. 295) vor.

Die Suche nach den Ursprüngen der wissenschaftlichen Religionskritik, auch der Sigmund Freuds, führt unweigerlich zu den
Anfängen der Aufklärung im 16. Jahrhundert. »An der […] Quelle
der Entfernung vom Göttlichen nährte sich die wissenschaftliche
Rekonstruktion des Weltbildes, in ihrer reinen Mechanik objekti-
viert und denkbar gemacht durch die Ausmerzung des Unsichtbaren«, meint Marcel Gauchet bei seiner Analyse des Denkens, das
Ende des 18. Jahrhunderts zur »Erklärung der Menschenrechte«
führte (Gauchet, 1991, S. 46). »Der Mensch der Menschenrechte
entsteht aus der Abtrennung Gottes vom Menschen« (S. 46). Er
muss sich nur gegenüber seinesgleichen rechtfertigen und braucht
keine vermittelnden Instanzen mehr, weder den König noch die

Kirche. Er sieht sich nicht als abhängig von einem Außen, sondern er bindet sich ein in den gemeinsamen Willen der Subjekte. Das Instrument zur Konstruktion der Gesellschaft und zur Selbstkonstruktion des Einzelnen ist die Vernunft, nicht mehr der Glaube. Religion kann privat sein, aber sie ist nicht mehr das, was die Gesellschaft ideell als Basis für Kultur und Politik verbindet. Aus ihr sind keine Normen abzuleiten. Die Institutionen, die dies früher im Namen der Religion taten, haben diesen Anspruch verloren (vgl. Gauchet, 1991, S. 48). Nur: Das Denken, das zur zitierten »Abtrennung des Menschen von Gott« geführt hat, ist ohne seine Ursprünge in der jüdisch-christlichen Religion nicht denkbar (vgl. Türcke, 2009, S. 7 f.).

Die ersten beiden der drei von Freud genannten wissenschaftlichen Entdeckungen standen nicht nur für sich im Gegensatz zum seinerzeitigen religiösen Glaubenswissen, sondern riefen Kritik an ihm und an den religiösen Institutionen hervor. Wissenschaftliche Religionskritik war also zur Zeit Freuds längst nichts Neues mehr. Zunächst hatte die Aufklärung sie über den Primat der Vernunft formuliert, der den religiösen Glauben als Wissenssystem obsolet machte und Religion höchstens als Stütze der Sittlichkeit duldete (vgl. Röd, 2009). Für die materialistische Geschichts- und Gesellschaftstheorie des Karl Marx und seiner Nachfolger war Religion bekanntermaßen ein Betäubungsmittel, weil sie dem Menschen die Abhängigkeit von einer jenseitigen Macht suggerierte und ihn daran hinderte, die Erfüllung der Geschichte für sich und seinesgleichen in der Gegenwart zu suchen. Aber es war weit über Marx und die Marxisten der Folgezeit hinaus eine besonders geartete, nämlich mechanistisch denkende und kausal begründende, in der Erforschung vor allem der physikalischen Natur erprobte Wissenschaft, die sich nun dem Menschen, der Gesellschaft und der Geschichte zuwandte.

Die durch die Evolutionstheorie ausgelöste Kränkung des menschlichen Selbstverständnisses ging zweifellos noch tiefer, weil sie nicht in erster Linie Gottesbild und Weltsicht des Menschen irritierte, sondern seine Identität ins Wanken brachte. In der Philosophie stieß das biologisch-evolutionäre Denken auf hef-

tige Widerstände, verständlicherweise besonders bei den Vertre-
tern von Metaphysik und Idealismus. Friedrich Nietzsche dagegen
sah in der Evolutionstheorie für seine Phantasien von den Ent-
wicklungsmöglichkeiten des Menschen zunächst eine Bestätigung, bevor er sich angesichts platter Popularisierungen seines
Idealtypus »Übermensch« und unter den Verdächtigungen durch
»gelehrtes Hornvieh«, das heißt durch andere Philosophen, er sei
ein Darwinist, von ihr abgrenzte (Safranski, 2000, S. 272 f.; vgl.
Richter, 1979, S. 61 ff.).

Schwer tat sich die christliche, an der »Offenbarung« orien-
tierte und – auf katholischer Seite – vor allem an Thomas von
Aquins hierarchischem Denken geschulte Theologie und Philosophie mit der Annahme einer evolutionären Theorie, weil letztere
ihr Menschenbild bedrohte und ihrer deduktiven Denkform zuwi-
derlief, der zufolge das Höhere stets das Niedere, aber niemals das
Niedere das Höhere erklären könne. »Dieses Prinzip erfüllt die
Forderung jedes echten Prinzips: es ist durchsichtig, es ist notum
per se. Es hat solche Evidenz für den Autor, dass er nicht fähig ist,
Gedanken, die gegen es verstoßen – selbst wenn die ganze Zeit mit
ihrem Denken und Tun dagegen verstieße, ›gleichberechtigt‹, also
›wissenschaftlich‹ zu behandeln – er kann sie nur mit den kühlen
Wassern der Ironie überschütten, er kann sie nur in die Lache der
Komik stoßen« (Häcker, 1933, S. 11).

Der phylogenetische Strang: »Totem und Tabu«

Freud bezeichnet sich selbst als »an infidel jew« (Freud, 1928a,
S. 394; vgl. Küng, 1987, S. 70 f.; Henseler, 1995, S. 10; Tögel, 2006),
verwahrt sich aber dagegen, »dass aus der Psychoanalyse als
einem ›parteilosen Arbeitsinstrument‹ eine atheistische ›Weltanschauung‹ extrapoliert wird« (Küng, 1987, S. 70; vgl. Freud,
1933a, S. 170 ff.). Sein Bekenntnis stammt noch aus der Zeit vor
der »Entdeckung« der Psychoanalyse durch ihn. Er bekennt sich
zwar zu seiner jüdischen Abstammung, aber von der Einführung

in das orthodoxe Judentum durch seine Mutter und vom religiösen Leben zu Hause ist ihm weder ein religiöses Gefühl noch ein
Zugehörigkeitsgefühl zu einer jüdischen Gemeinde, sondern nur
das Interesse am Alten Testament geblieben. Für ihn ist die Bibel
aber kein Offenbarungszeugnis, sondern sie wird ihm ein Beleg
dafür, dass die Vater-Religion aus einem vorzeitlichen Vatermord
und dessen Symbolisierung in der Totemfeier entstanden ist. Von
der Erziehung durch seine katholische Kinderfrau behält er die
Abneigung gegen eine mit der Ankündigung von himmlischen
Belohnungen und von Höllenstrafen arbeitende Disziplinierung.
Das katholische Milieu seiner Heimatstadt Freiberg in Mähren ist
ihm vor allem wegen des alltäglichen Antisemitismus in Erinnerung. Die Szene aus seiner Kindheit, in der ihm sein Vater erzählt,
ein Rüpel habe ihn vom Trottoir gerempelt und ihm die Mütze
vom Kopf geschlagen, hat sich ihm besonders tief eingeprägt. Der
Sohn will wissen, ob sich der Vater denn gewehrt habe. Aber der
gesteht, er habe den Hut wortlos aufgehoben und sei weitergegangen – unvorstellbar für den Sohn, für den der Vater mit seiner
Unterwürfigkeit gleichsam sich selbst entthront hat (Freud, 1900a,
S. 203; Jones, 1984, Bd. 1, S. 43).

So sehr Freud sich seinem Forschungsgegenstand nach von
Astronomen, Evolutionstheoretikern, Physikern oder auch Medi-
zinern unterscheidet, so steht er vielen von ihnen – insbesondere
den Letztgenannten – doch hinsichtlich seiner naturwissenschaftlichen Denkform nahe (vgl. Henseler, 1995, S. 9; Küng, 1987, S. 16).
Das ausschlaggebende Argument für seinen Atheismus bezieht er
jedoch, wie er selbst sagt, von Ludwig Feuerbach. Dessen These,
Religion sei eine aus menschlichen Wünschen hervorgegangene
Projektion (Küng, 1987, S. 70 f.), untermauert er später mit seiner
eigenen Illusions- bzw. Wunscherfüllungstheorie. Sie speist sich
aus einer anderen Quelle, nämlich der Beobachtung und Analyse
von Neurotikern (vgl. z. B. Freud, 1907b, S. 127 ff.).

Von den beiden Strängen des Freud'schen Religionsverständnisses führt der eine zurück in die Menschheitsgeschichte, ist also
phylogenetisch angelegt, der andere führt in Lebensgeschichten,
ist also ontogenetischer Natur. Wir dürfen annehmen, dass sich

sein Atheismus aus beiden die notwendige Legitimation zu holen versucht hat. Der phylogenetische Strang, den er bereits 1912 in seiner Schrift »Totem und Tabu« (Freud, 1912–1913a) entfaltet, stützt sich auf die Urhorden- und Totemtheorien des 19. Jahrhunderts (vgl. Brumlik, 2006, S. 138 ff.; Küng, 1987, S. 40f; Henseler, 1995, S. 23 ff.). Freud war ein exzellenter Kenner der völkerkundlichen wie der biologischen Evolutionsforschung (vgl. Burkholz, 1995). Insbesondere Darwin hatte ihn in seinen Bann gezogen und ihm eine neue Weltsicht vermittelt (Freud, 1925d, S. 34). Dass er sich hinsichtlich der psychohistorischen Prozesse innerhalb der Evolution auf die Seite Lamarcks schlug, hatte wohl mit seinem Selbstverständnis als Arzt und insbesondere mit seinen früheren hirnphysiologischen Studien zu tun (Hamburger, 2005; vgl. Oevermann, 1995, S. IX ff.).

Die Darwin'sche »Urhorde« ist auch für Freud eine passende Denkfigur, um die Entstehung der wichtigsten sozialen Normen, des Tötungs- und des Inzestverbots, zu beschreiben (vgl. Hierdeis, 2010). Wenn er die Totemopfer und Totemfeste als symbolische Wiederholungen eines früheren Vateropfers deutet (vgl. Freud, 1912–1913a, S. 172, Anm. 1), dann weiß er zwar, dass er sich auf empirisch ungesichertem Terrain bewegt, aber es gibt für ihn eine »narrative Evidenz« (Hamburger, 2005, S. 47) für den Zusammenhang zwischen heutigen Opferriten, den Totemfeiern und dem vorzeitlichen Vatermord durch die Söhne. Außerdem: Wenn er sich die psychischen Konflikte der Neurotiker ansieht, denen er in seinen Kuren begegnet, dann glaubt er in ihnen Spuren der menschheitsgeschichtlichen Tötungs- und Schuldthematik wiederzuentdecken. Sein Konstrukt:

»Eines Tages taten sich die ausgetriebenen Brüder zusammen, erschlugen und verzehrten den Vater und machten so der Vaterhorde ein Ende. Vereint wagten sie und brachten zustande, was dem einzelnen unmöglich gewesen wäre. [...] Daß sie den Getöteten auch verzehrten, ist für den kannibalischen Wilden selbstverständlich. Der gewalttätige Urvater war gewiß das beneidete und gefürchtete Vorbild eines jeden aus der Brüderschar gewesen. Nun setzten sie im Akte des Verzehrens die Identifizierung mit ihm durch, eigneten sich jeder ein Stück seiner Stärke an. Die Totemmahlzeit, vielleicht das erste Fest der Menschheit, wäre die Wiederholung und Gedenkfeier dieser denkwürdigen verbrecherischen Tat, mit welcher so vieles seinen Anfang nahm, die sozialen Organisationen, die sittlichen Einschränkungen und die Religion. [...]

Nachdem sie ihn beseitigt, ihren Haß befriedigt und ihren Wunsch nach Identifizierung mit ihm durchgesetzt hatten, mußten sich die dabei überwältigten zärtlichen Regungen zur Geltung bringen. Es geschah in der Form der Reue, es entstand ein Schuldbewusstsein, welches hier mit der gemeinsam empfundenen Reue zusammenfällt. Der Tote wurde nun stärker, als der Lebende gewesen war; all dies, wie wir es noch heute an Menschenschicksalen sehen. Was er früher durch seine Existenz verhindert hatte, das verboten sie sich jetzt selbst in der psychischen Situation des uns aus den Psychoanalysen so wohl bekannten ›nachträglichen Gehorsams‹. Sie widerriefen ihre Tat, indem sie die Tötung des Vaterersatzes, des Totems, für unerlaubt erklärten [...]. So schufen sie aus dem *Schuldbewußtsein des Sohnes* die beiden fundamentalen Tabus des Totemismus« (Freud, 1912–1913a, S. 171 ff.).

Mit dieser Entwicklungsgeschichte gibt sich Freud die Antwort auf eine Frage, die ihm zwar ein bestimmtes Krankheitsbild stellt, die ihm aber für das Verständnis der Psyche insgesamt bedeutsam erscheint: Reichen für die Entstehung psychischer Dispositionen wie Liebe, Hass, Schuldgefühle, Unterwerfungs- und Regressionsbedürfnisse, die Bereitschaft zu Triebversagungen usw. biographische Erklärungen aus oder müssen deren Wurzeln im Menschsein an sich und damit in der Gattungsgeschichte gesucht werden? Und, falls das zutrifft: Welche Rolle spielt dann die Religion als neurotisierender Faktor dabei? Der Vatermord am Anfang, so seine Annahme, vergiftet die Geschichte des Menschen auch mit Hilfe der Religion bis in unsere Tage.

Der ontogenetische Strang:
»Die Zukunft einer Illusion«

Das Thema Religion hat Freud theoretisch länger als ein Viertel-
jahrhundert beschäftigt. In »Totem und Tabu« aus dem Jahr 1912
entwickelt er, wie eben dargestellt, die These, der kollektive Vatermord habe zu einem geteilten Schuldgefühl und mit ihm zum zentralen Motiv jeder Religion geführt (Freud, 1912–1913a; vgl. Leuzinger-Bohleber u. Klumbies, 2010, S. 12 f.). In »Das Unbehagen in
der Kultur« von 1930 gesteht er der Religion zu, sie sei eine Möglichkeit, Glück zu erwerben und sich vor Leid zu schützen – aber
eben um den Preis, an einen psychischen Infantilismus gebunden zu bleiben (Freud, 1930a, S. 431 ff.). In der »Neuen Folge der
Vorlesungen zur Einführung in die Psychoanalyse« von 1932 cha-
rakterisiert er als die wesentlichen Inhalte der Religion »Beleh-
rung, Tröstung und Anforderung« (Freud, 1933a, S. 175). Sie gebe
den Menschen »Aufschluß über die Herkunft und Entstehung
der Welt, sie versichert ihnen Schutz und endliches Glück in den
Wechselfällen des Lebens, und sie lenkt ihre Gesinnungen und
Handlungen durch Vorschriften, die sie mit ihrer ganzen Autorität
vertrete« (Freud, 1933a, S. 174). 1939, im Jahr seines Todes, greift er
in seiner postum veröffentlichten Schrift »Der Mann Moses und
die monotheistische Religion« noch einmal auf den Vatermord in
der Urgeschichte zurück und macht diesen für das in der Menschheitsgeschichte latent vorhandene Schuldbewusstsein verantwortlich (Freud, 1939a, S. 101 ff.).

Als Freuds eigentliche religionskritische Schrift gilt jedoch »Die
Zukunft einer Illusion« von 1927. In ihr vereinigt er psychogeneti-
sches und psychoanalytisches Denken: Der Mensch, wie er sich in
der Welt vorfindet, hat allen Grund, sich etwas zu wünschen. Da
gibt es Entbehrungen, die ihm die Kultur durch ihre Regeln, Verpflichtungen und Gesetze auferlegt. Hinzu kommen Leiden, die
ihm andere Menschen zufügen, weil ihre Intentionen mit den seinen kollidieren. Schließlich ruft ihm auch die Natur immer wieder
seine Ohnmacht ins Bewusstsein: Krankheit, Tod und Schicksal
auf der einen, die Gewalt der Elemente auf der anderen Seite. Der

Mensch ist gezeichnet von der Undurchschaubarkeit und Brüchigkeit seiner Existenz und von den Rätseln, die ihm das Leben aufgibt. Gegen die Schädigungen durch Kultur und Mitmenschen entwickelt er Widerstände und sucht ihnen auszuweichen oder ihnen zu begegnen.

Wie aber soll er sich gegen die Übermächte der Natur und des Schicksals wehren? So sehr ihm die Kultur einerseits Verzichte abfordert, so sehr entlastet sie ihn andererseits bei der Bewältigung dieser Aufgabe: Sie stellt ihm durch die Religion Tröstungen bereit; sie nimmt durch die Religion der Welt und dem Leben den Schrecken, und sie antwortet durch die Religion auf seine Wissbegier, auf die Fragen nach dem Woher, Wohin und Warum der Welt und seiner Existenz (Freud, 1927c, S. 338). Nach phylogenetischem Vorbild gibt der Mensch dem Bedrohlichen und Rätselhaften zunächst »Vatercharakter« (S. 339), später bekommt der Vater auch Züge des Beschützers (S. 340). Mit der Zunahme des Wissens verliert zwar manches Rätselhafte und Bedrohliche an der Natur seine göttlich-menschlichen Züge, aber die Götter oder Gott – je nach Kultur – sollen nach wie vor die verbliebenen Schrecken der Natur bannen, mit der Grausamkeit des Schicksals, vor allem mit dem Tod, versöhnen und für die Leiden und Entbehrungen entschädigen, die dem Menschen durch das kulturelle Zusammenleben auferlegt werden (S. 340). Je weiter die Aufklärung über die Natur voranschreitet, desto mehr wird das Moralische zur eigentlichen Domäne der Götter. »Den Kulturvorschriften selbst wird göttlicher Ursprung zugesprochen, sie werden über die menschliche Gesellschaft hinausgehoben, auf Natur und Weltgeschehen ausgedehnt« (S. 340).

Auf diese Weise entsteht »ein Schatz an Vorstellungen«, geboren aus dem Bedürfnis, »die menschliche Hilflosigkeit erträglich zu machen« (S. 340). Die wichtigsten lassen sich so umschreiben:

1. Das Leben dient einem höheren Zweck, der Vervollkommnung des menschlichen Wesens, das heißt des Geistigen an ihm, der Seele.

2. Was in der Welt geschieht, entsteht aus den Absichten einer dem Menschen überlegenen Intelligenz, die auf verborgenen Wegen alles zum Guten lenkt.

3. Über jedem Menschen wacht eine nur scheinbar strenge, in Wirklichkeit aber gütige Vorsehung, die nicht zulässt, dass wir zum Spielball der Naturkräfte werden.

4. Der Tod ist keine Vernichtung, keine Rückkehr zum Anorganischen, sondern Anfang einer neuen, höher entwickelten Existenz.

5. Alles Gute wird belohnt, alles Böse bestraft, wenn nicht auf Erden, so in der späteren Existenz. Das Leben nach dem Tod vollendet, was wir als Lebende vermisst haben.

Religion so verstanden ist eine Antwort auf die existenzielle Schwäche des Menschen. Dieser »Schatz« kann in freieren Gesellschaften ein Angebot sein, aus dem sich Einzelne je nach Situation und subjektiven Erwartungen (Freud, 1927c, S. 325) das für sie Passende auswählen. Religion kann aber auch in strenger Systematik auftreten und dogmatischen Charakter annehmen. Dann werden aus ihren Inhalten starre Denkformen und Normen für die Lebensführung, aus ihren Riten soziale Verpflichtungen und aus ihren Institutionen Indoktrinations- und Kontrollinstanzen. Sie werden umso wirksamer, je mehr sich die Religion mit der weltlichen Macht verbündet oder umgekehrt die Politik die Religion instrumentalisiert. Religion dient auf diese Weise der Selbsterhaltung von Kultur und Gesellschaft in der Verteidigung gegen »destruktive, also antisoziale und antikulturelle Tendenzen«, die wir bei allen Menschen finden (Freud, 1927c, S. 328), sowie gegen »zwei weitverbreitete Eigenschaften der Menschen, die es verschulden, daß die kulturellen Einrichtungen nur durch ein gewisses Maß an Zwang gehalten werden können, nämlich daß sie spontan nicht arbeitslustig sind und daß Argumente nichts gegen ihre Leidenschaften vermögen« (S. 329).

Nicht zuletzt kann die Religion für die Machterhaltung in Dienst genommen werden. Einen fragwürdigen Fortschritt mag Freud allenfalls darin sehen, dass die Religion besonders geeignet erscheint, den ansonsten durch äußere Gewalt erzwungenen Gehorsam durch den Aufbau eines strengen Über-Ich zu ersetzen, das heißt den Zwang zu verinnerlichen (S. 332). Hier liegen dann die Ursachen dafür, wenn »Religion« zur »Zwangsneurose« wird (S. 367).

Auf die Frage, worin genau denn nun der Zusammenhang zwischen der gattungsgeschichtlichen und der manifesten Motivierung für Religion zu sehen sei, antwortet Freud: »Wenn […] der Heranwachsende merkt, daß es ihm bestimmt ist, immer ein Kind zu bleiben, daß er des Schutzes gegen die Fremden Übermächte nie entbehren kann, verleiht er diesen die Züge der Vatergestalt, er schafft sich die Götter, vor denen er sich fürchtet, die er zu gewinnen sucht und denen er doch seinen Schutz überträgt. So ist das Motiv der Vatersehnsucht identisch mit dem Bedürfnis nach Schutz gegen die Folgen der menschlichen Ohnmacht; die Abwehr der kindlichen Hilflosigkeit verleiht der Reaktion auf die Hilflosigkeit, die der Erwachsene anerkennen muß, eben der Religionsbildung, ihre charakteristischen Züge« (Freud, 1927c, S. 445).

Ein paar Jahre später umschreibt Freud sein Religionsverständnis in einer Art Merksatz so: »Religion ist ein Versuch, die Sinneswelt, in die wir gestellt sind, mittels der Wunschwelt zu bewältigen, die wir infolge biologischer und psychologischer Notwendigkeiten in uns entwickelt haben« (Freud, 1933a, S. 181).

Das »ozeanische Gefühl« als Quelle der Religion?

Am 5. Dezember 1927 spielt der französische Schriftsteller und Brieffreund Sigmund Freuds, Romain Rolland (1866–1944), dem Psychoanalytiker in einer Antwort auf die Zusendung der Schrift, »welche die Religion als Illusion behandelt« (Freud, 1927c, S. 421) eine Erfahrung zu, die Freuds analytisch-methodische Distanz zur Religion ins Wanken zu bringen scheint. Rolland bedankt sich zunächst für die Übersendung »des klaren und kühnen kleinen Buches«, weil es »den ewigen Adoleszenten, uns alle, deren amphibisches Bewusstsein hin- und herschwimmt zwischen der Illusion von gestern und der Illusion von morgen, die Binde von den Augen« nehme. Und er fährt fort:

»Ihre Analyse der Religion ist gerecht, aber ich hätte es gerne gesehen, wenn Sie spontane *religiöse Gefühle* oder genauer, *religiöse ›Empfindungen‹* analysiert hätten. Ich verstehe [...] die einfache, direkte Tatsache der *Empfindung des Ewigen* (das heißt des persönlichen Überlebens), das ja vielleicht nicht ewig ist, sondern einfach ohne wahrnehmbare Grenzen und insofern ›*ozeanisch*‹ [...]

Mir selbst ist diese Empfindung vertraut. Mein Leben lang [...]; und ich habe sie immer als eine Quelle vitaler Erneuerung erlebt. In diesem Sinne bin ich tief religiös [...], ohne dass dieser andauernde Zustand (wie ein untergründiger Wasserlauf, den ich unter dem Boot hervortreten fühle) in irgendeiner Weise meine kritischen Fähigkeiten beeinträchtigte.

Ich füge hinzu, daß dieses ›ozeanische Gefühl‹ [...] nichts mit meinen persönlichen Sehnsüchten zu tun hat. Persönlich verlange ich nach ewiger Ruhe; ein Überleben hat für mich keinen Reiz. [...] es hat mir ein Verständnis nahegebracht, dass dort die wahre unterirdische Quelle religiöser Energie liegt« (zit. nach Wangh, 1989, S. 42).

Freud lässt sich mit seiner Antwort eineinhalb Jahre Zeit (vgl. dazu und zum Folgenden auch Wangh, 1989, S. 40 ff.). Am 14. Juli 1929 gesteht er Rolland, dass ihm der Brief mit den »Bemerkungen [...] über ein ›ozeanisch‹ genanntes Gefühl [...] keine Ruhe gelassen« habe, und er kündigt an, dass er es in einer bevorstehenden Arbeit – gemeint ist »Das Unbehagen in der Kultur« – »im Sinne unserer Psychologie zu deuten versuche« (zit. nach Wangh, 1989, S. 42). Wenige Tage darauf, am 20.7.1929, fügt er in einem eigenen Brief hinzu: »Erwarten Sie von mir aber keine Würdigung Ihres ›ozeanischen‹ Gefühls, ich versuche mich nur an einer analytischen Ableitung desselben, räume es mir sozusagen aus dem Weg« (S. 42). In seinem Essay, der im darauffolgenden Jahr erscheint, gesteht er: »Diese Äußerung meines verehrten Freundes brachte mir nicht geringe Schwierigkeiten. Ich selbst kann dieses ›ozeanische‹ Gefühl nicht in mir entdecken. Es ist nicht bequem, Gefühle wissenschaftlich zu bearbeiten. Wo dies nicht angeht – und ich fürchte, auch das ozeanische Gefühl wird sich einer solchen Charakteristik entziehen, – bleibt doch nichts übrig, als sich an den Vorstellungsinhalt zu halten, der sich assoziativ am ehesten zum Gefühl gesellt« (Freud, 1930a, S. 422). Aber auch wenn Freud die »primäre Nähe eines solchen Gefühls« bei sich nicht feststellen kann, so will er doch »sein tatsächliches Vorkommen bei anderen nicht bestreiten. Es fragt sich nur, ob es richtig gedeutet wird und ob es als ›fons et origo‹ aller religiösen Bedürfnisse anerkannt werden soll« (Freud, 1930a, S. 423).

Bevor ich einen Blick auf die »analytische Ableitung« werfe, auf deren Weg Freud zu einer für ihn annehmbaren Lösung des Problems kommen will, möchte ich ein paar Eigentümlichkeiten in der Rede und Gegenrede der beiden Protagonisten aufgreifen. Rolland hat also »Die Zukunft einer Illusion« gelesen, findet den Gedankengang überzeugend, erkennt sich aber in der entscheidenden Schlussfolgerung Freuds, Religion sei der Ausdruck eines infantilen Bedürfnisses nach (väterlichem) Schutz, nicht wieder. Freud lässt den »verehrten Freund« unverhältnismäßig lange warten (vielleicht wegen seiner Krebserkrankung, vielleicht, weil er das Thema öffentlich behandeln wollte und dafür Zeit brauchte) und entgegnet ihm dann, er kenne das angesprochene Gefühl zwar nicht, aber er wolle versuchen, das mit dem »ozeanischen Gefühl« für ihn zutage tretende Problem mit Hilfe seiner Theorie zu beseitigen. Er legt Rolland gegenüber den Habitus des Freundes wie des Therapeuten ab und wird – darüber kann auch der freundschaftliche Ton nicht hinwegtäuschen – zum distanzierten Wissenschaftler. Er fragt also nicht nach den Umständen des inneren Erlebens bei Rolland, nicht nach Assoziationen, Erinnerungen und Geschichten, die ihm Material für Deutungen liefern könnten, sondern es geht ihm – losgelöst von der Beziehung – ausschließlich um eine Sache, die geklärt werden muss. Nicht die Gefühlslage des Freundes will er verstehen, sondern den Ort des »Ozeanischen« in seiner Theorie finden.

Freud macht sich also an dessen Ontogenese. Die »ozeanische Empfindung« Rollands deutet er als Ich-Gefühl. Das Ich-Gefühl hat nach innen keine scharfe Grenze, weil es sich letztendlich im Unbewussten verliert. Nach außen hin grenzt es sich

gegenüber anderen Objekten deutlich ab. Nur bei »Verliebtheit«
oder bei pathologischen Zuständen verschwimmen für das Subjekt die Grenzen zwischen dem Ich und anderen Objekten (Freud,
1930a, S. 423). In seiner aktuellen Verfassung ist das Gefühl »nur
ein eingeschrumpfter Rest eines weitumfassenderen, ja eines allumfassenden Gefühls, welches einer innigeren Verbundenheit
des Ichs mit der Umwelt entsprach« (Freud, 1930a, S. 425), nämlich in der frühkindlichen Beziehung zur Mutter. Sie ist auch der
Ort der absoluten kindlichen Hilflosigkeit. Selbst wenn das Ich
reift, bleibt möglicherweise das ursprüngliche Gefühl neben dem
späteren erhalten. Freud ist überzeugt, »dass das Vergangene im
Seelenleben erhalten bleiben *kann,* nicht *notwendigerweise* zerstört werden muss« (Freud, 1930a, S. 426). Je nach Umständen
kann es also wieder auftauchen. Selbst wenn Freud von sich sagt,
dass er solche Gefühle nicht kennt, ist er doch bereit anzuerkennen, dass es beim Erwachsenen ein »ozeanisches Gefühl« geben
kann. Es handelt sich dann eben um die Wiederkehr eines früheren, unreifen Gefühls. Aber offen bleibt für ihn immer noch, ob
dieses Gefühl »als die Quelle der religiösen Bedürfnisse angese-
hen […] werden« kann (Freud, 1930a, S. 429). Seine Begründung:
»Ein Gefühl kann doch nur dann eine Energiequelle sein, wenn es
selbst der Ausdruck eines starken Bedürfnisses ist. Für die religiösen Bedürfnisse scheint mir die Ableitung von der infantilen Hilflosigkeit und der durch sie geweckten Vatersehnsucht unabweis-
bar, zumal da sich dieses Gefühl nicht einfach aus dem kindlichen
Leben fortsetzt, sondern durch die Angst vor der Übermacht des
Schicksals dauernd erhalten wird […] Bis zum Gefühl der kindlichen Hilflosigkeit kann man den Ursprung der religiösen Einstellung in klaren Umrissen verfolgen. Es mag noch anderes dahinter-
stecken, aber das verhüllt einstweilen der Nebel.

Ich kann mir vorstellen, dass das ozeanische Gefühl nachträglich in Beziehung zur Religion geraten ist. Dieses Eins-Sein mit
dem All, was als Gedankeninhalt ihm zugehört, spricht uns ja an
wie ein erster Versuch einer religiösen Tröstung, wie ein anderer
Weg zur Ableugnung der Gefahr, die das Ich von der Außenwelt
drohend erkennt. Ich wiederhole das Bekenntnis, dass es mir sehr

beschwerlich ist, mit diesen kaum fassbaren Größen zu arbeiten« (Freud, 1930a, S. 430 f.).

Auch in dieser Argumentationsfigur wird erkennbar, dass Freud bemüht ist, die Fäden seines Religionsverständnisses – Religion als Schutzsuche bei einem göttlichen Vater, bedingt durch das Ausgeliefertsein in dieser Welt – in der Hand zu behalten, und das so sehr, dass er gar nicht danach fragt, warum Rolland sein »ozeanisches Gefühl« überhaupt »religiös« nennt, und dass er nicht sehen will, wie wenig die Beschreibung dieses Gefühls durch den Gesprächspartner Hilfsbedürftigkeit, Existenzangst, Flucht, Schutzsuche, Infantilität, Regression usw. signalisiert. Oder unterstellt er ihm deren Verdrängung und sagt es nicht aus Rücksicht auf den Freund, zumal in einer öffentlichen Antwort?

Offenbar lässt Freud, warum auch immer, das Thema nicht an sich heran. Er spricht über etwas, das er nicht zu kennen glaubt, das ihn aber in Unruhe versetzt und von dem er immer wieder sagt, der Umgang damit sei »nicht bequem« oder der Inhalt liege »im Nebel«. Warum begnügt er sich dann nicht mit einer privaten Antwort, wo er doch sein »Unbehagen in der Kultur« »ohne Schaden« anders hätte einleiten können (zit. nach Wangh, 1989, S. 385). War es ihm so wichtig, »Die Zukunft einer Illusion« noch einmal auf einen kurzen Nenner zu bringen?

Martin Wangh hat Freuds zwiespältige und heftige Gefühle beim Einwand seines Freundes mit dem Gefühl der Todesnähe begründet, das den Analytiker angesichts seines wuchernden Zungenkrebses gefangen nahm: »Freud nennt Rolland, der angesichts des Todes […] friedlich mit dem Universum verschmelzen möchte, einen Mystiker. Freud wertet die Vorstellung eines ›ozeanischen‹ Gefühls bestenfalls als Ausdruck des menschlichen Trostbedürfnisses. Der Mensch muß über den Verlust seines Seins, das heißt, seines Bewußtseins, getröstet werden« (1989, S. 47). Freud habe sich dieses Bewusstsein bis zum Ende erhalten wollen (S. 47; vgl. Tögel, 2006). – Dass die für einen solchen Kampf notwendige Energie leichter der Lösung einer theoretischen Frage als der Analyse der eigenen Ängste und Hoffnungen zugeführt werden kann, ist sicher nicht nur Freuds Problem.

Zur Kritik an Freuds Religionskritik

Freud hatte sich mit seiner Religionskritik in einer Weise exponiert, dass er geradezu zwangsläufig noch zu Lebzeiten mit harscher Kritik eingedeckt wurde. Und weil er mit seinen Überlegungen andere Wissenschaften berührte, kam das kritische Echo aus vielen Richtungen, nicht nur von Seiten der Theologie. Ich nenne einige ernstzunehmende Gegenargumente – es gab auch niveaulose Polemiken –, die unter anderem von Hans Küng (1987, S. 53 ff.) angeführt werden:

1. Freud habe sich auf die Vater-Religionen beschränkt und die Breite der religiösen Richtungen und Phänomene ignoriert.
2. Die Vatermordthese lasse sich empirisch nicht nachweisen.
3. Totemrituale habe es nur in wenigen Urgesellschaften gegeben.
4. Freud habe ignoriert, dass es in der Religionsgeschichte nicht nur Höherentwicklungen, sondern auch degenerative Entwicklungsverläufe gebe.
5. Die Vererbung von Schuldgefühlen im Sinne von Lamarck sei nicht haltbar.
6. Die Induktionsbasis für seine Deutung der Religion als neurotisierendes Phänomen sei zu schmal, weil er seine Erkenntnisse ausschließlich an kranken Personen (überwiegend Frauen) aus einer moralistischen, bürgerlichen Gesellschaftsschicht gewonnen habe.

Kritik kam und kommt auch von Seiten der Psychoanalyse selbst: Schon sein Freund Oskar Pfister hatte an Freuds Bekenntnis zum Atheismus gezweifelt und ihm anlässlich des Erscheinens der Schrift »Die Zukunft einer Illusion« geschrieben, ein radikaler Wahrheitssucher wie Freud sei religiös im eigentlichen Sinne (Freud u. Pfister, 1963). C. G. Jung wiederum hielt Freuds Religionskritik für einen Rückfall in den Materialismus des 19. Jahrhunderts (Jung, 1971, S. 155 ff.). Heutige psychoanalytische Autoren (z. B. Loewald, 1986; Henseler, 1995; 2002; Leuzinger-Bohleber u. Klumbies, 2010, S. 11 ff.; vgl. Vinnai, 1999, 2006) fragen, ob Freud nicht einer Vaterfixierung erlegen sei. Die ersten und tiefsten Schutzerfahrungen mache der Mensch doch nicht mit seinem Vater, sondern mit der Mutter. Freud sei der Frage nach den Mutterreligionen ausgewichen. Er habe ferner übersehen, dass Schuldgefühle auch aus frühkindlichen Beseitigungswünschen entstehen könnten. Gerade im Hinblick auf sie hätten Religionen Entschuldungs- und Versöhnungsrituale entwickelt. Mit seinem Festhalten an Lamarck und damit am Modell einer biologisch fundierten Psychohistorie habe Freud ausgeblendet, dass es auch eine Phylogenese ontologischer Konflikte gebe (Schuld – Versöhnung). Schließlich sei ihm nicht in den Blick gekommen, dass Religion nicht nur als Antwort auf die existenziellen Nöte des Menschen zu verstehen sei, sondern dass sie für den Einzelnen, für Gruppen und für ganze Gesellschaften narzisstische Bedürfnisse, also Bedürfnisse nach Hochgefühlen, nach Verschmelzung, nach Ekstase usw. befriedige.

Auch wenn der katholische Theologe Hans Küng aus Freud keinen heimlichen Gläubigen macht, kommt er, wie Oskar Pfister sechzig Jahre zuvor, zu der Überzeugung, Freud habe sich mit einer Aufrichtigkeit dem Thema Religion genähert, die auch vorbildlich für die Gläubigen selbst sei: »Freud hatte recht, wenn er *Ehrlichkeit im Umgang mit Religion* fordert angesichts aller ›möglichen Unaufrichtigkeiten und intellektuellen Unarten‹ (etwa beim Gebrauch des Namens ›Gott‹), wenn er im Namen einer kritischen Rationalität gegen eine religiöse Vernunftfeindlichkeit (im protestantischen Biblizismus ebenso greifbar wie im katholischen Traditionalismus) Protest einlegt: gegen jegliches ›Credo quia absurdum‹ wie auch gegen jegliche moralisierende ›Philosophie des Als ob‹« (Küng, 1987, S. 120).

Sigmund Freud hat, bei aller Vertrautheit mit der Evolutionstheorie, die gattungsgeschichtlich gesehen positive und daher nicht ohne weiteres aufzulösende Funktion der Religion nicht sehen wollen oder können. Unter dem Aspekt der kulturellen Evolution zeigt sich Religion nämlich als ein Zeiten und Kulturen übergreifendes Phänomen, das dem Menschen offenbar mehr Vor- als Nachteile gebracht hat, sonst gäbe es sie nicht mehr oder sie wäre im Schwinden. Das ist aber nicht der Fall, nicht einmal in aufgeklärten bzw. wissenschaftsorientierten Gesellschaften. Selbst hier werden wichtige, wenn nicht gar die meisten Bedürfnisse der Menschen nicht durch Rationalität befriedigt. Wer danach sucht, was an der Religion diese positiven Effekte bewirkt, stößt auf ihre gemeinschaftsbildenden und -sichernden Funktionen: Abgrenzung nach außen, Altruismus nach innen, ideenkonforme Aufzucht des Nachwuchses zur Erhaltung der Gemeinschaft, identitätsstiftende Rituale. Er wird möglicherweise – im Gegensatz zu Freud – auch das »Illusionäre« an der Religion positiv bewerten, weil es die Psyche stabilisieren und Kräfte für Lebenssicherung und Produktivität frei machen kann. Er wird auch danach fragen, ob die Aufklärung durch Wissenschaft, auf die Freud setzte, vergleichbare Wirkungen wie die Religion zeitigen kann, und prüfen, ob es nicht, anstatt Religion durch Aufklärung überflüssig machen zu wollen, darauf ankäme, Glauben und Wissenschaft als zwei nicht kompatible, aber für sich unersetzliche, lebensdienliche, füreinander grundsätzlich offene Systeme anzuerkennen, die unterschiedlichen Orientierungs-, Wissens-, Sicherheits- und Glücksbedürfnissen entgegenkommen. Schließlich stehen sich Religion und Wissenschaft nicht so diametral gegenüber, wie Freud das in seiner aufklärerischen Verve annahm, sondern stammen aus *einer* gemeinsamen Wurzel: dem Bedürfnis nach Wunscherfüllung (vgl. Witte, 2011).

Damit lässt sich die Kritik an Freuds Religionskritik auf zwei zentrale Einwände stützen, die im Denken Freuds eigentlich angelegt waren, die er aber in seiner Gegnerschaft zur Religion übersehen hat: Der eine kann sich auf die Triebkräfte der Gattungsgeschichte berufen. Denn evolutionstheoretisch gesehen sind Emotionalität und Rationalität zwei aufeinander folgende und unter dem Primat der Emotionalität sich verschränkende Modi der Existenzsicherung (vgl. Liedtke, 2011). Wäre Freud Habermas begegnet, dann hätte ihm sicher eingeleuchtet, dass sich das (wissenschaftliche) Denken nicht von dem subjektiven und kollektiven Wunsch nach Bedürfnisbefriedigung (dem »Interesse«) lösen kann und dass es allenfalls darauf ankommt, dieses Interesse und seine praktischen Folgen skeptisch und damit reflexiv bzw. selbstreflexiv im Auge zu behalten (Habermas, 1973; vgl. Decker u. Türcke, 2007).

Der zweite Einwand kann sich unmittelbar auf Freud selbst berufen. Gerhard Vinnai (1999; 2006) hat herausgearbeitet, dass die durch Freud der Religion unterstellte »Vatersehnsucht« (Freud, 1927c, S. 344; vgl. Ricoeur, 1974, S. 261) auch der Psychoanalyse als dem Instrument der Religionskritik zugrunde liegt: Ob Freud Vaterfiguren als Träger der Kultur ausmacht, ob er sich mit Moses als dem Vater des Volkes Israel befasst oder ob er seine Selbstanalyse begründet: Immer ist es die Sehnsucht nach dem (toten) Vater, die seine Theoriebildung vorantreibt. Wenn Freud im ödipalen Konflikt die Bedeutung des Vaters vor allem darin sieht, dass er die Symbiose des Kindes mit der Mutter auflöst und in der Folge sich selbst zur Identifikation und Abgrenzung anbietet, dann hilft er damit, »die Basis einer psychischen Ordnung zu erzeugen, die später theoretisches Denken ermöglicht« (Vinnai, 2006). Das »Begehren nach Wahrheit« hängt ab »von der Beziehung zu idealisierbaren Vaterfiguren, […] mit denen man sich mit zunehmender Reife kritisch auseinandersetzen kann« (Vinnai, 2006).

Wahrheitssuche setzt ein Verständnis, eine Vorstellung, ein »Bild« von Wahrheit voraus. Für Freud hat »Wahrheit« den Charakter von etwas Absolutem. Damit steht er einerseits ganz in der Tradition der Aufklärung, andererseits widerspricht er damit der durch seine Theorie des Unbewussten vorgenommenen Unterminierung des Anspruchs auf wissenschaftliche Objektivität. Wie Vinnai resümiert, »vertritt [Freud] einen sehr empathischen Wahrheitsbegriff, in dem die religiöse Tradition des Judentums fortwirkt und ohne den er sein Werk nicht hätte zustande bringen können. Freud hat mit der Entdeckung des Unbewussten Grenzen der Vernunft sichtbar gemacht, er hat aufgezeigt, dass wir unser ›inneres Ausland‹ nur begrenzt und nie direkt erfassen können. Diese bedrohliche Grenzverschiebung gegenüber den Untiefen des Unbewussten konnte er nur aushalten, weil er an einer Wahrheitsutopie Halt fand, die an das Väterliche gebunden ist« (Vinnai, 2006). – Eine Parallele: Günther Bittner meint mit Blick auf Freuds Verständnis vom unüberbietbaren Rang wissenschaftlicher Wahrheit und vergleichbaren heutigen Hypostasierungen, sie seien zu »entmythologisieren«; denn »Gott Logos« sei »bestechlich« (Bittner, 2012, S. 107).

Die Skepsis der Psychoanalyse gegenüber der Wissenschaft schwächt ihre Skepsis gegenüber der Religion nicht ab. Nur kann ihr Ziel nicht mehr sein, Religion durch Wissenschaft zu eliminieren. Sie hat sie vielmehr in allen ihren Ausprägungen daraufhin zu prüfen, inwieweit sie zum Beispiel ihre Denkformen und Normen als übergeschichtlich (»ewig«) ausgibt, sie für die Menschen – unter der Ankündigung oder unter dem Vollzug von Strafen – verbindlich macht, individuelle, soziale, ökonomische und historische Wirklichkeiten umdeutet, Gewalt legitimiert, Menschen anderer Religionen oder säkularisierter Denkweisen ausgrenzt, die Psychen Einzelner und ganzer Gesellschaften deformiert. Das wäre die eine Seite. Die andere bestünde darin, nüchtern der Frage nachzugehen, welche »Kohärenz« religiöse Systeme aufweisen, inwieweit sie in der Lage sind, »Wahrnehmung, Beurteilung und das Verhalten zu beeinflussen«, den Gläubigen die Conditio humana verständlich zu machen und ihnen dabei zu helfen, »sowohl soziale als auch persönliche Probleme zu diagnostizieren« und, nicht zuletzt, zu lösen (Hofmann, 2009, S. 55) – im psychoanalytisch-metaphorischen Sinne: inwieweit sie den »himmlischen Eros« in ihnen so stark machen können, dass er seinem »ebenso unsterblichen Gegner« (dem »Todestrieb«) ein lebenswertes Leben abtrotzt (Freud, 1930a, S. 506).

Es gibt noch eine dritte Seite: Die vom Patienten wie vom Analytiker geforderte Selbstanalyse schließt den skeptischen Blick auf die Psychoanalyse als Theorie, therapeutische Praxis und Institution ein. Wie der englische Schriftsteller Gilbert K. Chesterton einmal gesagt haben soll: »Es hat keinen Sinn, den Diebstahl eines Strickes zu beichten, wenn man zu erwähnen vergisst, dass am anderen Ende ein Kalb angebunden war.« Weniger metaphorisch gesagt: Sigmund Freud die Überschätzung wissenschaftlicher Wahrheit nachzuweisen und Gegnern der Psychoanalyse ihren Dogmatismus, ist so lange halbierte Skepsis, als die Psychoanalyse nicht bereit ist, sich selbst als »Religionsersatz« und »Quasi-

kirche« genau so scharf unter die Lupe zu nehmen (vgl. Schneider,
2001a, S. 42; vgl. Schneider, 2001b). Vielleicht hilft dabei ein Blick
auf die Argumente Freuds, mit denen er dem Verdacht begegnete, die Psychoanalyse sei eine »Weltanschauung« (Freud, 1933a,
S. 170 ff.).

Epilog

Die Patientin, die dem »bloß zuschauenden« Gott den Blick auf
ihr Elend verwehren will, lebt – nachdem sie während einer drei-
jährigen Analyse aus der Katholischen Kirche ausgetreten ist, sich
dann einer Pfingstgemeinde und schließlich einer evangelischen
Pfarrei angeschlossen hat – gegenwärtig ohne Bindung an eine
religiöse Gemeinschaft, aber in freundschaftlicher Verbundenheit mit einem evangelischen Pfarrer in der Hoffnung, dass sie am
Lebensende von »irgendjemandem aufgehoben« wird.

Der von seiner Begegnung mit Jesus im Traum zu Tode
erschreckte Patient stellt in der Analyse nach längerer Zeit fest,
dass die Frage nach dem Danach mit all ihren durch die katholische Lehre definierten Implikationen gewichtslos geworden ist
gegenüber der Frage nach einem Leben, das er vor sich selbst
und seinen Mitmenschen, vor allem vor seiner Partnerin, verant-
worten kann. Aus der Kirche ist er nicht ausgetreten, »weil man
auch nicht aus einer Familie austreten kann«, aber er kritisiert sie,
auch öffentlich, und sieht sich immer wieder bereichert durch die
Begegnung mit religiöser Kultur.

Den Traum des Hochschullehrers bringt seine Analytikerin
zwar in den biographischen Zusammenhang der religiösen Herkunft des Träumers, aber sie sieht den auslösenden Konflikt in
der Spannung zwischen Überzeugung und Tat, die früher einmal,
bedingt durch den religiös geprägten Lebensentwurf, sehr bewusst
war, die im Laufe der Zeit aber, auch durch die wissenschaftliche
Karriere des Mannes, durch Kompromisslösungen verdeckt worden ist. Der Traum gibt ihm den Anstoß, so ihre Deutung, sich

noch einmal, und zwar gegen alle in seinem Beruf liegenden Versuchungen der Rationalisierung und des folgenlosen Denkens, als jemanden zu sehen, der in einer Entwicklung steht, für deren Ende es kein Bild gibt – es sei denn ein symbolisch verschlüsseltes wie das der alten Männer mit den »durch Leiden schön gewordenen Gesichtern« oder das der Eintragung seines Namens in ein »Buch der Gerechten« (Frank-Rieser, 1994, S. 190 ff.).

Die Frage, ob und wie sich die in der Analyse offenbarenden Problematiken ohne religiöse Sozialisation geäußert hätten, ist hier nicht zu beantworten. Auch wenn sich Konflikte und Konfliktbearbeitung religiöser Symbole bedienen: ob es sich um »ekklesiogene«, also von Religion und Kirche ausgelöste »Neurosen« handelt, das zu beurteilen reicht das Material nicht aus (vgl. Hark, 1984). Gemeinsam ist den drei Patienten, dass sie sich – die beiden ersten begleitet von einem Analytiker, dem Konflikte der beschriebenen Art vertraut sind – von ihrer bisherigen Religiosität verabschiedet und Religion allenfalls als Hoffnung auf ein gutes Ende, als kulturelle Praxis und als Ethos in ihr »neues« Leben übernommen haben. Sie zwingt nicht mehr zu Regressionen, löst keine Ängste mehr aus und verstellt nicht den Blick auf die Lebensaufgaben. Im Gegenteil: In ihrer von den Betroffenen gegenwärtig akzeptierten Form scheint sie eher einem angemessenen Narzissmus zu dienen (vgl. Loewald, 1986). Die über die Analyse gewonnene Bereitschaft zur Skepsis den eigenen Triebwünschen gegenüber kann dazu beitragen, dass Narziss nicht in Selbstgefälligkeit erstarrt.

Meine psychoanalytische Skepsis lässt auf das dem Text voranstehende, wie eine Freud-Übersetzung anmutende Motto von Imre Kertéz diese Antwort zu: Auch wer verzweifelt ist, muss nicht im religiösen Sinne glauben. Und wer im religiösen Sinne glaubt, muss es nicht aus Verzweiflung tun. In beiden Fällen geht es um die von Robert Walser gestellte Frage: »Welcher Glaube gibt mir den Mut, der zu sein, der ich bin?« (zit. in M. Walser, 2012, S. 45). Eine Antwort, die sich auf »ewige Wahrheiten« beruft, wäre mit der Psychoanalyse nicht vereinbar: »Der Zweifel, nicht die geoffenbarte Gewissheit ist [...] der tiefste Grund einer echten, men-

schengerechten, nicht-dogmatischen Wahrheit. Sie kann dort
wachsen, wo Menschen, gerade weil sie ihr eigenes Leben und
das Zusammenleben mit anderen vernünftig zu regeln suchen,
unvermeidlich auch an die Grenzen der Rationalität und der eigenen Gestaltungsmacht erfahren. Ist eine solche Religiosität, wie
Habermas sagt, ›postsäkular‹? Wenn man den Begriff nicht im
Sinne einer historischen Epochenabfolge versteht, vielleicht. Mir
erscheint sie in der Tat als die natürliche Frucht eines aufklärerischen, säkularen Denkens, das sich seiner eigenen Bedingtheit
bewusst ist und seine eigenen Grenzerfahrungen nicht verleugnet« (Strasser, 2007, S. 325).

In diesem Sinne wäre Oskar Pfister der geistigen Verfassung
seines Freundes Sigmund Freud sehr nahe gekommen, als er ihm
schrieb, ein radikaler Wahrheitssucher wie er sei im eigentlichen
Sinne religiös (Freud u. Pfister, 1963).

Hans Jörg Walter, Innsbruck, Theo Hug, Innsbruck, und Hans Drumbl, Bozen,
danke ich für wichtige Anregungen und Literaturhinweise.

Der Beitrag ist die veränderte und erweiterte Fassung eines Textes, der unter
dem Titel »Phylogenetische und ontogenetische Quellen des Religionsverständnisses bei Sigmund Freud« erschienen ist in: O. Bender, S. Kanitscheider, A. K. Treml (Hrsg.) (2011): Religion. Natürliches Phänomen oder kulturelles Relikt? (S. 119–138). Norderstedt: bod.

Literatur

Bittner, G. (2012). » … von seiner Unsterblichkeit überzeugt«. Unzeitgemä-
ßes über Tod und ewiges Leben. Würzburg: Königshausen & Neumann.
Brumlik, M. (2006). Sigmund Freud. Der Denker des 20. Jahrhunderts. Wein-
heim, Basel: Beltz.
Burkholz, R. (1995). Reflexe der Darwinismusdebatte in der Theorie Freuds.
Mit einem Vorwort von U. Oevermann. Stuttgart: Frommann-Holzboog.
Decker, O., Türcke, C. (Hrsg.) (2007). Kritische Theorie – Psychoanalytische
Praxis. Gießen: Psychosozial.

Frank-Rieser, E. (1994). »Die im Wissen Heilung suchen« – Über Führung und Verführung durch das reflexive Denken. In H. J. Walter (Hrsg.), Psychoanalyse und Universität (S. 173–206). Wien: Passagen-Verlag.

Freud, S. (1900a): Die Traumdeutung. G. W. Bd. II/III. Frankfurt a. M.: Fischer.

Freud, S. (1907b): Zwangshandlungen und Religionsübungen. G. W. Bd. VII. (S. 127–139). Frankfurt a. M.: Fischer.

Freud, S. (1912–1913a): Totem und Tabu. G. W. IX. Frankfurt a. M.: Fischer.

Freud, S. (1916–1917a): Vorlesungen zur Einführung in die Psychoanalyse. G. W. Bd. XI. Frankfurt a. M.: Fischer.

Freud, S. (1925d): »Selbstdarstellung«. G. W. Bd. XIV (S. 31–96). Frankfurt a. M.: Fischer.

Freud, S. (1927c): Die Zukunft einer Illusion. G. W. Bd. XIV (S. 323–380). Frankfurt a. M.: Fischer.

Freud, S. (1928a). Ein religiöses Erlebnis. G. W. Bd. XIV (S. 393–396). Frankfurt a. M.: Fischer.

Freud, S. (1930a): Das Unbehagen in der Kultur. G. W. Bd. XIV (S. 419–506). Frankfurt a. M.: Fischer.

Freud, S. (1933a): Neue Folge der Vorlesungen zur Einführung in die Psychoanalyse. G. W. Bd. XV. Frankfurt a. M: Fischer.

Freud, S. (1939a): Der Mann Moses und die monotheistische Religion. G. W. Bd. XVI (S. 101–246). Frankfurt a. M.: Fischer.

Freud, S., Pfister, O. (1963). Briefe 1909–1939. Hrsg. von E. L. Freud u. H. Meng. Frankfurt a. M.: Fischer.

Gauchet, M. (1991). Die Erklärung der Menschenrechte. Die Debatte um die bürgerlichen Freiheiten 1789. Aus dem Französischen von W. Kaiser. Reinbek: Rowohlt.

Habermas, J. (1973). Erkenntnis und Interesse. Frankfurt a. M.: Suhrkamp.

Häcker, T. (1933). Was ist der Mensch? Leipzig: Hegner.

Hamburger, A. (2005). Das Motiv der Urhorde. Erbliche oder erlebte Erfahrung in »Totem und Tabu«. In O. Gutjahr (Hrsg.), Kulturtheorie. Vorträge, die auf der psychoanalytisch-literaturwissenschaftlichen Arbeitstagung zum Thema Kulturtheorie vom 20. bis 22. Mai 2004 in Freiburg i. Br. vorgestellt und diskutiert wurden (S. 45–86). Würzburg: Königshausen & Neumann.

Hark, H. (1984). Die religiöse Neurose. Ursachen und Heilung. Stuttgart: Kreuz-Verlag.

Henseler, H. (1995). Religion – Illusion? Eine psychoanalytische Deutung. Göttingen: Steidl.

Henseler, H. (2002). Religion, Religionskritik. In W. Mertens, B. Waldvogel (Hrsg.), Handbuch psychoanalytischer Grundbegriffe (2. Aufl.) (S. 610–614). Stuttgart: Kohlhammer.

Hierdeis, H. (2010). »… die Absicht, dass der Mensch ›glücklich‹ sei, ist im

Plan der Schöpfung nicht enthalten«. Notizen zu Sigmund Freuds Kulturkritik. In H. Heller (Hrsg.), Über das Entstehen und die Endlichkeit physischer Prozesse, biologischer Arten und menschlicher Kulturen (S. 211–
229). Berlin, Wien: LIT-Verlag.

Hierdeis, H. (2011). Phylogenetische und ontogenetische Quellen des Reli-
gionsverständnisses bei Sigmund Freud. In O. Bender, S. Kanitscheider, A.
K. Treml (Hrsg.), Religion. Natürliches Phänomen oder kulturelles Relikt?
(S. 119–138). Norderstedt: bod.

Hofmann, L. I. (2009). Spiritualität und Religiosität in der psychotherapeutischen Praxis. Eine bundesweite Befragung von Psychologischen Psychotherapeuten. Diss. Uni Oldenburg. oops.uni-oldenburg.de/volltexte/2009/
976/pdf/hofspi09.pdf (Zugriff 11.8.2011)

Jones, E. (1984). Sigmund Freud. Leben und Werk. Bd. 1. Die Entwicklung
zur Persönlichkeit und die großen Entdeckungen, 1856–1900. München:
dtv.

Jung, C. G. (1971). Psychoanalyse und Seelsorge. In C. G. Jung, Psychologie
und Religion. Studienausgabe (5. Aufl.). Olten u. a.: Walter.

Kertész, I. (1992). Galeerentagebuch. Reinbek: Rowohlt.

Küng, H. (1987): Freud und die Zukunft der Religion. München: Piper.

Leuzinger-Bohleber, M., Klumbies, P.-G. (Hrsg.) (2010). Religion und Fana-
tismus. Psychoanalytische und theologische Zugänge. Göttingen: Vandenhoeck & Ruprecht.

Liedtke, M. (2011). Der Mensch zwischen Gefühl und Verstand. Grenzen
und Chancen des rationalen (und nachhaltigen) Verhaltens. In D. Korc-
zak (Hrsg.), Die emotionale Seite der Nachhaltigkeit (S. 37–59). Kröning:
Asanger.

Loewald, H. W. (1986). Psychoanalyse. Aufsätze aus den Jahren 1951–1979.
Stuttgart: Klett-Cotta.

Moser, T. (1976). Gottesvergiftung. Frankfurt a. M.: Suhrkamp.

Oevermann, U. (1995). Vorwort. In R. Burkholz, Reflexe der Darwinismusdebatte in der Theorie Freuds. (S. I ff). Stuttgart: Frommann-Holzboog.

Retzer, A. (2002). Passagen. Systemische Erkundungen. Stuttgart: Klett-Cotta.

Richter, H.-E. (1979). Der Gotteskomplex. Die Geburt und die Krise des Glaubens an die Allmacht des Menschen. Reinbek: Rowohlt.

Ricoeur, P. (1974). Die Interpretation. Ein Versuch über Freud. Frankfurt a. M.: Suhrkamp.

Röd, W. (2009). Der Gott der reinen Vernunft. Ontologischer Gottesbeweis
und rationalistische Philosophie. München: C. H. Beck.

Safranski, R. (2000). Nietzsche. Biographie seines Denkens. München: Hanser.

Scharfenberg, J. (1970). Sigmund Freud und seine Religionskritik als Herausforderung für den christlichen Glauben (2. Aufl.). Göttingen: Vandenhoeck
& Ruprecht.

Schneider, P. (2001a). Die Löcher des Wissens. In P. Schneider, Erhinken und Erfliegen. Psychoanalytische Zweifel an der Vernunft (S. 40–51). Göttingen: Vandenhoeck & Ruprecht.

Schneider, P. (2001b). Erhinken und Erfliegen. In P. Schneider, Erfliegen und Erhinken. Psychoanalytische Zweifel an der Vernunft (S. 122–130). Göttingen: Vandenhoeck & Ruprecht.

Schreiber, J. (1977). Sigmund Freud als Theologe. In E. Nase, J. Scharfenberg (Hrsg.), Psychoanalyse und Religion (S. 233–263). Darmstadt: Wiss. Buchgesellschaft.

Strasser, J. (2007). Als wir noch Götter waren im Mai. Erinnerungen. München, Zürich: Pendo.

Tögel, C. (2006). Die Bedeutung der Religion im Leben von Sigmund Freud. Vortrag vom 29.4.2006 an der Katholischen Akademie Bayern (http://www.freud-biografik.de/Toegel%20-%20%Die%20Bedeutung%20der%20Religion%20im%20Leben%20von%20Sigmund%20Freud.pdf). Zugriff am 15.5.2012.

Türcke, C. (2009). Jesu Traum. Psychoanalyse des Neuen Testaments. Springe: zu Klampen.

Vinnai, G. (1999). Jesus und Ödipus. Frankfurt a. M.: Fischer.

Vinnai, G. (2006). Zum Fortwirken der Religion in der säkularisierten Moderne. Freie Assoziation. Das Unbewusste in Organisation und Kultur, 9 (3). Gießen: Psychosozial (http://www.vinnai.de/fortwirken_der_religion.html – Zugriff am 15.5.2012)

Walser, M. (2012). Über Rechtfertigung, eine Versuchung. Reinbek: Rowohlt.

Wangh, M. (1989). Die genetischen Ursprünge der Meinungsverschiedenheit zwischen Freud und Romain Rolland über religiöse Gefühle. Psyche – Z. Psychoanal. 43, 40–66.

Winnicott, D. W. (2008): Von der Kinderheilkunde zur Psychoanalyse. Gießen: Psychosozial.

Witte, S. (2011). Illusion, Wahrheit, Wirklichkeit. Religion als Symptom – Psychoanalytisches Miniaturbild des Materialismus. (http://www.extrablatt-online.net/archiv/ausgabe-5/sonja-witte-religion-als-symptom-html) Zugriff am 15.5.2012.

Micha Brumlik

Sigmund Freud – ein skeptischer Pädagoge?

Pädagogische Skepsis

Als erster Skeptiker der Pädagogik kann mit gutem Grund Sokrates gelten, der trotz seiner eigenen Anstrengungen, seine Mitbürger aufzurütteln, zu schockieren und sie dazu zu bringen, sich ihres Nichtwissens bewusst zu werden, nachweisen wollte, dass eine positiv gerichtete Erziehung unmöglich sei. In den Schlusspassagen des von Platon aufgeschriebenen Dialogs »Menon« zeigt er am Beispiel der Söhne berühmter Athener Männer, für deren Erziehung ihre Väter viel Geld aufwendeten, dass sie dem zum Trotz die angestrebten Ziele nicht erreicht hätten. Sokrates kommt zu dem Schluss, dass also jene Tugenden, die die Väter auszeichneten, weder von Natur aus angelegt noch durch pädagogisches Handeln zu erreichen seien, sondern Ergebnis einer nicht weiter erklärbaren göttlichen Schickung seien, den unkontrollierbaren Reden orakelnder Priesterinnen gleich (Platon, 1990, 98d–100b).

Wolfgang Fischers »skeptisch-transzendentalkritische« Pädagogik (1989) verfährt dieser massiv materialen Skepsis gegenüber insofern vorsichtiger, als sie vor allem darum bemüht ist, den logischen oder eben metaphysischen Status der bei pädagogischen Interventionsprogrammen jeweils vorausgesetzten Annahmen und Voraussetzungen zu überprüfen. Ob das Begriffsumfeld »transzendental« dabei angemessen im kantischen Sinne verwendet wird, sei hier dahingestellt; freilich scheint es etwas hoch gegriffen, jede Überprüfung von Voraussetzungen einer Theorie

gleich mit dem Begriff »transzendental« zu adeln (Ritter u. Gründer, 1998, S. 1358 ff.).

Sigmund Freud jedenfalls, um den es hier gehen soll, war
gegenüber bestimmten Erziehungsvorstellungen und vor allem
-praktiken seiner Zeit durchaus kritisch und skeptisch im schlichten Sinne eines Zweifelns eingestellt – ob ihn das zu einem Vorläufer der »skeptischen Pädagogik« macht, sei im Folgenden untersucht.

Freuds Forschungshabitus

Dafür scheinen zwar durchaus Anhaltspunkte vorzuliegen, indes:
Sigmund Freud war ein durchaus umsichtiger und stets zur Revision seiner Annahmen bereiter Forscher und Theoretiker, aber
doch eben auch ein Forscher, der immer nur auf der Sach- und
Objektebene argumentierte – und zwar auch dort, wo er sich
selbstreflexiv mitsamt seinen Annahmen und Forschungsmetho-
den in den Blick nahm. Sachlich materiale Annahmen auf der
Objektebene konnten und sollten stets durch andere Erfahrungen
auf der Objektebene entkräftet oder widerlegt werden, aber doch
nicht so, dass durch eine Reflexion auf Geltungsvoraussetzungen
die Stimmigkeit oder Unstimmigkeit einer Theorie erwiesen werden sollte. Wenn überhaupt, so die hier vertretene Annahme, war
Freud ein Skeptiker der Vorläufigkeit – skeptisch also nur deshalb,
weil wirklich gesichertes erzieherisches Wissen noch nicht verfügbar war, aber nicht deshalb, weil es prinzipiell unerreichbar sei.

Der kleine Hans

Am Ende seiner berühmt gewordenen Darstellung der »Analyse
eines fünfjährigen Knaben«, des »Kleinen Hans«, muss Sigmund
Freud einräumen, dass die mäandernde Darstellung des Falls

»dem Leser einigermaßen undurchsichtig geworden« sei und er sich deshalb gehalten sieht, Deutung und Darstellung schon zu straffen, um endlich doch »allgemein Wertvolles für Kinderleben und Kindererziehung« (Freud, 1909b, S. 372) mitteilen zu können. Basis von Freuds Überlegungen über den »Kleinen Hans« sind Informationen eines Elternpaars, das zu seinen Anhängern gehörte und das sein Kind erklärtermaßen nicht mit Zwang erziehen wollte – eine Strategie, die nach Freuds Auskunft zunächst erfolgreich war, da sich der Knabe zu einem »heiteren, gutartigen und aufgeweckten Buben entwickelte« (Freud, 1909b, S. 244).

Später freilich – so erfahren wir – entwickelte der Knabe eine schwere Pferdephobie, die nur begrenzt geheilt werden konnte. Freuds abschließende Zusammenfassung des überaus komplexen, hier nicht detailliert referierten Falls könnte bündiger nicht klingen: »Hinter der erst geäußerten Angst, das Pferd werde beißen, ist die tiefer liegende Angst, die Pferde werden umfallen, aufgedeckt worden, und beide, das beißende wie das fallende Pferd, sind der Vater, der ihn strafen wird, weil er so böse Wünsche gegen ihn hegt« (Freud, 1909b, S. 358).

Man mag hinsichtlich der Auflösung des komplexen Falls unterschiedlicher Auffassung sein – beispielhaft wird die Analyse dieser Krankengeschichte, die sich jederzeit auf Erziehungsfragen bezieht, vor allem durch ihre Methode. Sie entfaltet am konkreten Fall, was Freud in seinen theoretischen Annahmen begründet hatte, nämlich eine Gewichtsverlagerung vom Prinzipiellen zum Akzidentellen, das heißt die Wahl einer Perspektive, die jenseits aller allgemeinen humanwissenschaftlichen, generalisierenden Hypothesen die situativen Umstände menschlicher Individualität ernst nimmt, so ernst, dass das Anlegen allgemeiner Gesetzmäßigkeiten auf den individuellen Lebenslauf und dessen krisenhafte, ereignishaft auftretenden Erschütterungen geradezu einen wissenschaftlichen Fehler bedeuten würde. Daraus folgt für Freud, dass der Begriff der »Krankheit« allenfalls ein oberflächlich klassifizierender Begriff – Freud spricht von »Summation« – sein könne, eine Zuschreibung, die das einzelne Individuum nicht festlegt, sowie dass »Disposition und Erleben« aufeinandertreffen müssen, um die Richtung, in die sich ein Individuum entwickeln wird, zu bestimmen. Dabei kommt dann, und das scheint Freud als Vorläufer einer systematisch skeptischen Pädagogik zu qualifizieren, ein tiefsitzender Zweifel gegen alle Erziehung zum Ausdruck: »Daß die Erziehung des Kindes einen mächtigen Einfluß machen kann, zugunsten oder zuungunsten der bei dieser ›Summation‹ in Betracht kommenden Krankheitsdisposition, ist zum mindesten sehr wahrscheinlich, aber was die Erziehung anzustreben und wo sie einzugreifen hat, das erscheint noch durchaus fragwürdig. Sie hat sich bisher immer nur die Beherrschung, oft richtiger Unterdrückung der Triebe zur Aufgabe gestellt; der Erfolg war kein befriedigender und dort, wo es gelang, geschah es zum Vorteil einer kleinen Anzahl bevorzugter Menschen, von denen Triebunterdrückung nicht gefordert wird« (Freud, 1909b, S. 376).

Damit scheint Freud, jedenfalls dem des Jahres 1909, seinem ihm immer wieder nachgesagten Konservativismus und Realismus zum Trotz »Erziehung« als eine durchgängig repressive, in diesem Fall keineswegs notwendig kulturbildende Praxis. Freud will daher auch gar nicht erst danach fragen, »auf welchem Wege und mit welchen Opfern die Unterdrückung der unbequemen Triebe erreicht wurde. Substituiert man dieser Aufgabe eine andere, das Individuum mit geringsten Einbußen an seiner Aktivität kulturfähig und sozial verwertbar zu machen, so haben die durch die Psychoanalyse gewonnenen Aufklärungen über die Herkunft der pathogenen Komplexe und über den Kern einer jeden Neurose eigentlich den Anspruch, vom Erzieher als unschätzbare Winke für sein Benehmen gegen das Kind gewürdigt zu werden« (Freud, 1909b, S. 377).

Wenn überhaupt, so wird hier allenfalls von einer Art negativer Erziehung gehandelt, freilich nicht im Sinne Rousseaus, sondern eher im Sinne eines Falsifikationsprinzips, das heißt einer gesteigerten Aufmerksamkeit für das, was auf jeden Fall zu unterbleiben hat. Dazu aber bedarf es nun doch einer mehr oder minder gut entwickelten tiefenpsychologischen Krankheitslehre, die jedenfalls für Freud nicht anders als wissenschaftlich möglich ist. Auf der Linie Rousseaus, dessen Werk und Leben Freud ebenso kannte wie das Schleiermachers (Freud, 1905c, S. 29), plädiert Freud für eine Pädagogik der Verschonung, deren praktische Ausarbeitung indessen seiner psychoanalytischen Theorie nicht unmittelbar zu entnehmen ist, denn: »Welche praktischen Schlüsse sich hieraus ergeben, und inwieweit die Erfahrung die Anwendung derselben innerhalb unserer sozialen Verhältnisse rechtfertigen kann, dies überlasse ich anderen zur Erprobung und Entscheidung« (Freud, 1905d, S. 377). Man mag dem zustimmen oder nicht: Der Freud von 1905, der Autor der »Drei Abhandlungen«, ist jedenfalls weder ein radikaler Milieutheoretiker noch ein radikaler (Anti-)Pädagoge.

Jene Idee, die später konservative, psychoanalytisch informierte Pädagogiken für sich reklamieren wollten, nämlich die Annahme, dass durch Einschränkung der kindlichen Sexualität eine kulturfördernde Sublimierung in Gang komme, wird von Freud 1905 als das dargestellt, was sie zuallernächst ist: nicht als Aussage über reale kindliche Entwicklungsverläufe, sondern als ein Erziehungsideal. Dass es sich dabei nur um ein Erziehungsideal handeln kann und nicht um eine belastbare humanwissenschaftliche Einsicht, liegt für Freud daran, dass das entsprechende Wissen, das eine gleichsam wissenschaftlich gesicherte Erziehungstechnik leiten könnte, schlichtweg nicht verfügbar sei, dass alles, was man über die psychische – und das heißt hier stets auch sexuelle – Entwicklung von Kindern weiß, hypothetischer Natur ist.

»Ohne uns über die hypothetische Natur und die mangelnde Klarheit unserer Einsichten in die Vorgänge der kindlichen Latenz- oder Aufschubperiode zu täuschen, wollen wir zur Wirklichkeit zurückkehren, um anzugeben, daß solche Verwendung der kindlichen Sexualität ein Erziehungsideal darstellt, von dem die Entwicklung der einzelnen meist an irgendeiner Stelle und oft in erheblichem Ausmaß abweicht« (Freud, 1905d, S. 79). Tatsächlich – so Freud – kommt es bei Kindern gelegentlich zu sexuellen Äußerungen, die sich der Sublimierung entzogen hätten; gelegentlich fänden sich sogar bei vorpubertären Kindern regelmäßige Formen sexueller Betätigung. Bei alledem verhalten sich die Pädagogen so, als ob (!) sie die psychoanalytische Sublimationstheorie kennten und sie praktisch anwendeten, also so, als ob sie Freuds anspruchsvolle Theorie der Sexualentwicklung zur Kenntnis genommen hätten.

»Die Erzieher benehmen sich, insofern sie überhaupt der Kindersexualität Aufmerksamkeit schenken, genau so, als teilten sie unsere Ansichten über die Bildung der moralischen Abwehrmächte auf Kosten der Sexualität und als wüßten sie, daß sexuelle Betätigung das Kind unerziehbar macht, denn sie verfolgen alle sexuellen Äußerungen des Kindes als ›Laster‹, ohne viel gegen sie ausrichten zu können. Wir aber haben«, so beschließt Freud seine kritischen Ausführungen zu einer naiv-normativen Pädagogik der Triebeinschränkung, »allen Grund, diesen von der Erziehung gefürchteten Phänomenen Interesse zuzuwenden, denn wir erwarten von ihnen den Aufschluß über die ursprüngliche Gestaltung des Geschlechtstriebs« (Freud, 1905d, S. 80).

Kindliche Sexualität

Freuds Interesse gilt also dem, was von einer »modernen« Pädagogik – die seit der Romantik im Kind ein reines, beinahe göttliches Wesen sieht – gefürchtet und was von einer traditionellen Pädagogik, die im Kind den Inbegriff der Rohheit gesehen hat, als gleichsam angeborenes »Laster« bekämpft wird: der kindlichen Sexualität, und zwar in der Hoffnung, durch derlei Beobachtungen etwas »über die ursprüngliche Gestaltung des Geschlechtstriebs« zu erfahren. Im Begriff der »ursprünglichen Gestaltung« ist ein möglicher Doppelsinn enthalten, der zu beachten ist: »Ursprünglich« kann in diesem Zusammenhang schlicht »anfänglich« bedeuten oder aber – weitaus anspruchsvoller – »eigentlich, wesentlich«. Eine Lesart im ersten Sinn würde bezüglich der Klinik sexuell verursachter Neurosen lediglich darauf hinweisen, dass unverstandene und unbearbeitete Reste kindlicher Sexualität einer Entfaltung reifen Erwachsenenlebens im Wege stehen, während eine Auszeichnung dieser kindlichen Sexualität als »eigentlicher« Sexualität weitreichende anthropologische und kulturtheoretische Konsequenzen hätte.

Aber was ist »Sexualität«? Und vor allem: Was unterscheidet die Sexualität Erwachsener von der Sexualität vorpubertärer Kinder? Vorwürfe an Freuds möglichen »Pansexualismus« brechen sich schon daran, dass Freud selbst eine scharfe Unterscheidung zwischen beiden Formen der Sexualität trifft. Im Zentrum steht für ihn die Frage, »an welchem allgemeinen Charakter wir die sexuellen Äußerungen des Kindes erkennen wollen« bzw. welches die »wesentlichen Züge der infantilen Sexualbetätigung« sind (Freud, 1905d, S. 81). Mit dem Hinweis auf die »wesentlichen Züge« macht er deutlich, dass die kindliche Sexualbetätigung von qualitativ anderer Art ist als die der Erwachsenen, was gerade nicht ausschließt, dass die kindliche Sexualität sich ontogenetisch ins Erwachsenenalter verlängert. Freud ist daher darum bemüht, die wesentlichen Merkmale kindlicher Sexualität genau zu benennen. Untersucht man sie am Beispiel des »Lutschens« weist sie drei Merkmale auf: 1. Sexualität entsteht im Kindesalter in Anlehnung an eine »lebenswichtige (!) Körperfunktion«, 2. kennt sie kein (externes) Sexualobjekt und 3. steht sie unter der »Herrschaft« einer erogenen Zone. Die kindliche Sexualität ist demnach wesentlich »autoerotisch« und äußert sich in späteren Phasen sowohl in analer wie auch in genitaler Masturbation, einschließlich einer frühen »Säuglingsonanie«, von der Freud meint, dass ihr »kaum ein Individuum« (Freud, 1905d, S. 89) entgeht.

Wenn aber kindliche Sexualität wesentlich autoerotisch angelegt ist, stellt sich die Frage, wie es dazu kommen kann, dass sexuelles Begehren und sexuelle Handlungen doch zu den stärksten Komponenten menschlicher Vergemeinschaftung werden konnten. In Bezug auf die Ausprägung der kindlichen Sexualität, genauer: ihrer Fortbildung zur Sexualität erst der Jugendlichen, dann der Erwachsenen, wird es daher vor allem um die Frage gehen, wie das Interesse an der Befriedigung der sexuellen Bedürfnisse in unterschiedlichste Sexualkontakte eingeht bzw. in welcher Form unterschiedliche zwischenmenschliche Sexualkon-

takte zur Ausbildung individueller Sexualität, unterschiedlicher
sexueller Interessen beitragen.

Verführung und Erziehung

In diesem Zusammenhang schneidet Freud ein Thema an, das bis
in die Gegenwart immer wieder für erhebliche Aufregung und
einen hohen Erregungspegel sorgt: das heute so genannte Problem des »sexuellen Kindesmissbrauchs«, also der sexuellen Kon-
takte zwischen Erwachsenen und Kindern – ein Thema, das zu
Freuds Zeiten unter dem Begriff der »Verführung« abgehandelt
wurde. Für eine pädagogische Theorie, eine Theorie der Erziehung, wie sie Freud vorschwebte, wäre dann schon von Anfang
an festzuhalten, dass auch die »Verführung« lediglich tiefer »aus-
prägen« kann, was bereits angelegt ist. Den Einfluss der Verführung durch Erwachsene (welche die Kinder vorzeitig als Sexualobjekte behandelt und sie damit in den Zwang versetzen kann, die
Befriedigung der Sexualzonen onanistisch zu erneuern) in seinen
ersten Studien überschätzt zu haben, will sich Freud nicht vor-
werfen; er muss aber einräumen, dass auch sogenannnte »normal
gebliebene« Personen entsprechende Erlebnisse gehabt hätten.
Damit revoziert Freud seine frühe Annahme über die Bedeutung
der Verführung für das Entstehen psychischer Pathologien – ein
Umstand, der ihm Jahrzehnte später, etwa von Moussaieff Masson
(1984), den Vorwurf eingetragen hat, seinerseits den Schmerz von
Missbrauch und Verführung in der Theoriebildung systematisch
verdrängt zu haben.
    Freud ist spätestens seit 1905 von der endogenen Kraft der
kindlichen Sexualität überzeugt: »Es ist selbstverständlich, daß es
der Verführung nicht bedarf, um das Sexualleben des Kindes zu
wecken, daß solche Erweckung auch spontan aus inneren Ursachen vor sich gehen kann« (Freud, 1905d, S. 91). Im Gegenzug
räumt er ein, dass Verführung von Kindern durch Erwachsene zu
dem führen könne, was er für das Säuglingsalter als »polymorph

pervers« bezeichnet hat, also zu einer Form der Lustbefriedigung, die sich nicht nur am Muster heterosexueller Genitalität orientiert. Freilich zieht er aus derlei möglichen »verführerischen« Handlungen Erwachsener gerade nicht die Konsequenz, die »Schuld« daran den äußeren Einflüssen zuzuschreiben, im Gegenteil: »Dies zeigt, daß es die Eignung dazu in seiner Anlage mit bringt; die Ausführung findet darum geringe Widerstände, weil die seelischen Dämme gegen sexuelle Ausschreitungen, Scham, Ekel und Moral, je nach dem Alter des Kindes noch nicht ausgeführt oder erst in Bildung begriffen sind. Das Kind« – so nun die bemerkenswerte Schlussfolgerung – »verhält sich hierin nicht anders als etwa das unkultivierte Durchschnittsweib, bei dem die nämliche polymorph perverse Veranlagung erhalten bleibt« (Freud, 1905d, S. 92).

Man beachte hier nicht nur die Parallelisierung kindlicher und weiblicher »Durchschnittsexualität«, sondern auch die behaupteten Gemeinsamkeiten von »Kind« hier und dem »unkultivierten Durchschnittsweib« dort. Zu Kultur und Zivilisation, gleich in welchem Lebensalter und für welches Geschlecht, gehört für Freud ein gerüttelt Maß an Scham, Ekel und Moral. Die Parallelisierung von Weib und Kind legt beide auf ein bestimmtes Maß an Unreife, nicht voll ausgebildeter Moral und ungezügelter Sinnlichkeit fest – Eigenschaften, die gerade im Zusammenhang mit der Thematik der Verführung von Bedeutung werden.

Freud selbst war in der Schrift von 1905 der festen Überzeugung, dass Überlegungen zur Verführungsproblematik eher zu einem Missverständnis des »eigentlichen« Wesens kindlicher Sexualität führen, insofern die Verführung unzeitig früh zu einer objektbezogenen Sexualität führt. »Indes«, so fällt sich Freud bei diesem Gedankengang selbst ins Wort, »müssen wir zugestehen, daß auch das kindliche Sexualleben, bei allem Überwiegen erogener Zonen, Komponenten zeigt, für welche andere Personen als Sexualobjekte von Anfang an in Betracht kommen« (Freud, 1905d, S. 92). »Unter dem Einfluß der Verführung«, so schließt Freud diesen Gedanken ab, »kann die Schauperversion eine große Bedeutung für das Sexualleben des Kindes erreichen« (Freud, 1905d, S. 93).

Gleichwohl: Die hier angesprochene mögliche Dialektik von
Scham und Neugierde erscheint Freud bei aller systematischen
Schlüssigkeit insoweit unplausibel, als seine eigenen anamnesti-
schen Untersuchungen zu den Kinderjahren von Neurotikern und
Erwachsenen ergeben hätten, dass die sexuelle Neugierde auch
ohne »fremdes Dazutun« erreicht werde. Mit diesen Annahmen
ist die Revision der Verführungstheorie im Wesentlichen abgeschlossen, und es wird jetzt deutlich, worin der Kern des »Skan-
dalons« besteht: in der Auffassung nämlich, dass Kinder nicht nur
verführerisch sind, bzw. als Objekte sexuellen Interesses gelten
und auch missbraucht werden, sondern eigene sexuelle, sprich auf
die Genitalien anderer Personen bezogene Interessen haben.

Es dürfte wissenschaftstheoretisch und methodologisch schwierig sein, die kognitiven und sexuellen Komponenten kindlicher
Neugier zu entflechten, und es ist auch gar nicht einzusehen, warum das geschehen sollte. Anders als es das Gerücht und ressenti-
mentgeladene Auffassungen wie etwa die C. G. Jungs (1984) oder
Moussaieff Massons (1984) behaupten, nimmt Freud damit weder eine Gleichsetzung kindlicher und erwachsener Sexualität vor,
noch verdrängt er das Phänomen sexueller Verführung von Kindern. Vielmehr war er der Auffassung, dem Wesen der Sexualität
durch eine Beobachtung ihrer Ontogenese näher kommen zu können und erkannt zu haben, dass sich in kindlichen Theorien über
Sexualität und Fortpflanzung eine zwar analytisch beschreibbare,
aber de facto nicht auflösbare Verbindung von affektiv sinnlicher
Erregung und kognitiven Interessen, genauer gesagt von »Wissens-
drang« vorfindet.

Das Kulturproblem

Freud setzt, wie oben gezeigt, im gleichen Kontext das »unkultivierte Durchschnittsweib« und das »Kulturkind« in einen gegen-
sätzlichen Zusammenhang. Der genaue Blick zumal auf die von
Freud sogenannte Latenzperiode, in der die kulturbildenden

»Hemmnisse« entstehen, schreibt aber dann der »Erziehung« allemal eine nur verstärkende, fördernde und erhaltende Wirkung zu, eine Wirkung, die lediglich verstärkt, was organisch-genetisch ohnehin vorgezeichnet ist: »Während dieser Periode totaler oder bloß partieller Latenz werden die seelischen Mächte aufgebaut, die später dem Sexualtrieb als Hemmnisse in den Weg treten und gleichwie Dämme seine Richtung beengen werden (der Ekel, das Schamgefühl, die ästhetischen und moralischen Idealanforderungen). Man gewinnt beim Kulturkinde den Eindruck, dass der Aufbau dieser Dämme ein Werk der Erziehung ist [...] In Wirklichkeit ist diese Entwicklung eine organisch bedingte, hereditär fixierte und kann sich gelegentlich ganz ohne Mithilfe der Erziehung herstellen. Die Erziehung verbleibt durchaus in dem ihr angewiesenen Machtbereich, wenn sie sich darauf beschränkt, das organisch Vorgezeichnete nachzuvollziehen und es etwas sauberer und tiefer auszuprägen« (Freud, 1905d, S. 78).

Vor dem Hintergrund der klassischen Positionen pädagogischer Skepsis bei der Erziehung zur Tugendhaftigkeit, wie sie schon in Platons Dialog »Menon« vorgezeichnet ist, würde Freud mithin auf Seiten jener stehen, die der Überzeugung sind, dass zumal kulturfördernde Persönlichkeitseigenschaften von Natur aus angelegt sind. Freuds Aussagen in diesem Zusammenhang lassen nicht den geringsten Hinweis darauf erkennen, dass er grundsätzlich die Möglichkeiten erzieherischen Handelns für gegeben hält. Allerdings erweist sich der Freud der »Drei Abhandlungen« zwar nicht als biologistischer Determinist, wohl aber als ein Autor, der von einem Modell endogener Entwicklung ausgeht und kaum von der überprüfbaren Effektivität gerichteter Einwirkung auf Kinder überzeugt ist. Umgekehrt ist ebenso klar, dass Freud – zumindest was die Entstehung von Neurosen betrifft – eben doch von der Bedeutung gesellschaftlicher Einflüsse auf die Formung und Prägung psychischer Strukturen überzeugt ist. Das zumal in der psychoanalytisch orientierten Pädagogik so wichtig gewordene Modell der ödipalen Krise – die sich darin ausdrückt, dass der Knabe unter dem Druck der Angst vor der aggressiven Konkurrenz seines Vaters seine inzestuösen Wünsche nach seiner

Mutter aufgibt und die Form des väterlichen Verbots, jenes »Du
sollst nicht!« internalisiert und damit jene Struktur begründet, die
dann als »Über-Ich« die psychische Basis dessen darstellt – setzt
notwendig eine Wechselwirkung zwischen reifungsbedingter,
»organischer« Entwicklung und so oder anders geformter Kultur
voraus. Freilich war Freud von der Universalität des Ödipuskomplexes überzeugt, also auch von der universellen Verbreitung der
familiären Kleinstruktur – so dass auch hier von einer mehr oder
minder deterministischen Perspektive ausgegangen werden kann.

Allerdings: Die späte Schrift »Das Unbehagen in der Kultur«
(Freud, 1930a) nimmt von diesem Determinismus Abschied.
Unter »Kultur« will Freud »die ganze Summe der Leistungen und
Einrichtungen« verstanden wissen, »in denen sich unser Leben
von dem unserer tierischen Ahnen entfernt und die zwei Zwe-
cken dienen: dem Schutz des Menschen gegen die Natur und der
Regelung der Beziehungen der Menschen untereinander« (Freud,
1930a, S. 448). In diesem Zusammenhang nimmt Freud noch
einmal das ihn sein ganzes Leben beschäftigende Problem der
Triebsublimierung auf, was ihn zu der Annahme einer Ähnlichkeit des Kulturprozesses mit der Libidoentwicklung des Einzelnen drängt (Freud, 1930a, S. 457). In einer umfangreichen Fußnote nimmt Freud hier zur »Erziehung« Stellung, die sich – was
die Kinderstube betrifft – besonders auf die Ausscheidungsvor-
gänge konzentriert: »Die Erziehung dringt hier besonders ener-
gisch auf die Beschleunigung des bevorstehenden Entwicklungs-
ganges, der die Exkremente wertlos, abscheulich und verwerflich
machen soll. Eine solche Umwertung wäre kaum möglich«, so
spekuliert Freud hier weiter, »wenn diese dem Körper entzogenen
Stoffe nicht durch ihre starken Gerüche verurteilt wären, an dem
Schicksal teilzunehmen, das nach der Aufrichtung des Menschen
den Geruchsreizen vorbehalten ist« (Freud, 1930a, S. 459).

In späteren Passagen des »Unbehagens« nimmt sich Freud der
Ausbildung des Über-Ich im Kindesalter noch einmal an und
vollzieht hier eine ähnliche Wendung wie in der Frage der kindlichen Sexualität bzw. der Frage nach der Herausbildung neurotischer Störungen durch erfahrene Verführung: »Die Erfahrung

aber lehrt, dass die Strenge des Über-Ichs, das ein Kind entwickelt, keineswegs die Strenge der Behandlung, die es selbst erfahren hat, wiedergibt. Sie erscheint unabhängig von ihr, bei sehr
milder Erziehung kann ein Kind ein eher strenges Gewissen
bekommen. Doch wäre es auch unrichtig, wollte man diese Unabhängigkeit übertreiben; es ist nicht schwer sich zu überzeugen,
daß die Strenge der Erziehung auch auf die Bildung des kindlichen Über-Ichs einen starken Einfluß übt« (Freud, 1930a, S. 490).
Freud bezieht hier eine empiristische Position, ohne doch schon
in der Lage gewesen zu sein, so wie die akademische Psychologie
die interagierenden Kausalfaktoren auch quantitativ gewichten zu
können: »Es kommt darauf hinaus, dass bei der Bildung des Über-
Ichs und Entstehung des Gewissens mitgebrachte konstitutionelle
Faktoren und Einflüsse des Milieus der realen Umgebung zusam-
menwirkend, und das ist keineswegs befremdend, sondern die
allgemeine ätiologische Bedingung all solcher Vorgänge« (Freud,
1930a, S. 490). Dabei fällt auf, dass Freud diese allgemein methodologisch gehaltene Bemerkung durch eine Fußnote konkretisiert,
in der wiederum auf erzieherische Praktiken Bezug genommen
wird. Er referiert hier eine Studie Franz Alexanders zur »Psychoanalyse der Gesamtpersönlichkeit«, die wiederum auf August
Aichhorns Studie über verwahrloste Jugendliche Bezug nimmt,
die ja selbst eine Pädagogik der Übertragung propagiert.

Fragen der Erziehung und ihres Sinns durchziehen die Schrift
über das »Unbehagen in der Kultur« immer wieder. Auch im
abschließenden siebten Teil, wo Freud über den Zusammenhang
von Kulturfortschritt und allgemeiner Erhöhung des Schuldgefühls spekuliert, erhebt er einen weiteren Vorwurf gegen die
»heutige Erziehung« (Freud, 1930a, S. 494). Wiederum in einer
Fußnote hält er dieser Erziehungspraxis nicht nur vor, junge Menschen nicht über die Rolle der Sexualität in ihrem Leben aufzu-
klären, sondern auch, sie nicht mit der Aggression vertraut zu
machen, deren Objekt zu werden sie »bestimmt« sind: Indem die
»heutige Erziehung« die Jugend »mit so unrichtiger psychologischer Orientierung ins Leben entlässt, benimmt sich die Erziehung nicht anders, als wenn man Leute, die auf eine Polarexpedi-

tion gehen, mit Sommerkleidern und Karten der oberitalienischen Seen ausrüsten würde« (Freud, 1930a, S. 494, Anm. 1).

Doch geht es Freud bei dieser Kritik der Erziehung nicht nur darum, dass sie auf falschen faktisch-sachlichen Voraussetzungen beruht, sondern noch stärker darum, dass sie damit ihren normativen Sinn nicht nur verfehlt, sondern geradezu verfälscht: »Dabei wird«, so fährt er nun fort, »ein gewisser Missbrauch der ethischen Forderungen deutlich. Die Strenge derselben würde nicht viel schaden, wenn die Erziehung sagte: So sollten die Menschen sein, um glücklich zu werden und andere glücklich zu machen; aber man muß damit rechnen, dass sie nicht so sind. Anstatt dessen lässt man den Jugendlichen glauben, dass alle anderen die ethischen Vorschriften erfüllen, also tugendhaft sind. Damit begründet man die Forderung, dass er auch so werde« (Freud, 1930a, S. 494, Anm. 1).

Eine Erziehung, die ihrem ethischen Sinn gerecht werden soll, müsste nach Freud in der Praxis deutlich machen, dass sie tendenziell auf einer pessimistischen Anthropologie beruht: Faktisch unterstelle die Erziehung in ihren Ermahnungen und Normen, dass diese von allen anderen erfüllt werden, was nachweislich nicht zutrifft. Man mag freilich fragen, ob dieser Vorbehalt im praktischen Vollzug erzieherischer Akte tatsächlich kommuniziert werden kann; ob es also wirklich sinnvoll ist, etwa Jugendliche aufzufordern, stets die Wahrheit zu sagen und dabei zugleich mitzuteilen, dass viele Menschen tatsächlich lügen. Freud scheint den Widersinn solchen Handelns darin zu sehen, dass ethisches Handeln nicht auf einer offensichtlichen Unwahrheit beruhen darf, so es ein ethisches Handeln ist, das seinem Anspruch gerecht wird.

Aber abgesehen davon lässt sich hier eventuell doch eine gewisse Skepsis in diesem ansonsten ungebrochenen, wenn auch spekulativen, naturalistischen Programm entdecken. Der in einer angemessenen Erziehungspraxis zu äußernde Vorbehalt wird von Freud – vorsichtig – so formuliert: »[…] man muß damit rechnen, dass sie [die Menschen, M. B.] nicht so sind« (Freud 1930a, S. 494, Anm. 1). Tatsächlich redet Freud hier nicht einer dogmatisch gewissen, sondern einer erfahrungsgesättigten pessimistischen

Anthropologie das Wort, die allenfalls probabilistisch und falli-
bilistisch verfasst sein kann, sich ihrer eigenen möglichen Fehler-
haftigkeit bewusst ist und in diesem Bewusstsein die Verantwortung für ihr eigenes Handeln auf sich nimmt. So gesehen erwiese
sich der so gar nicht transzendentalkritisch, sondern naturalis-
tisch und ätiologisch vorgehende Freud am Ende denn doch als
Vorläufer einer skeptischen Pädagogik, wenngleich er diese Skepsis nicht aus einer philosophischen Reflexion, sondern aus einer
Fülle von Erfahrungen und erfahrungsgesättigten Revisionen der
eigenen Theorie gewinnt.

Literatur

Fischer, W. (1989). Unterwegs zu einer skeptisch-transzendentalkritischen
    Pädagogik. St. Augustin: Academia Verlag Richarz.
Freud, S. (1905c). Der Witz und seine Beziehung zum Unbewußten. G. W.
    Bd. VI. Frankfurt a. M.: Fischer.
Freud, S. (1905d). Drei Abhandlungen zur Sexualtheorie. G. W. Bd. V.
    (S. 27–145). Frankfurt a. M.: Fischer.
Freud, S. (1909b). Analyse der Phobie eines fünfjährigen Knaben. G. W.
    Bd. VII (S. 243–377). Frankfurt a. M.: Fischer.
Freud, S. (1930a). Das Unbehagen in der Kultur. G. W. Bd. XIV (S. 419–506).
    Frankfurt a. M.: Fischer.
Jung, C. G. (1984). Zivilisation im Übergang. In C. G. Jung, Gesammelte
    Werke, Bd. 10. Olten: Walter Verlag.
Masson, J. M. (1984). Was hat man dir, du armes Kind getan? Sigmund Freuds
    Unterdrückung der Verführungstheorie. Reinbek: Rowohlt.
Platon (1990). Menon. Darmstadt: Wissenschaftliche Buchgesellschaft.
Ritter, J., Gründer, K. (Hrsg.) (1998). Historisches Wörterbuch der Philoso-
    phie, Bd. 10. Darmstadt: Wissenschaftliche Buchgesellschaft.

Die Autoren

Bittner, Günther, Prof. Dr. phil., Dipl.-Psych., Psychologischer Psychotherapeut; ehem. Professor für Pädagogik an der PH Reutlingen sowie an den Universitäten Bielefeld und Würzburg; Psychoanalytiker in eigener Praxis; zahlreiche Publikationen zur Psychoanalytischen Pädagogik und zur Psychoanalyse; Hauptarbeitsgebiete: Pädagogik der Lebensalter, pädagogische Biographieforschung und Grundfragen der Psychoanalyse.

Brumlik, Micha, Dr. phil., Professor am Institut für Allgemeine Erziehungswissenschaft der Universität Frankfurt am Main; von 2000 bis 2005 Direktor des Frankfurter Fritz Bauer Instituts (Studien- und Dokumentationszentrum zur Geschichte und Wirkung des Holocaust); vielfältige schriftstellerische und journalistische Tätigkeit.

Hamburger, Andreas, Dr. phil., Professor für Klinische Psychologie an der International Psychoanalytic University Berlin; Germanist, Psychologischer Psychotherapeut, Psychoanalytiker (DPG), Lehranalytiker und Supervisor (DGPT) in München; Privatdozent an der Universität Kassel; zahlreiche Veröffentlichungen zur Film- und Literaturanalyse, zu Kindertraum, Paarträumen und Sprachentwicklung.

Hierdeis, Helmwart, Dr. phil., Prof. i. R. für Systematische und Historische Erziehungswissenschaft an den Universitäten Erlangen-Nürnberg, Innsbruck und Bozen/Brixen; Gastprofessuren in

Tallinn und Besançon; Psychoanalytiker; Veröffentlichungen zur Bildungstheorie, Bildungsgeschichte, Psychoanalyse und Psychoanalytischen Pädagogik.

Kennedy, Paul, Dr. phil., Psychotherapeut in freier Praxis (Innsbruck) und anglikanischer Priester; Arbeiten zur Vorgeschichte der Psychoanalyse in den mystischen Traditionen; Leiter von Studiengruppen zu dieser Thematik.

Schneider, Peter, M. A., Dr., Priv.-Doz.; Psychoanalytiker in eigener Praxis; Lehrtätigkeit u. a. an der Universität Zürich (Psychoanalytische Psychotherapie) und an der Universität Bremen (Psychoanalyse); Publikationen zu Grundfragen der Psychoanalyse; Kolumnist für Tageszeitungen und Radio in der Schweiz.

Schülein, Johannes August, Dr. phil., ordentl. Professor für Soziologie im Department Sozioökonomie der Wirtschaftsuniversität Wien; Arbeitsschwerpunkte: Soziologie und Psychoanalyse, Erkenntnis- und Wissenschaftstheorie, Mikrosoziologie.

Walter, Hans Jörg, außerordentl. Universitätsprofessor (em.), Mag. Dr. phil. habil. (Erziehungswissenschaft und Psychoanalyse), Psychoanalytiker; Lehre in Erziehungswissenschaft und Sozialphilosophie an der Universität Innsbruck, der Fachhochschule Vorarlberg und der Universität Bozen/Brixen; Arbeiten zur Psychoanalyse und zur Bildungstheorie.

Wiedemann, Wolfgang, B. A., M. A. (Beh.Sc.), Dr. theol.; Psychoanalytiker in eigener Praxis und evangelischer Seelsorger am Städtischen Klinikum Fürth/Bayern; Veranstaltungen an der Universität Innsbruck zur Praxis der Psychoanalyse außerhalb des klassischen Settings; Publikationen zur Beziehung zwischen Psychoanalyse und Religion.

Thomas Stölzel

Staunen, Humor, Mut und Skepsis

Philosophische Kompetenzen
für Therapie, Beratung und
Organisationsentwicklung

2012. 312 Seiten mit 7 Abb.
und 3 Tab., kartoniert
ISBN 978-3-525-40359-4

Auch als E-Book erhältlich:
ISBN 978-3-647-40359-5

Kulturwissenschaftlicher Essay, Praxisbuch, Fundgrube,
Metakommentar und Anregung zum selbstständigen
Denken in einem.

Ein Blick in Bestsellerlisten macht deutlich: Philosophie
ist en vogue. Deren Potenzial für Therapie, Beratung
und Organisationsentwicklung ist gleichwohl noch
nicht gehoben. Die Fähigkeit des Menschen zu Staunen,
Humor, Mut und Skepsis bietet ungeahnte Optionen,
Problemstellungen mit philosophischen Fragen an-
zugehen. Thomas Stölzel, Kulturwissenschaftler und
systemischer Therapeut, schreibt ein Buch für Praktiker,
das eine Fundgrube an Begriffsgeschichten, Falldarstel-
lungen, methodischen Szenarien und Übungen bietet,
dem Leser aber auch eine Metaperspektive eröffnet,
seine Haltung und Vorgehen grundlegend zu reflektieren.

Vandenhoeck & Ruprecht